光霁丛书　戴逸 主编　陈斐 执行主编

古代中国文明与世界历史

刘家和 著
蒋重跃 编选 导读

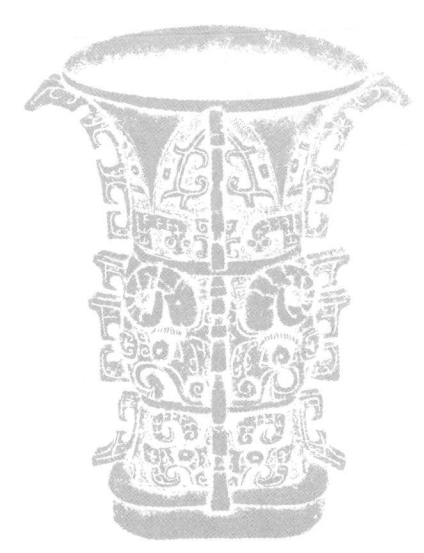

中国出版集团有限公司
华文出版社

图书在版编目（CIP）数据

古代中国文明与世界历史 / 刘家和著；蒋重跃编选、导读. -- 北京：华文出版社，2024. 8. -- ISBN 978-7-5075-5829-6

Ⅰ．K220.3

中国国家版本馆CIP数据核字第2024K3L488号

古代中国文明与世界历史

著　　者：刘家和	编选　导读：蒋重跃

责任编辑：潘　婕
出版发行：华文出版社
地　　址：北京市西城区广安门外大街305号8区2号楼
电　　话：总 编 室 010-58336239　发 行 部 010-58336267
　　　　　责任编辑 010-63429159
邮政编码：100055
网　　址：http://www.hwcbs.cn
经　　销：新华书店
印　　刷：三河市航远印刷有限公司
开　　本：880mm×1230mm　1/32
印　　张：8.5
字　　数：183千字
版　　次：2024年8月第1版
印　　次：2024年8月第1次印刷
标准书号：ISBN 978-7-5075-5829-6
定　　价：59.80元

版权所有，侵权必究

总　序

　　人文学科的春天将与智能时代同步到来。有人认为，未来取决于STEM学科（科学、技术、工程、数学）。但社会需要的AI开发者，只是极少数。对于绝大多数使用者而言，AI产品的门槛会非常低，几乎不用额外培训，就像电脑、手机那样。相反，如何使用AI产品而不被其"异化"——降低认知和审美能力，倒是人人都要考虑的。而文学、历史、哲学、艺术、宗教等聚焦人生价值与意义的人文学科，恰好为人类驾驭AI产品，实现全面、自由、和谐发展提供了丰富的养料和启示。它们是"智能之魂"，是我们在智能时代葆持人性、提升境界、获得幸福的星光大道和诗意家园。

　　智能时代的排空而至，使人文学科显得空前重要。人类需要在数千年积累的人文智慧指引下，立法定规，防范AI可能带来的安全隐患、伦理危机和认知偏见。正如联合国教科文组织所倡导的，我们需要的是"以人为本的人工智能"，要"以秉持人类价值观的人工智能助力可持续发展"，通过制定政策和监管，确保其能够为作为一个共同体的全人类谋取福利。

"光霁"丛书的推出,即是为这个智能时代提供人文启示与滋养。我们打算做点沟通学界和公众的工作:选取人文学界有所建树的名家泰斗,邀请对其学术颇为了解的领军学者或中青年新秀,从其论著中择取代表性和普及性兼顾的篇章,分别按专题汇为一书,并撰一"导读"置于卷首。这样做,既保证了内容的权威性、前沿性和系统性,也兼顾了读者的阅读、接受需要。

丛书名曰"光霁",源于宋人对"圣贤气象"的品鉴。黄庭坚《濂溪诗序》曰:"舂陵周茂叔,人品甚高,胸中洒落如光风霁月。"周茂叔即写过《爱莲说》的北宋理学家周敦颐。"光风霁月"原指雨过天晴后的明净景象,后用来借喻人品,形容人胸怀洒落、品格高洁,也用来描绘政治清明、时世太平。这样的气象,正是人文学科所致力涵育的理想人格和理想社会,正如《孟子·尽心上》所云:"仁义礼智根于心,其生色也睟然,见于面,盎于背,施于四体,四体不言而喻。"《毛诗大序》也说,先王以诗"经夫妇,成孝敬,厚人伦,美教化,移风俗"。

《周易·贲》云:"观乎天文以察时变,观乎人文以化成天下。"时代的快速变革,要求每个人都树立终身学习的意识。相信这套书有助于智能时代的国人和社会提升人文素养,让其与时俱进,享受AI带来便利的同时,不为物役,不带机心,永远葆有"光风霁月"般的美好境界。

目 录

导读   001

第一辑 古代中国文明与世界历史   001
关于中国古代文明特点的分析   003
论古代的人类精神觉醒   052
一多相济的发展   080

第二辑 世界历史的比较研究   123
如何理解作为世界史的古代史   125
历史的比较研究与世界历史   138
论通史   151

第三辑　关于历史研究的理论反思　　169
关于历史发展的连续性与统一性问题　　171
关于"以史为鉴"的对话　　202
在挑战与回应中前进　　231

导　读

　　刘家和先生，1928年出生于江苏省六合县（今南京市六合区）。

　　1931年，九一八事变，祖国东北的大好河山落入敌手，数以千万计的同胞沦为亡国奴，大批难民流落关内，已经记事的先生从大人们的议论中得知此事，幼小的心灵蒙受了民族屈辱的伤痛。1937年底，日寇占领南京，制造了惨绝人寰的大屠杀，看到许多死难者的遗体漂到六合的长江岸边，这在一个少年的心灵深处会留下怎样的印记！随后，先生本人在上学路上遭遇日机扫射，虽侥幸逃生，可身处险境的危急和目睹同伴惨死的悲愤，在一个少年的心灵深处又会留下怎样的印记啊！

　　先生早年上过私塾，拜过孔子；也上过教会小学，唱过赞美诗。对中西文化的异同有着强烈的好奇心和求知欲。

　　上公立小学时，背熟了"革命尚未成功，同志仍需努力"的总理遗训；老师讲解《最后一课》时禁不住热泪涌流。沦陷时期，为了抵制日寇的奴化教育，愤而退学，转入补习学校，涵泳在中华文化之中。

正因为有了这样的生活遭遇，先生当时年龄虽然幼小，也会滋生浓烈的爱国情怀和救国志向，也会在懵懂中萌发中外比较的意识。

抗战胜利后，先生已是高中生。由于家乡深厚的文化传统的熏陶，又经过多家教育机构的辗转学习，不但文理知识打下坚实基础，对人生和世事也有了相当深刻的领悟和记忆。我不止一次听先生讲述他的中学老师的故事，从中体会到那时普通读书人的文化趣味和人生艰辛，感慨万千。

1947年，为了能跟钱穆先生学习，先生考入由荣家出资创办的江南大学。其间修过钱穆先生的中国通史和秦汉史、谢兆熊先生的西洋通史、束士澂先生的商周史、唐君毅先生的哲学概论、牟宗三先生的理则学（即逻辑学）、冯振先生的文字学、李笠先生的古代文学等课程；也时常向先生们求教，获益良多。在唐至中先生主讲的大一国文课上，获得作文全校第一名的荣誉。对于在江南大学的学习经历和自己的老师们，先生曾有这样的记述："我一想到他们，就会想起杜甫的诗句：'好雨知时节，当春乃发生。随风潜入夜，润物细无声。'当时我的求知欲极为旺盛，就像一株刚要从泥土里向外冒出头来的幼芽，恰好遇上了他们所施与的智慧的阳光雨露。如果早一点遇到他们，那么我对他们的施与会一切茫然无知，接受不了；如果晚一点遇到他们，那也许我习惯已成，他们的施与就改变不了我已成的积习，同样归于无效。"[①] 除了学养深厚，老师们的道德人格更是学生们的人生楷模。特别是唐君毅先生和唐至中先生两兄妹，对学生的尊重和爱

---

① 祁雪晶：《刘家和先生口述史》，《北京师范大学校报》2011年5月30日。

护，对工作和做人责任的勇敢担当，给刚刚步入青年阶段的先生以强烈震撼和深刻影响。每次讲起两位唐先生，先生都难以抑制内心的崇敬和激动，身为弟子，我听了，也不禁为之动容。

1949年，江南大学的部分专业转入其他学校，先生也随之转入南京大学历史系继续学习。在学期间，听过韩儒林、贺昌群、蒋孟引、刘毓璜等先生的课，留下了深刻印象。不过，学习一段时间以后，由于严重的失眠症，一度休学。

1950年，先生健康状况有了好转，因仰慕陈援庵先生，遂北上考入辅仁大学历史系，继续学业。不巧此时陈老已不给本科生上课，先生就通过研读著作，揣摩老先生的治学路数。在学期间，听过柴德赓、金毓黼、漆侠、陆和九、刘启戈等先生的课，对历史有了更深入的理解。

1952年毕业，留在院系调整后的北京师范大学历史系，从事世界史的教学工作。1955年，考入教育部设在东北师范大学的世界史青年教师进修班，由苏联专家格拉德舍夫斯基主讲，我国著名历史学家林志纯（日知）先生担任中方指导教师。先生经多方权衡，选定斯巴达黑劳士制度作为论文题目，两年之内完成，共8万字，译成俄文，通过答辩结业。当时的《论黑劳士制度》一文是包含着与中国相比较的内容的，20世纪80年代初只发表了其中斯巴达的部分。①

1957年秋季学期，先生返回学校。又经过多方权衡，把新的研究任务确定在古代印度史上。他利用北京师范大学图书馆、北

---

① 刘家和：《论黑劳士制度》，《世界古代史论丛》（第1集），北京：生活·读书·新知三联书店，1982年版，第167—221页。

京图书馆(即后来的国家图书馆)、首都图书馆等藏书机构的资源,找到有关佛经的英文译本和20世纪50年代最新版的英文研究著作;同时,追寻陈垣先生和余嘉锡先生的问学足迹,从目录学入手,研读汉文佛教典籍的目录学著作,待摸清了门径,就集中力量对《阿含经》等佛教早期经典作系统研读。经过5年艰苦努力,1962年,完成《印度早期佛教的种姓制度观》一文,被时任《北京师范大学学报(社会科学版)》主编的白寿彝先生发现,推荐发表在该刊1962年第2期上,而且排在首篇的位置。文章首先梳理了英国和印度学者关于印度早期佛教对于种姓制度的态度的研究情况,发现他们的著作要么几乎不予讨论,要么只是轻描淡写,虽然"也说明了一些历史事实",但是"由于没有联系到当时历史条件与阶级矛盾特点来进行分析,所以没有能充分阐明佛教种姓制度观的真相和历史意义"[①]。于是,文章的选题便有了充足的学术理由。接着运用《长阿含经》《中阿含经》《杂阿含经》等多种汉译佛经资料,参以英文和俄文的佛经译本及其他相关资料,对论题展开考辨。文章不但把印度早期佛教对待种姓制度的态度系统呈现出来,还深入分析了这种态度的历史与阶级的根源,并对这种态度的历史作用作了恰当的说明。即使按照今天的标准来衡量,这篇文章也称得上是国际一流水平的优秀论文。想一想吧,1962年的中国,刚刚结束困难时期,能有这样的论文发表,先不说学术影响,单说它在国家的形象方面的意义,就非常了不起。文章发表后,产生了意想不到的社会反响,受到季羡林

---

① 刘家和:《印度早期佛教的种姓制度观》,《北京师范大学学报(社会科学版)》,1962年第2期。

先生的高度评价。

先生从1952年起从事世界历史（外国历史）的教学和研究工作，但从未放松对于中国史的学习和思考，运用比较研究方法开展研究很早就成为他从事学术工作的基本方向。上文提到的《论黑劳士制度》就是古代希腊与古代中国比较研究的成果。此外，他的古代印度史研究也是隐含着与中国史相比较的。

为了在历史学科实施课程改革，增强通史和史学史相结合的学术优势，经白寿彝先生的多方努力，北京师范大学史学研究所得以成立。当时白先生主持的一个重大项目是撰写多卷本《中国通史》。为了保证这项工作顺利开展，白先生在史学研究所设立了两个研究室：一个是史学史研究室，另一个是中国通史研究室。为了加强中国通史的研究力量，增强中外比较的学术内涵，1980年，白先生邀请先生到史学研究所的中国通史研究室工作。在从事世界史（外国史）教学和研究近三十年后，先生又回到中国史的教学和研究轨道上来。不过，此时他所作的中国史已经是以世界为背景的中外比较研究了。

先生的中国古代史研究主要侧重在先秦秦汉史，这方面他已经作了长期的准备。有一段"花絮"，可以说明先生对中国古史的准备工作做到何种程度。熟悉的人都知道，20世纪60—70年代的十几年间，只要没有课，几乎每天下午工作间歇的时候，先生都会散步到离家不远的西单商场的旧书店，驻足浏览架上的各类书籍，尤其留意清儒著作，从作者的学术传承及其在经学史上的地位，再到书的内容，包括版本和校对质量，看是不是适合自己的研究需要，往往是在反复掂量后，才下决心把最合适的书买下。

这是个很好的目录学训练机会，是通过"实战"来锻炼学术能力的过程，学术工作的基础就这样在不知不觉中打得更加牢固了。

先生重视目录学，同样重视训诂学。早年读张之洞《书目答问》，就尤其服膺其中的一段话："由小学入经学者，其经学可信；由经学入史学者，其史学可信。"后来先生一直遵循这条治学路数，从来不敢忽视经学和小学基础的培植。结果，日积月累，功夫甚深。20世纪80年代，先生发表了若干篇中国古史研究的有分量的论文，在中国史学界（包括国际汉学界）产生重要影响。例如，《〈书·梓材〉"人历""人宥"试释》（《中国史研究》1981年第4期）、《说〈诗·大雅·公刘〉及其反映的史事》（《北京师范大学学报（社会科学版）》1982年第5期）、《史学和经学》（《北京师范大学学报（社会科学版）》1985年第3期）、《宗法辨疑》（《北京师范大学学报（社会科学版）》1987年第1期）等，都是运用小学知识，对两千年经学史上的学术公案展开考辨，得出结论。发表后，受到学界好评。不过，细心的读者还会发现，这些文章还是中外古史比较研究的成果。第一篇所研究的"人历""人宥"说的是上古商周之际氏族内外的两种不同身份的人群；后面三篇则是周代宗族和中国传统文化的重要课题，都是作为与古代希腊和印度相关问题进行比较的一方来研究的。

1998年底，先生完成了在新加坡国立大学担任客座教授的教学任务回到国内。随后就在思考下一步研究的定位问题。先生的研究从来都是历史、史学和理论融合在一起的，在研究策略上从不在三者之间做非此即彼的选择，但从后来的研究成果看，侧重于史学和史学理论研究的选题明显加大了。1995年出版的《古代中国与世界》，是20世纪50年代到90年代初的主要研究成果的结集，其中通常意义上的历史论文占多数，尽管这些研究都是包含着史学、经学和理论在内的，而侧重于史学、经学和史学理论选题的论文居少数。2005年新的研究文集出版，题名为《史学、经学与思想》，从书名就可看出，20世纪90年代中期到21世纪第一个10年中期的这10年间，先生对原本包含在历史论文中的史学史、经学史和思想史内容专门提出来进行研究。2013年出版的先生主编的《中西历史、史学与理论的比较研究》一书，则是历史、史学史及史学理论的综合研究，其中史学史和史学理论的内容明显占了主要篇幅。2019年出版的《史苑学步》，入选的文章更多的是关乎史学史、经学史、史学理论/历史哲学。上述几部著作的基调都是中外历史的比较研究。由此可以看出先生学术思想的主要侧重和基本特色。

先生治学有一个基本理念，那就是破除西方中心论，把中国史放到世界史中并给中国史以应有地位。早在20世纪50年代在东北师大进修时，就感觉到苏联历史学界所说的东方奴隶制和东方专制主义很难在中国文献中找到充足而可靠的证据；由此进一步，又发现这些提法其实与美国学者魏特夫的观点一样，其精神的根源可以追溯到黑格尔。先生的想法得到林志纯先生的赞同。从那以后，先生和林先生不约而同地都在思考如何建立中国自己的世界史体系，写出有中国史在内并给中国史以应有地位的世界史。这个理念直到今天仍然有着重要的意义。因为，目前我国学科目录中的所谓世界史，还不能说是真正意义上的世界史，因为没有把中国史纳入其中，怎么能是世界史呢？

1979年，林先生主编的《世界上古史纲》出版（人民出版社），先生是撰写者之一。该书提出，包括中国在内的古代主要民族，都经历了从城邦到地区王国再到帝国的发展过程，各民族的历史发展阶段大致相同。随后，先生主编的《世界上古史》（吉林人民出版社1980年版）也持同样的观点。这说明他们的世界史研究已经突破了国外学者把东方历史看作特殊类型的初级阶段，而跃升到寻求共同规律的第二阶段，为建设中国的世界史学科作出了不可或缺的重要贡献，值得尊重。

此后，随着研究的不断深入，先生开始把研究的目标转到在求同基础上对于中西文明各自特点（同中之异）的探索上。他关于古代的人类精神觉醒（1989）、历史的比较研究与世界历史（1996）、历史理性在古代中国的发生和发展（2003）、一多相济的发展（2005）、中国历史的连续性与统一性（2009）、以史为鉴的对话（2010）、中西理性结构的异同（2020）都是进一步探索中西历史文化在基本相同的历史阶段上各自的差异和特点的重要成果，已经把中国的世界史研究推进到综合研究的第三阶段。

先生的历史研究方法有自己的鲜明个性，那就是，探寻历史的基本结构及其张力。具体表现在目录学与史学、经学与史学、史学史与历史、文字学与哲学、矛盾分析方法、对历史的内在理解和客观分析、逻辑论证与历史论证、微观和宏观的结合等方面。只要悉心研读，就会发现这些方法在先生的论著中均有生动展现①。

---

① 蒋重跃：《结构·张力·历史——刘家和先生学术思想述要》，《高教理论战线》2007年第1期；蒋重跃：《刘家和先生治史的理论追求》，《古代文明》2020年第1期。两文均收入北京师范大学中西文明比较研究中心编：《丽泽论史集》，北京：商务印书馆，2020年版。

在学术工作中，先生在研究的选题上是极其慎重的，没有重大意义不作为研究的任务，而且同一选题很少作多篇文章。阅读先生的文章会感觉到，几乎每个选题都是关乎一个领域的大问题。例如《黑劳士制度研究》《印度早期佛教的种姓制度观》《〈书·梓材〉"人历""人宥"试释》这三篇文章，分开来看，是三个地区的社会阶层研究，合起来看，就是有代表性地区和文化类型在社会阶层问题上的比较研究，是微观与宏观相统一的研究。

先生的学术境界和成就很早以来就受到学术界的肯定和重视。除了上面提到的早年论文《印度早期佛教的种姓制度观》曾受到季羡林先生的赞赏，《〈书·梓材〉"人历""人宥"试释》一文发表后，林志纯先生非常兴奋，他把这篇文章转呈于省吾先生，于老评曰："用功甚勤，可备一说。"（于老口授，林澐代笔）《宗法辨疑》一文是与金景芳先生的学术观点进行商榷的，文章功底扎实，行文得体，金老不以为忤，反而特别佩服。到博士生答辩季节，金老特意邀请先生担任答辩委员。先生到长春后，自然要去拜望金老，没想到金老随后亲自到宾馆回拜，由此可见对先生的推重。先生从不轻言发表，除了因工作所需，主编过两三部教育部指定的全国通用世界史教材，到了20世纪90年代中期以前还没有"专著"出版。1995年先生的学术文集《古代中国与世界》一书出版，那还是学界友人经过多方努力积极促成的。先生的学问和人品不但在境内受到同行的敬佩，在海外也得到饱学之士的赞扬。1986年，先生到美国讲学，与著名历史学家杨联陞先生有过数次交往。通过交流，杨先生对先生的才华大为惊异，在日记中叹曰"不及60岁，文史皆精"！读过《〈书·梓材〉"人历""人宥"试释》《说〈诗·大雅·公刘〉及其反映的史事》两篇文章后,径直赞曰"训诂佳"!① 此外,与当地其他著名学者如张光直、许倬云、成中英等均有深入交流。1987年春,先生应邀到夏威夷大学讲学。美国世界史协会的学术刊物《世界史杂志》恰好设在夏威夷大学历史系,在主办方盛情邀请下,先生担任该刊编委。先生在国内曾担任中国世界古代史研究会理事长,至今仍为名誉理事长;还兼任北京市历史学会常务理事;多年担任有关部门的历史教学指导和教材评审专家,竭尽所能,服务社会。

以上谈的是先生的生平和学术经历,下面简要介绍本书的内容。

本书选文九篇,是先生在古代中国文明与世界历史的比较研究上最有代表性的成果,按选题可以划分为三辑。

第一辑三篇,是以探讨古代中国文明特点为主要任务的中外古史比较研究的成果。其中第一篇文章《关于中国古代文明特点的分析》是应何兹全先生之约,发表在《东西方文化研究》1986年创刊号上的。这篇文章的贡献是在政治史、文化史及两者的关系上对世界主要古代文明作了系统的比较研究,首次提出中国古代文明最突出的特点是连续性和统一性。在此基础上,还对"四海一家""天人相应"这些标志着中国古代文明精神特质的文化现象作了系统而深刻的分析。

1986年,先生赴美讲学,第一次读到雅斯贝斯的《历史的起源与目标》,产生强烈共鸣。雅斯贝斯把古代希腊、古代印度、

---

① 邵东方:《论学相见恨晚——记杨联陞先生与刘家和师的一段学术交往》,北京师范大学中西文明比较研究中心编:《丽泽论史集》,北京:商务印书馆,2020年版,第279页。

古代中国文化作为影响世界不同地区后来历史发展的"轴心文化"，这个思想与先生从20世纪50年代起就致力于古代希腊、古代印度和古代中国历史文化的比较研究不谋而合。先生认为，雅斯贝斯的观点对于破除西方中心论有历史性贡献，遂总结三十余年中外古史比较研究的心得，撰写了《论古代的人类精神觉醒》一文，发表在《北京师范大学学报（社会科学版）》1989年第5期上。文章就三个轴心文化在人与自然、人与人、人与自我意识关系的反省问题作了深入而系统的分析和比较，在"人类精神觉醒"的高度上对三个轴心文化的精神特质和学理价值作了进一步的衡量和评估，也为未来的文明互鉴和融通作出了宝贵探索。

《一多相济的发展》一文系先生为《中国古代历史文化认同与统一多民族国家的发展（在世界史背景下的考察）》一书撰写的导论，最初发表于《史学理论与史学史学刊》2005年卷。文章把古代史划分为四大时期，分别通过各个时期的世界历史大势与中国历史的对照，说明古代中国究竟是怎样在多样性基础上，通过内部"一多相济"的矛盾运动，推动了统一多民族国家的形成、发展和壮大的。

第二辑三篇，是从史学史和史学理论的意义上对世界历史所作的比较研究。其中《如何理解作为世界史的古代史》撰写于2008年，是为《世界历史》杂志写的笔谈文章。马克思在《〈政治经济学批判〉导言》中说："世界史不是过去一直存在的；作为世界史的历史是结果。"[①]这篇文章从理论上说明纵向的历史发

[①]《马克思恩格斯选集》，第2卷，北京：人民出版社1972年版，第112页。《马克思恩格斯全集》第46卷上，北京：人民出版社1974年版，第48页。

展总是以相应的不同规模与层次的横向结构为其载体,因此,横向载体的不断发展正是真正的世界历史产生的量变积累过程。各民族语言中"世界"概念本身就有一个由小变大的过程。世界上的历史要从分散到整体、从多到一、从小一到大一,然后才能逐渐演进为世界史。这恰恰说明世界古代史作为世界史还是有道理的,只不过那是完全意义上的世界史出现以前的准备阶段,或许也可以说,那是正在孕育中的世界史。

《历史的比较研究与世界历史》发表在《北京师范大学学报(社会科学版)》1996年第5期。这是先生试图从理论上论说历史比较研究及其与世界历史的关系的第一篇文章。文章指出,比较研究的目的是"明同异";而"世界历史"既是由多而一的历史,又是一中涵多的历史。要认识前者的由多而一,就须异中求同;要认识后者的一中含多,就须同中求异。也就是说,要把握世界历史,就一定要运用比较研究方法,在"明同异"和"辨一多"的内在联系中,走过否定之否定的三个阶段。这是对历史比较研究与世界历史的内在关系的最富理论意义的说明。

《论通史》发表在2002年第4期《史学史研究》上。文章的最大贡献是运用语言文字之学和史学知识的比较研究,阐明中国有重视通史的传统,而西方史学则有偏向普世史的传统。通史说的是时间上的纵通;而普世史则侧重在空间上的横通。这个差异,其实是中西文化传统使然。

第三辑三篇则是从方法论上对于古代中国文明与世界历史研究所作的理论反思。其中《关于历史发展的连续性与统一性问题——对黑格尔曲解中国历史特点的驳论》发表在《北京师范大学学报（社会科学版）》2009年第1期上，是先生为所主持的教育部人文社会科学重点研究基地第三批重大项目"中西古代历史、史学与理论的比较研究"所撰写的导言。黑格尔从历史、史学和理论三个维度对中国文化传统作了评论和评价，认为中国历史是非历史的，中国史书缺乏理论分析，中国的历史观念中没有理性精神。为了有力回应黑格尔的挑战，就必须同样从这三个维度上进行，为此，先生作了多年的准备。这篇文章是先生通过对中国历史的连续性和统一性及其相互关系的论证，从历史、史学和理论三个维度上回应黑格尔挑战的力作，是中国学者在同样高度上与西方第一流学者的一次深度对话。

《关于"以史为鉴"的对话》发表在《北京师范大学学报（社会科学版）》2010年第1期上。在中国，"以史为鉴"的观念已经有三千多年的历史。但是，它的道理何在？怎样从理论上给予论证？则一直没见到令人满意的答案。在这篇文章里，先生以对话体形式展开讨论。特别是借用黑格尔逻辑学中的本质论的理论，说明通过史书这个中介，读者才可以看到与自己命运相关的某种情形，就像从镜子中看到自己容貌的某种映象一样。这个论证为以史为鉴的合理性提供了理论性的说明。

《在挑战与回应中前进——刘家和先生谈学术工作的基础》是我代表《北京师范大学学报（社会科学版）》编辑部采访先生的成果之一。内中主要是先生思想的阐述，尤其是通过多个具体事例，表现了先生如何在迎接挑战中加固学术基础，开展学术创造性活动的情况，反映了先生治学的精神实质，对于理解先生学术思想有很好的效果。发表后，多次被转载和引用。

和先生发表的其他学术论文一样，这九篇文章所表达的学术观点，已为越来越多的学者所接受，是无愧于时代的知识奉献。

时间进入了2023年，先生从教已过70年，至今仍然以饱满的激情，奋战在学术工作第一线上。三年以来，先生克服了重重困难，坚持带领我从事《中国古代文明史纲》的研究和撰写工作。平时我们每周面谈一次，疫情趋紧则电话联系。从内容选择到提纲设计，从史实叙述到人物评价，先生都亲力亲为，而且只要可能，就随时指导，可以说是耳提面命，不遗余力。我则全部记下，悉心领会，争取在不断的学习中不断地进步。我相信，有先生的擘画和指导，有师生二人的共同努力，这部以世界为背景的、中外比较视野下的中国古代文明史著一定会尽早与读者见面！

蒋重跃

2023年1月30日

第一辑 古代中国文明与世界历史

关于中国古代文明特点的分析[①]

一、中国古代文明在时间中发展的特点：论中国古代文明的连续性

约从公元前3500年至公元500年，人类历史上先后出现了许多灿烂的古老文明。从它们发展的情况来看，这些文明的连续性颇有不同，中国古代文明在这方面有着自己明显的特色。

关于中国古代文明的连续性，我们可以从政治史和文化史两个方面与其他古代文明作一些比较的探索。

首先，从政治史来看。

在历史上，文明大体是和国家同时发生的。世界上最古老的文明发生于公元前四千年代后期和前三千年代。其中以尼罗河流域的埃及与幼发拉底和底格里斯两河流域南部的苏美尔地区文明发生最早，约始于公元前四千年代后期。印度河流域文明发生于公元前三千年代中期。两河流域北部和腓尼基地区的文明、黄河流域的夏文明和克里特岛上的爱琴文明，发生于公元前三千年代晚期。

公元前两千年代，在小亚细亚产生了赫梯文明，在希腊半岛

[①]《关于中国古代文明特点的分析》，原载钟敬文、何兹全主编：《东西方文化研究》1986年第一辑（创刊号），郑州：河南人民出版社，1986年版；收入刘家和《古代中国与世界》，武汉出版社，1995年版，第473—523页。

上产生了迈锡尼文明。公元前两千年代是青铜器时代的盛世，也是埃及和两河流域古文明的繁荣时期。但是就在这一时期里，印度河流域文明灭亡了（约公元前1750年），克里特文明（约于公元前15世纪）、迈锡尼文明（公元前12世纪）也先后灭亡了。

公元前一千年代，铁器逐渐在广大的地区里代替了青铜器，文明也在更广阔的范围里展开了。公元前一千年代前半期，在印度河流域和恒河流域出现了雅利安人的国家，在伊朗高原出现了波斯国家，在爱琴地区出现了希腊诸邦，在意大利出现了罗马国家。在古代世界起过重要作用的国家，这时都出现了。也就在这个时期，最古老的埃及文明和两河流域文明开始失去政治上的独立，从属于波斯帝国的统治之下。在埃及文明和两河流域文明影响下发生的腓尼基文明、赫梯文明、巴勒斯坦文明，也经历了同样的命运。世界历史表明，在青铜时代产生的古老文明，除中国以外，到了铁器时代的早期就都已经失去了政治史上的连续性。

在公元前一千年代产生的古文明，大多数也没有能保持政治史上的连续性。波斯征服了整个西亚、北非的最古老文明地区，甚至达到印度河流域，以拜火教为其特征的古波斯文明成了更古老的文明的继承者和代替者。但是公元前4世纪后期，波斯为马其顿的亚历山大所征服。在广阔的波斯帝国的旧墟上，后来建立起许多"希腊化"（Hellenistic）国家。公元前3世纪中叶至公元3世纪初期，安息（Parthia）统治了伊朗以及两河流域。公元3世纪中叶至7世纪中叶，萨珊王朝的波斯一度复兴。但是它在7世纪中叶为阿拉伯人所征服。从此，伊朗和西亚、北非其他古老文明地区一样，成了伊斯兰文明的地区。公元前8至前6世纪，在希腊地区重新形成了很多城邦，到公元前4世纪后期它们落入马其顿势力支配之下。到公元前2世纪，马其顿和希腊又先后落入罗马人统治之下。罗马于公元前1世纪后期扩展成为一个庞大的帝国，包括了埃及、叙利亚、巴勒斯坦、小亚细亚、希腊等更古老的文明地区。但是，到公元3世纪，罗马帝国发生危机。4世纪后期，日耳曼人大举入侵，帝国分裂。5世纪西罗马帝国灭亡。罗马文明，作为古代地中海地区产生最晚、影响最大的文明，也中断了政治上的连续性。

上述古代文明在政治史上的断裂，各有其不同的具体原因。但是从大体说来，上述文明是在三种情况下被打断的。第一种是在青铜器时代的小邦林立的情况下，例如印度河流域文明、克里特文明、迈锡尼文明，当时文明本身的力量还比较薄弱，可以由于内在或外在的原因（印度河流域文明、克里特文明的文字尚未解读成功，其具体灭亡原因难以确定，尽管学者们有不同的推测；迈锡尼文明的灭亡则与多利安人入侵有关）而中断，甚至暂时退回野蛮状态。第二种是在从青铜器时代过渡到铁器时代的情况下，当时青铜时代的古文明已经衰老，而原先落后的地区则由于铁器的出现而迅速进入文明时期，于是后起的文明征服古老的文明。波斯征服西亚、北非广大古老文明地区，就是在这样的条件下进行的。第三种是铁器时代的帝国在自身衰朽的情况下被外力所征服。例如，波斯帝国亡于马其顿、希腊人，罗马帝国亡于日耳曼人。

当我们转而考察中国古代政治史的时候，我们同样发现，中国在类似的时期也有过类似的危机。夏、商、周三代，从实质上说也是青铜时代的小邦林立时期。三代的王不过是不同规模的邦的联盟的首领。当商征服夏、周征服商的时候,并未发生政治史的断裂现象。以周征服商为例,商本来是先进的"大邦殷"(《尚书·召诰》)、"天邑商"(《尚书·多士》),由于"沈酗于酒","败乱厥德",以致"小民方兴,相为敌仇"(《尚书·微子》),原来落后的"小邦周"(《尚书·大诰》)乘机征服了商。不过,周在征服商以后,不仅没有打断商的政治传统,而且在很大程度上是在继承它。《尚书》的《召诰》《多士》《多方》《立政》等篇里都有明显的夏、商、周三代相承的观念。据《尚书·无逸》记载:"周公曰:呜呼,自殷王中宗,及高宗,及祖甲,及我周文王,兹四人迪哲。厥或告之曰:小人怨汝詈汝,则皇自敬德。厥愆,曰:朕之愆。允若时,不啻不敢含怒。"这更说明周的统治者有意识地继承商代好的政治传统,明确地表示自己是商代杰出的王的继承者。

西周晚期的统治者逐渐腐朽,结果犬戎入侵,周幽王被杀。周自镐京(在今陕西西安附近)东迁至洛邑(在今河南洛阳附近),开始了东周。西周灭亡前后的内外危机,在《诗经·小雅》的《节南山》《正月》《十月之交》《雨无正》等篇和《诗经·大雅》的《民劳》《板》《抑》《桑柔》《瞻卬》《召旻》等篇里都有反映。但是东周王朝靠诸侯(尤其是晋国和郑国)的力量终于推持住了。公元前8世纪后期至前7世纪,北方的戎狄和南方的蛮夷(楚)逐渐强盛起来,威胁诸夏的生存。《公羊传·僖公四年》云:"南夷与北狄交,中国不绝若线。"这是对当时形势的相当切实的说明。齐桓公、晋文公先后起来,提出"尊王攘夷"的口号,联合诸侯,北击戎狄,南抑强楚，扭转了危急的形势。公元前6世纪以后，楚发展成南方大国，但是不再以蛮夷自居，而是以南方盟主的面目与中原盟主晋国争霸了。孟子曾经说："五霸者，三王之罪人也。"（《孟子·告子下》）这句话是不大公正的。他又曾说："仲尼之徒无道桓、文之事者。"（《孟子·梁惠王上》）这句话也不大符合事实。孔子在评价齐桓公和管仲的时候曾说："桓公九合诸侯，不以兵车，管仲之力也。如其仁，如其仁。"又说："管仲相桓公。霸诸侯，一匡天下，民到于今受其赐。微管仲，吾其被发左衽矣。"（《论语·宪问》）《公羊传·僖公四年》说："桓公救中国，而攘夷狄，卒帖（何休注："帖，服也"）荆，以此为王者之事也。"孔子认为齐桓公、管仲的贡献在于维护了中原文明的连续性，《公羊传》认为齐桓公是王者（夏禹、商汤、周文王、武王等）事业的继承者。这些话都是有道理的。西周末叶至春秋中期（约公元前8至前6世纪），是中国历史上由青铜器时代向铁器时代过渡的时期。当时黄河流域的中原文明曾受到落后的部落（如戎、狄）和后起的文明（主要是南方江汉地区的楚）的威胁。不过，这一次危机也没有导致中国古代文明的中断。

东汉以后，中原的帝国腐朽，于是有三国（220—280）的纷争。西晋（265—317）短期统一以后，中国分为南北两个部分，南方是东晋（317—420）和随后的"南朝"（420—589），北方经十六国之乱以后形成"北朝"（386—581）。589年，隋灭陈，再度统一中国。十六国时期是中国北方的一个混乱时期，各小国的政权几乎都不稳定。少数民族在北方占了优势，十六国中大多数国家的君主都是少数民族。他们屠杀汉人的事的确很多，但是他们无法打断汉魏以来的政治传统，也不能不吸收汉族豪门参加他们的统治集团。后赵的君主石虎是一个十分残暴荒淫的人，但是他在336年（东晋成帝咸康二年）下令说："三载考绩，黜陟幽明，斯则先王之令典，政道之通塞。魏始建九品之制，三年一清定之，虽未尽弘美，亦缙绅之清律，人伦之明镜。从尔以来，遵用无改。先帝创临天下，黄纸再定（石勒曾两次按九品评定人物）。至于选举，铨为首格。自不清定，三载于兹。主者其更铨论，务扬清激浊，使九流咸允也。吏部选举，可依晋氏九班选制，永为揆法。"（《晋书·载记·石季龙上》）"三载考绩"，"黜陟幽明"，是传说中的舜制定的制度（《尚书·舜典》）。像石虎这样的人也说要遵从尧舜以来的先王之道，继续实行魏晋以下所行的九品选官的制度，这当然不能说明石虎个人的明智和伟大，而是说明，中国已经有了这样坚固的政治传统，就连石虎这样的人，也不能不承认它。自十六国至北朝，北方的政权仍是少数民族统治阶层和汉族统治阶层的联合政权，而且遵循的仍是以前的政治传统，所不同的只是最高统治者的民族身份不同而已。因此，我们在西晋灭亡后的北方看到了西罗马灭亡后的欧洲所不能看到的现象：中国的政治史上的连续性甚至在北朝时期也没有中断。这一点对中国古代文明的连续生存是至关重要的。

其次，从文化史来看。

中国古代文明在文化史上的发展连续性，在整个世界史上尤其显得突出。这里附带说明，文化史上发展的连续性与文化遗产的继承是既有联系又有区别的两回事。在文化连续发展的文明中，前代文化自然地作为遗产被后代所继承，有文化史发展的连续就有文化遗产的继承；但是，有文化遗产的继承却未必有文化史发展的连续。例如，现在世界流行的阳历，可以溯源于古代埃及的历法。七天为一星期，圆周分为360°，可以溯源于巴比伦。类似的例子还有许多。这些都可以说明，现在很多国家都继承了古代埃及和两河流域的某些文化遗产。但是接受古代埃及和两河流域文化遗产的许多国家都是各自国家先前的作为系统的文化的继承者，因此各有自己的文化史上的连续性。它们虽然继承了古代埃及、两河流域的文化遗产（只作为因素，而非作为系统），但是和后者并无文化史上的直接的连续性。

一个文明在文化史上的连续性，总而言之，应该包括两个方面：一是语言文字发展的连续性，即文化赖以流传的工具或其重要表现形式的连续性；二是学术本身（其中尤其重要的是哲学和史学）发展的连续性，即文化的精神内容的连续性。如果从这两个方面来衡量古代的各个文明，那么看来只有中国在文化史上的连续性最具有完整的意义。

世界最古老的埃及文明和两河流域文明都有自己独特的文字系统，也有相当丰富的历史文献。可是当它们失去独立以后，文字使用的范围逐渐限于神庙祭司之间，终于被人遗忘。它们的历史被湮没了。在以后很长的时期里，人们只能从希腊历史家的著作里得知它们的一些残缺不全的消息。印度河流域文明、赫梯文明、克里特—迈锡尼文明等都发生了文字被遗忘的现象。现在我们对于这些文明的了解，要归功于近代考古学家的发现和研究，也要归功于古文字学家对于那些已死的文字的解读（decipher）成果。可是至今印度河流域文明的文字和克里特文明的线形文字A尚未解读成功,因而这两个文明的许多问题也无从最后确定。在铁器时代产生的古文明中,波斯的楔形文字也曾被遗忘,波斯的很多重要历史资料只是在近代学者解读其文字以后才为人所知。古希腊文、拉丁文没有被人遗忘,但是最后仍坚持用希腊语的只是为数不多的希腊人,而拉丁文到中世纪的西欧已经不是人们口头的活生生的语言文字,仅在宗教和学术领域里保存着。

诚然,我们也看到国外一些学者谈到其他古国的文化连续性。例如,印度历史学家高善必(D. D. Kosambi)认为,印度文化有三千多年的连续性,非埃及文化可比[①]。他说印度文化有三千多年的连续性,实际也就表明,更古老的印度河流域文明与以后的印度文化之间是不相连接的。的确,吠陀时代(The Vedic Age)以后的印度文化具有明显的连续性,婆罗门教的典籍不仅在思想内容上有着前后相连的发展轨迹,而且在后代对前代典籍的注释中也反映了文化相沿不断的关系。例如,著名的《摩奴法典》(Manu Smriti)在公元9世纪、11世纪、13世纪、15世纪几乎每两百年就有一次注释。印度古代文化史上的一个不足之处,是缺乏赖以反映历史过程的精神的史学的连续性。又如,英国学者汤姆生(G. Thomson)说:"如果我们以希腊史与中国史比较,就会看到某些明显的相似之处。这两种语言的书面文献都始于公元前两千年代(引者按:中国古代未曾发生像克里特—迈锡尼文明的文字被遗忘那样的现象)。这两种语言都存留至今,变化较

[①] 高善必:《印度古代文化与文明史纲》(Kosambi, D. D. *The Culture and Civilization of Ancient India in Historical Outline*, London, Routledge and Kegan Paul, 1965),第9页。

小。近代希腊语不同于古典希腊语，但是希腊人仍然认为柏拉图的语言是自己的语言。近代汉语不同于古典汉语，但是中国人也仍然认为孔子的语言是自己的语言。因此，希腊语可说是欧洲最古老的语言，汉语是亚洲最古老的语言。这种语言上的连续性反映了两国文化的连续性。自古迄今，希腊的历史是单一民族的历史（引者按：中国的情况不同），这个民族从未失去过它自身的同一性或者对于自己往事的回忆；对于中国人来说，情况同样如此。"汤姆生也注意到了中国与希腊的不同。他指出：第一，当前（指此书初版的1955年）说汉语的人口约有6亿，而说希腊语者仅800万人。第二，希腊文化的许多内容是从更古的近东文明借来的，并非自己所独创；而中国文化则是自己独创的。①汤姆生的话是有道理的。不过，如果从学术传统来看，古代希腊的哲学和史学的传统最多也只残存到罗马统治时期，并未能延至中古的欧洲。在这一点上，古典希腊文化和古代中国文化是有明显的不同的。

中国古代文明在文化史上的连续性，既表现在语言文字方面，也表现在学术传统方面。

中国古代的语言文字在发展过程中从未发生断裂的现象。现代汉字与甲骨文、金文的差别的确很大。要求只认识简体汉字的人去认甲骨文或金文，那当然是很困难的。不过，从甲骨文到现代简化汉字间的巨大差别是逐渐形成的。从甲骨文到金文，从金文到篆书，从篆书到隶书，从隶书到楷书，从繁体楷书到简体

---

① 汤姆生：《第一批哲学家》（Thomson, George, *The First Philosophers: Studies in ancient Greek society*, London, Lawrence & Wishart, 1961），第61页。

楷书,全部发展过程基本上是清楚的、完整的。如果知道了这样连续发展过程及其规律,那也就掌握了认识金文、甲骨文的钥匙。而且,从甲骨文到现代汉字,不管字形发生了多大的变化,字的构造和字的应用中的变化总是以象形、指事、会意、形声、转注、假借(所谓"六书")为共同原则的;这些原则好像一座联系古今汉字的桥,今人通过它可以辨认古代文字。诚然,甲骨文和金文中还有很多字是现在还未被认识的,古文字学家们正不断地做考释(interpretation)工作。这种考释与死文字的解读(decipher)是有原则的不同的。因为这种考释是在已经认识了很多其他字的情况下进行的,而古文字学家们在开始解读古代埃及象形文字和西亚的楔形文字的时候,他们几乎处于任何已知条件都没有的状态中。至于语言,古今区别的确不小。因此,现代人,甚至现代的专家,对于甲骨上的卜辞、青铜器上的铭文,以至《诗经》《尚书》之类的古书,都有许多难以理解的地方。但是,古今语言的差异主要表现在语音、词汇和专门术语上,语法结构并没有发生根本的变化,而且语言的种种变化都是在长期的历史过程中逐渐发生的。因此学者们还是能够从古今变化中寻找到梯道的。

中国古代学术传统的连续发展,是从三代开始的。孔子曾说,"殷因于夏礼","周因于殷礼"(《论语·为政》)。他的话不是没有根据的。《诗经》中说到,臣服于周的殷人还穿着自己的礼服为周人助祭(《诗经·大雅·文王》:"殷士肤敏,祼将于京。厥作祼将,常服黼冔")。近年我们又见到在陕西岐山县周原发现的甲骨文,它们显然与殷人的甲骨文是一脉相承的。周代沿袭了夏、商两代的文化，又进一步加以发展。因此，孔子作为商人的后裔，对周人文化表示高度的赞美。他说："周监于二代，郁郁乎文哉，吾从周。"（《论语·八佾》）孔子整理了周代的典籍，修订了鲁史《春秋》，创立了儒家学说。不过，孔子并没有另编一套儒家的经典，他所编订的周代典籍就是儒家的经典。他说自己"述而不作，信而好古"。（《论语·述而》）这反映了由他开创的儒家学派对传统文化的高度重视。

孔子是哲学家，又是史学家，严格地说，是一位哲学和史学在他那里尚未分离的思想家。以后，哲学和史学逐渐分离。到汉代，以经学形式出现的哲学和史学正式分开了。董仲舒继承《春秋》，研究的是经学（经学，顾名思义，是解释和研究儒家经典的学问。它又分为两大支：一支着重于语言文字的解释；一支着重于理论本身的解释和发展。前者的成果为我们留下了一条古今语言文字间的通道，后者则表现了中国古代哲学的形式独特的连续性）；司马迁继承《春秋》，研究的却是史学。从此，经学和史学作为中国古代传统学术的主要支柱，一直没有中断。

西晋以后，4世纪至6世纪，中国南北分裂，但是学术传统并未中断。在分裂时期，经学曾经分为南北两支。引人注目的是，北方以少数民族为主要统治者的地区，经学仍然遵循汉儒传统（《易》《书》《礼》皆用郑玄注，《诗》用毛诗，《左传》用服虔注），而南方经学却受了魏晋玄学的影响而有所不同（《易》用王弼注，《书》用伪孔安国注，《左传》用杜预注，《诗》用毛传，《礼》用郑玄注）。相形之下，北方经学也比南方经学兴盛（《宋书》《南齐书》甚至无儒林传，而《魏书》的儒林传是很充实的）。同样引人注目的是，南北朝时期也是中国古代史学的一个繁荣时期。就以北方最混乱的十六国时期来说，史学不仅未断，而且还是相当繁盛的。据《隋书·经籍志·霸史》《史通·古今正史·十六国史》等记载，十六国的史书就有26种、271卷（其中三种不知卷数，未计）。这种情况不仅非4世纪至6世纪的西欧可比，而且在世界古代史上也是很少见的（在那样混乱情况下史学还那样不断传承）。

以上分别论述了中国古代文明在政治史和文化史上的连续性。现在让我们来考察一下二者之间的关系。

一般说来，政治史上的连续性往往可以成为文化史上连续性的保证。中国古代文化史上的连续性与政治史上的连续性是密切相关的。当然，并非在一个文明失去政治独立以后立即就会发生文化史上的断裂。古代埃及文明和古代两河流域文明在波斯统治时期，以至希腊化时期，其文化史的连续性尚未完全中断，贝希斯顿铭文（Behistun Inscriptions）和罗塞它石刻（Rosetta Stone）都是具体的例证。不过，这种现象不能永久地保持下去。即使像希腊人那样没有忘记本民族的语言文字，但是他们在长期失去政治独立以后文化史也发生了断裂性的变化。在罗马统治时期，希腊史家波里比阿（Polybius）、斯特累波（Strabo）、狄奥多拉（Diodorus Siculus）、普卢塔克（Plutarch）等，基本上还能维持希腊古典时期的史学传统。但是，在这些史家的笔下，希腊的历史已经成为一种追忆，不再像希罗多德（Herodotus）和修昔底德（Thucydides）的著作那样充满了活生生的希腊人的精神。我们不能责怪这些后期的希腊史家，我们不能要求他们把已经失去生命力的文明写成活生生的。到罗马帝国晚期，希腊文明的文化传统逐渐中断了。奥林匹克运动会（Olympic Games）的废止（公元393年或公元426年），也许可以算是一个标志。

另外，强有力的文化传统在一定程度上又是保证一个文明的政治史的连续性的重要条件。有些学者认为，中国古代文明的连续性要归功于东晋在公元383年淝水之战中的胜利。我毋宁不作如此想。如果前秦的苻坚在淝水之战中取胜，中国古代文明看来也不会中断。苻坚十分重视儒学，他曾说："朕一月三临太学，黜陟幽明，躬亲奖励。罔敢倦违，庶几周孔微言不由朕而坠，汉之二武（孝武、光武）其可追乎。"（《晋书·载记·苻坚上》）尽管出身氐族，苻坚的理想仍然是发扬儒家经学以上继汉代的传统。其实早在苻坚以前，远比苻坚残暴的石勒就知道必须重视古代学术传统，"勒亲临大小学，考诸生经义，尤高者赏帛有差。勒雅好文学，虽在军旅，常令儒生读史书而听之，每以其意论古帝王善恶，朝贤儒士听者莫不归美焉"（《晋书·载记·石勒下》）。中国古代文明的学术传统有力地影响和陶冶了少数民族出身的统治者，使他们在政治上也成为古代文明的继承者。北魏的君主，特别是孝文帝元宏，大力奖励儒学，对中国古代文明的发展作出了重要的贡献。王夫之认为，南北朝时，"北方之儒较醇正焉。流风所被，施于上下，拓跋氏乃革面而袭先王之文物；宇文氏承之，而隋以一天下"（《读通鉴论》卷八《宋文帝》）。他在这里充分估计到了学术史对于政治史的重要作用。

黑格尔（G. W. F. Hegel）在其《历史哲学》（*The Philosophy of History*）一书中注意到了中国是世界上唯一持久的国家，但是他否认中国文明有在时间中的变化和发展。他的这一见解,既不符合中国的历史,也未必符合他自己的辩证法。

文明,从其本质来说,是一种否定野蛮的过程。它像其他有生命的东西一样,自身总要不断地新陈代谢。如果不能否定自身中的消极成分,不能维持新陈代谢,那么一个文明就将衰亡。中国古代文明能够长期连续存在,就是因为它在沿袭中保持了变革,在变革中保持了沿袭。孔子说:"殷因于夏礼,所损益,可知也;周因于殷礼,所损益,可知也;其或继周者,虽百世可知也。"(《论语·为政》)"百世可知",这是说得过分了。不过,孔子已经注意到了历史就是在沿袭(因)和变革(损益)中前进的。

二、中国古代文明在空间中展延的特点:论中国古代文明的统一性

文明在时间中的纵向发展,在很大程度上与它在空间中展延的情况有关。就单个的文明来说,一个文明的发生和发展,常常伴随有自身在空间中的一定的展延;反之,如果一个文明由于某些原因而在空间中逐渐缩小以致消失,那么它也就要失去自己在时间中的连续性。再就文明之间的关系来看,不同的文明由于在空间中的展延而有接触,可能在交流中互相起了促进发展连续的作用,也可能一个文明在空间中的展延造成了其他文明在时间中发展的中断。所以,在考察了中国古代文明在时间中发展的特点以后,我们有必要来考察它在空间中展延的特点。

从世界历史的一般情况来看，文明的发生和发展都是和不同程度的统一相关联的，文明在最初发生的时候都有一个由部落共同体联合为国家的过程。在古代希腊，人们把这种"统一"叫作"塞诺西辛"（synokismos）。经过这样统一过程形成的还只是一种以某一城为中心的、小国寡民的邦。随着文明的发展和地区性的经济联系的出现，小邦又往往合并成一些地区性的王国。随着各地区文明之间联系的出现，在古代中期（约公元前15世纪）以后，历史上曾先后出现过许多跨地区的帝国。从城市国家性的邦到地区性的王国，从地区性的王国到跨地区性的帝国，这是在古代世界史上可以见到的文明在空间中展延的三个层次，或者说，文明统一的三个层次。但是，从具体的古代国家来说，其中有些只经历了第一个层次，有些经历了两个层次，有些经历了三个层次，情况有很大的不同。

古代埃及和两河流域是世界史上两个最古老的文明，它们都经历过小邦分立的时期。埃及统一较早，公元前三千年代前期已开始形成地区性的王国；两河流域统一稍晚，公元前三千年代后半期也开始形成统一的地区性的王国。这两个最古老的文明也有过自己的帝国时期。埃及的帝国出现于公元前两千年代后半期，两河流域真正的帝国则出现于公元前一千年代前半期。这两个文明在经历了帝国时期以后都转向衰落，结果被波斯所征服。印度河流域文明大概处于小邦分立阶段，还未统一就灭亡了。以后在南亚次大陆出现的文明，经过小邦分立时期，然后形成地区性的王国。孔雀帝国（Maurya Empire）是古代南亚最大的帝国，不过存在的时间很短。古代叙利亚地区长期处于小邦分立状态，未及统一就成了邻近大国反复争夺的对象。古代伊朗地区，早期有过一些小邦；公元前一千年代中期，先出现了米底王国（Media），然后又出现了版图包括广大西亚、北非古老文明地区的波斯帝国。波斯帝国的出现曾经使许多古老的文明中断，而它自身在被灭亡后也经历过文明中断。后来以伊朗地区为中心又先后出现过安息帝国（Parthian Empire）和萨珊帝国（Sassanian Empire）。克里特—迈锡尼文明的诸小邦未及统一就灭亡了，以后出现的希腊诸城邦（Polis）也没有统一就陷入马其顿、罗马统治之下。马其顿在公元前4世纪后期，迅速地由一个小邦变为一个地区性的王国，经过亚历山大的征服，又迅速地扩展成为一个庞大的帝国。不过，这个帝国又迅速地分裂了。罗马最初只是一个小邦，后来发展成地区性的共和国，然后又扩展成一个庞大的帝国。罗马帝国历时较长，但是在它灭亡后出现的仍是分裂局面。

总之，大多数古代文明在空间中的展延没有超过地区性王国的范围，一些形成帝国的古代文明又没有在历史上巩固它们的统一。严格地说，许多古代帝国只是一个强国征服了其他国家的结果，而不是真正的有其民族和经济的必然条件的统一。

中国古代文明在空间中展延的情况，有与外国相似之处，也有自己的明显特点。中国古代文明在政治方面、民族方面都具有稳定的统一趋势。

从政治方面来看，中国古代文明经历了持久的统一过程。正如其他国家一样，中国最初也是有许许多多的部落，然后由部落联合为许多小邦。根据古代传说，"当禹之时天下万国，至于汤而三千余国"。(《吕氏春秋·离俗览·用民》)到周武王准备伐纣的时候,诸侯到盟津(即孟津,在今河南省)赴会的就有八百之多(《史记·周本纪》)。周灭商以后,分封诸侯,"凡一千八百国,布列于五千里内。""春秋之初,尚有千二百国……而见于《春秋》经传者百有七十国焉。"(《晋书·地理志上》)我们知道,春秋以前的传说数字未必可靠,但是,三代时期曾有很多小邦,这是无可置疑的。而且,当时的小邦在政治上实际都是独立的。周武王伐纣,在牧野誓师,称同盟各邦首领为"友邦冢君"(《尚书·牧誓》);周公东征武庚,仍然称诸侯为"友邦君"(《尚书·大诰》);在《尚书·周书》里,周王朝还称诸侯国为"庶邦",并且把"庶邦"是当作"兄弟"看待的(《尚书·梓材》)。不过,就是在这样小邦林立的情况下,实际上也有一个各邦共同承认的中心。夏、商、周三个王朝是依次出现的三个中心。如果把夏、商、周三代等同于秦、汉以后的王朝,那当然不符合实际情况。但是夏、商、周三个王朝对于其他小邦显然在名义上居于支配地位。商汤在代夏桀的时候曾说:"非台小子敢行称乱,有夏多罪,天命殛之。"(《尚书·汤誓》)汤想灭夏,又怕人说他叛乱,所以自称是受了天命。从他的话可以看出,商对夏原来是有一定的从属关系的。在《尚书·周书》里,我们可以清楚地看到,周人的确有商代替夏、周代替商的三代相承的观念。周人承认,商曾经是"大国殷""天邑商""大商"(《诗经·大雅·大明》)。在岐山发现的周人的甲骨中也有"䣘方伯"(H_{11},82;H_{11},84)的记载,这更可以证明,传统文献说周文王是从属于商的西伯,这是有根据的。《诗经·商颂·玄鸟》说,商"邦畿千里,维民所止。肇域被四海"。这就是说,商作为一个大邦,它的人民所居住的地区只有千里,但是作为各邦共同拥戴的王朝,它又领有四海。《诗经·大雅·文王》说:"周虽旧邦,其命维新。"这就是说,周作为一个小邦是很古老的,但是作为一个王朝却是新的。所以,夏、商、周三代既有小邦林立的一个方面,又有以王朝为标志的统一的一个方面。当然,在古代苏美尔诸邦中也是有"王权"(Kingship)的,而且这个王权也是在一些邦之间转移的。这一点和古代中国的情况很是相似。不过,二者之间仍然有很大的差异。第一,中国的周王朝曾经分封诸侯。虽然对于许多小邦来说,周王的分封只不过是给原有的君主加了一个头衔,例如楚国的君主从周王朝得到的就是一个头衔,但是,周王朝确实也派人外出新建了很多邦,例如后来在历史上起过重要作用的齐、晋、鲁等国家都是这样建立起来的。第二,除了分封诸侯以外,周王朝还建立了一套宗法制度,用同宗的关系加强周王和同姓诸侯的联系,同时又用婚姻的关系加固周王和异姓诸侯的联系。因此,周王虽然还不是高居于诸侯之上的专制君主(absolute monarch),但是也不是纯粹名义上的首脑。在周王身上已经存在了一定程度的统一性,这一点在古代各文明中看来是很突出的。

到春秋和战国时期,周王朝由削弱而最终消亡。这时诸侯的力量强大起来,他们不断发动战争,互相吞并,周王朝对他们越来越无力干预。看起来这似乎是一种分裂的趋势,实际上也有人持这种见解。但是我们不能不注意到,正是在春秋和战国时期,中国政治史上出现了两件大事:一是小邦逐渐合并成地区性的王国；一是封建制（分封诸侯和附庸的制度）逐渐改变为郡县制（由国家任命的官吏代替受封的诸侯或附庸）。前者表明，国家的领土范围在扩展；后者表明，国家的政权在集中。这两者显然不是分裂的趋势，而是统一的趋势。

正是在春秋和战国时期打下的基础上，连续四百余年统一的秦、汉帝国出现了。两汉（西汉和东汉）帝国为中国以后进一步的统一奠定了稳固的基础。汉帝国和罗马帝国在领土面积和经济、文化的发展程度上大体相当，同时各有自己的地方行政系统。但是，在罗马帝国的行省里长期保存着城市自治制度，这也许可以说是先前城邦制度的残余；汉帝国的早期也曾在郡县以外封了一些王国和侯国，这也可以说是先前分封制度的残余。不过汉帝国内的封国不久就名存实亡，最后不再存在。郡县制度的确立为中国的持久统一准备了条件，这是学者们基本一致的认识。

东汉以后，出现了约60年的三国鼎立局面。西晋以后，出现了两百多年的南北分裂时期。不过，魏、蜀、吴三国都是在克服军阀割据的局面中建立起来的，它们也都在为统一全国作准备。就是在西晋灭亡以后的一个较长的分裂时期中，也一直存在一种统一的趋势。前秦苻坚（357—385）曾经一度统一北方。他在统一北方以后，对部下说："四方略定，惟东南一隅未宾王化。吾每思天下不一，未尝不临食辍餔，今欲起天下兵以讨之。"（《晋书·载记·苻坚下》）苻坚和东晋是对立的，但是双方又有一致性，就是都谋求统一全国。在淝水之战（383年）中苻坚失败了，北方重新陷于分裂。但是在439年北魏又完成了北方的统一。

589年，隋重新统一中国。经过南北朝分裂以后出现的隋、唐统一帝国,是中国统一的进一步发展。罗马灭亡以后根本没有这种现象。

从民族方面来看,中国古代文明具有一种不断的融合和联合的趋势。古代各个文明都有民族的区别和矛盾的问题。古代希腊人把非希腊人称为"蛮族"(Barbaroi);古代印度的雅利安人(Aryans)把非雅利安人称为"蔑戾车"(Mlecchas);中国先秦时代的华夏族称非华夏族为夷狄。这些称呼里都含有重己轻人的意思。不过,在对待不同民族的态度上,中国与其他古国有所不同。古代希腊人认为,蛮族是天生的奴隶[1];古代印度雅利安人也认为,"蔑戾车"的子女被卖为奴隶是合法的。[2]他们对于民族差异看得比较绝对,态度也很严厉。中国先秦时期也讲夷夏之防,不过其界限主要不在自然的血统上,因而也不很绝对化。"舜生于诸冯,迁于负夏,卒于鸣条,东夷之人也。文王生于岐周,卒于毕郢,西夷之人也。"(《孟子·离娄下》,《十三经注疏》,第2725页)诸冯、负夏、鸣条大体在今山东省(具体地点难以确定),岐周、毕郢在今陕西省,早先就算是东夷、西夷的地区了。可是舜和周文王无疑又是华夏族的著名的"先王",在历史上备受尊重。晋文公重耳的母亲是戎族(大戎狐姬),可是他是和齐桓公齐名的霸主,被认为是华夏诸邦的盟主。春秋时的杞国(在今山东省)本是夏朝的后裔,如依血统考虑,无疑属于华夏,而且是正统的华夏。可是《左传·僖公二十三年》说:"杞,夷也。"为什么呢?《左传·襄公二十九年》说:"杞,夏余也,

---

[1] Aristotle, *The Politics*, Penguin Books, 1981, 1255ᵃ 28.
[2] *Kautilya's Arthashastra,* translated by R. Shamasastry, 1915, III, 13, 1.

而即东夷。"杜预的注解说，杞"行夷礼"。于是，夷夏的区别主要建立在礼的不同上，血统的区分被文化的区分所代替。唐代的韩愈曾经说："孔子之作春秋也，诸侯用夷礼，则夷之；进于中国，则中国之。"（韩愈：《原道》）他的话是对的。这正是中国古代用以区分夷夏的基本标准。在古代中国出现这种情况不是偶然的。在文明出现以前，黄河中下游是一个多族共处的地区。有些前辈学者认为他们分为三大集团：西方有华夏族，东方有东夷族，南方有苗蛮族。这种说法大体是可靠的。他们之间有冲突，也有联合。据《史记·五帝本纪》所记古代传说，黄帝曾经战胜蚩尤、炎帝，其结果大概是合并了，他又曾"北逐荤粥"（司马贞说是"匈奴别名"），其结果则是两族的分离。尧又曾"流共工于幽陵（《尚书·尧典》《大戴礼记·五帝德》作"幽州"），以变北狄；放驩兜于崇山，以变南蛮；迁（《尚书》作"窜"，《大戴礼》作"杀"）三苗于三危，以变西戎；殛鲧于羽山，以变东夷"。关于"变"，司马贞说是变得同化于夷狄，张守节说是使夷狄变得同化于华夏。在中原的斗争中失败以后，一些族被排斥到边远地区，实际上以上两方面的作用都起到了。到西周、春秋时期，所谓华夏族已经是多族融合的结果，而所谓蛮、夷、戎、狄也并非与华夏族没有关系。吴君是泰伯的后裔，在血统上和周王是同族，因到南方后随从当地风俗文身断发，被华夏诸邦视为蛮夷。楚君是祝融的后裔，本来也属于华夏族，因为长期和南方的苗蛮联合，又自称为蛮夷。齐、晋、秦诸大邦也都有与夷狄杂处和融合的现象。所以，到了春秋晚期，人们实际已经不可能以血统作为区分夷、夏的标准，余下的唯一可能就在于文化上的区别了。

到战国晚期,黄河和长江中下游广大农业地区各国都成了华夏,夷狄主要指北方从事游牧的匈奴了。

中原融合成一个华夏族,这是战国能够走向统一的基础。梁襄王问孟子:"天下恶乎定?"孟子说:"定于一。"(《孟子·梁惠王上》)可见统一在当时已是大势所趋。秦并吞六国,遇到过抵抗,统一后不久,陈涉首先起义,六国贵族也随之而起。可是,秦遇到的不是民族性质的抵抗,陈涉起义的口号也只是"伐无道,诛暴秦"。(《史记》)秦亡于阶级斗争,而不是亡于民族斗争。因此,当汉帝国出现在世界历史上的时候,它具有其他任何古代帝国所不具有的统一的民族基础。历时四百年的两汉帝国,不仅巩固了已经形成的华夏族,而且加强了中原汉人(即汉代的人,现代汉民族是汉代人和许多兄弟民族的共同后裔)和边远地区民族的接触和联合。诚然,在汉朝和匈奴之间曾经有过多次的战争,不过,汉代人并没有把匈奴当作外人。司马迁说:"匈奴,其先祖夏后氏之苗裔也。"(《史记》)近代学者对匈奴的民族性质有不同的见解,可以继续研究。不过,可以肯定的是:(1)匈奴的祖先(荤粥、猃狁等,他们至少是匈奴族的源流之一)与华夏族有长期密切的往来;(2)匈奴族中已经吸收了华夏族的成分(正如华夏族也吸收了其他民族成分一样);(3)汉代人认为匈奴在血统上与自己本是亲族,而差别只在于历史中形成的礼俗不同。因此,汉与匈奴"和亲","汉与匈奴约为兄弟"(《史记》),这当然也就是一种很正常的事了。

西晋王朝灭亡以后,北方一度出现了许多少数民族统治的政权。这种分裂局面,与西罗马帝国废墟上出现的日耳曼诸王国很有几分相似。但是，中国的情况与西方又有着重大的不同。当时在中国北方起重要作用的少数民族有五个：匈奴（被认为是夏王朝的后裔）、鲜卑（被认为是黄帝的后裔）、羯（被认为是匈奴的一支）、氐（被认为是曾经和夏禹的儿子启争夺过王位的有扈氏的后裔）、羌（被认为是舜的后裔。以上除匈奴外，都根据《晋书·载记》）。他们和汉人都有很深的历史关系。他们中的一些领袖实际是汉化程度很深的人物，有些精通汉人的传统文化，即使与汉族统治者中的杰出人物相比也毫不逊色。造成以后十六国局面的第一人刘渊就是这样的人物。刘渊是匈奴人，不过他的部族已经不再以夏朝的后裔为满足，而改姓"刘"了。姓刘的理由是：他们是汉朝公主的后代。从前的史学家有偏见，说他们是"冒姓刘"。其实他们从母系血统上说完全有理由姓刘，可以说是汉朝皇帝的真正后裔。公元304年（晋惠帝永兴元年），刘渊建立政权，称汉王，并且发表了一篇文告。他在文告中称西汉高帝刘邦、东汉光武帝刘秀、蜀汉昭烈帝刘备为"三祖"，说曹氏的魏、司马氏的晋都是汉朝的篡夺者，他自己的任务就是要恢复汉朝的政权。结果与刘渊的愿望相反，汉朝没有复兴，北方却分裂了。北方少数民族政权中的杰出人物在谋求统一的过程中促进了民族间的联合和融合。苻坚和王猛大力提倡儒学，鼓励各族接受汉人文化，一度统一了北方；大约与西罗马帝国灭亡的同时，已经统一北方的北魏的孝文帝元宏又实行改革，推行汉化政策。所以，当西方在日耳曼化中分裂的时候，中国却在魏孝文帝等人推动的汉化中为以后的进一步统一打下了坚固的基础。中国在先秦时期就有华夷之间互相转化和同化的现象，在南北朝时期又有胡汉互相转化和同化的现象。陈寅恪教授说:"汉人与胡人之分别,在北朝时代文化较血统尤为重要。凡汉化之人即目为汉人,胡化之人即目为胡人,其血统如何,在所不论。"①这种现象正是继承了先秦时期就有的以文化区分民族的优良传统。在这样的标准下,所谓汉化就是指少数民族接受了汉人的先进文化。同时,确实也有汉人胡化的另一个方面,而这个方面在历史上也是非常重要的。先秦时期的华夏族由于一定程度的夷狄化(包括血统中加入夷狄成分和文化上接受夷狄的成分)而发展成汉代的汉民族,而汉代的汉民族也由于一定程度的胡化才发展为隋唐时期的汉民族。南北朝时期的"汉化",实际上包括了汉化和胡化两个方面,而以汉化为主。没有这个过程,就没有隋唐时期虎虎有生气的大统一的局面。

中国古代文明在政治上的统一趋势以及在民族上的融合和联合的趋势,是有其客观条件的。从世界范围来看,中国处于欧亚大陆的东端,西面又有喜马拉雅山和帕米尔高原的屏蔽,不像某些古代文明那样处在民族迁移的交通要道上,因而有一个民族关系相对稳定的环境。从中国内部来看,各地区之间有地理上的间隔和区别,但是这些并不能阻断相互间的交通,而且就总体来说有从北、西、南三个方面向中原辐辏的形势。在历史上,中原(黄河中下游地区)是最先繁荣起来的农业区,在这个区域里最早形成了华夏族。春秋战国时代,中原农业区和南方农业区关系日益密切,到汉代形成了统一的汉族农业区。汉族农业区的北

---

① 陈寅恪:《唐代政治史述论稿》,北京:生活·读书·新知三联书店,2001年版,第200页。

部（中原）以生产黍、稷、小麦、大麦为主，南方农业区以生产稻为主，南北各地还有其他物产的不同。从《史记·货殖列传》和《汉书·地理志》中，我们可以看到汉族农业区各地物产的差别，也可以看到各地区间商业的发展。大体从春秋时期开始，在农业地区先后开凿了许多运河，它们通常具有灌溉和交通的两重作用。其中最值得注意的，如春秋时开凿的鸿沟（连接淮河和黄河）、邗沟（连接淮河和长江），秦统一后开凿的灵渠（连接湘江和珠江，而湘江是长江重要支流之一）。这样，黄河、淮河、长江、珠江几个水系就沟通了。在汉族农业区以北，是少数民族的以畜牧业为主的地区。在这两个地区之间也存在贸易的关系，汉族农业区向北方提供金属和丝织品等，少数民族畜牧区向南方提供驴马、裘皮等。汉朝和匈奴之间就经常保持这种互通关市的关系。在多方面的长期相互交往中，不少汉人进入了北方的畜牧业区，同时也有更多的少数民族进入了中原农业区。在西晋王朝统治者内部发生混乱以后，早已住在中原农业地区并且已经汉化了的少数民族联合北方畜牧区的少数民族统治了中原农业区。汉族政权则保留在南方农业区。在这样南北相持的局面中，中原在政治上和北方畜牧业区形成一体，不过在经济上却和南方的农业区是一致的。结果不是汉族北方农业区（中原）被畜牧业化，相反，是入居中原农业区的少数民族农业化和汉化了。在先秦时期，中原曾经是一个烘炉，许多部落和民族在其中熔冶成一个华夏族；在西晋以后的两个多世纪里，中原再次作为一个烘炉，许多民族在其中熔冶成一个比先前汉人的成分更为广泛的汉族。所以，中国古代文明也有民族移动的问题，不过这种移动大体是以中原为中心的对流，而另一些古代文明的民族移动则往往是平流。不同形式的民族流动产生了不同的历史后果。

黑格尔认为，中国的统一不同于波斯帝国的统一：波斯帝国是包容多样性的统一，而中国则是抽象的统一。高善必也说，印度的文化有多样性，而中国则只有汉族的统一文化，缺乏多样性。在我看来，这些见解都缺乏对中国历史的了解，因而也是不足以说服人的。

我们不否认古代波斯帝国内部的多样性，也不否认印度文化的多样性。但是，我认为，首先，古代波斯帝国的统一并不是严格意义上的统一。波斯帝国承认或者容忍了帝国各部分的多样性，可是没有把多样的各部分构成一个有机的整体。波斯帝国有一个以波斯人为核心的统治中心，可是波斯既不能成为帝国的经济中心，也不能成为帝国的文化中心。集合在一个最高统治者之下的诸部分，既未形成一个真实的中心，又未形成一个稳定的结构，这就很难说它是一个真正的统一体。再则，中国古代文明形成一个日益加强的整体，这不意味着多样性的必然消失。中国古代文明的多样性表现在两个层次上：第一层是汉族内部存在的多样性，这既包括不同地区经济生活和风俗习惯的多样性，也包括汉族人民由于汲取各民族的文化成果而形成的多样性。从先秦到南北朝时期，汉族由多民族融合而成，自然也就在衣、食、住、行等多方面继承了多民族的文化成果。例如，变古代华夏的车兵为胡服骑射，在食物中出现胡饼，变席地而坐为采用桌椅等。第二层是在汉族和周边少数民族之间，不同的少数民族之间，也都存在着文化上的多样性。高善必承认中国的云南省有文化的多样性，其实中国作为一个整体也很像是一个大的云南，云南也很像是一个小的中国。因为中国作为一国，云南作为一省，都有汉族文化和少数民族文化的共存。所以，中国古代文明的特点，不在于没有多样，而在于能将多样性容纳在统一之中。

总之，中国古代文明的统一性特点的形成，并非依靠它能排斥或者消除异己的因素，恰恰相反，完全依靠它能兼容并蓄，然后经过熔冶将不同的因素化为一个不断发展的新整体。

三、中国古代文明的主要精神特点：论四海一家、天人相应思想

以上讲了中国古代文明的连续性和统一性的特点，这里再探讨一下中国古代文明的主要精神特点。如果具体分析中国古代的思想史和文化史，那么中国确有许多特点可以研究。不过，我认为，如果作为中国古代文明主要的或基本的精神特点，那么举出四海一家、天人相应的思想，看来是适当的。以下分别加以具体论述。

第一，关于四海一家思想。按照这个思想，国和家在原则上是一致的，或者说，二者具有同一性。

我们不妨从汉语的"国家"一词谈起。在现代汉语里，"国"表示一个具有自己的领土和主权的政治共同体，即英语中的 state，"家"表示一个血缘的共同体，即英语中的 family。可是，当"国"和"家"合成"国家"一词时，它表示的仍然是"国"的意思。这种在语言上"国"和"家"既有区分又有联系的现象，

可以追溯到很古的时代。在先秦的文献中,"家"和"国"在很多情况下是分别使用的。例如,孔子说:"丘也闻有国有家者,不患寡而患不均,不患贫而患不安。"(《论语·季氏》)这里的有国者指诸侯,他是国的统治者;有家者指大夫,他是家(古代的"家"还包括依附于它的人,与古代罗马的famulus很相像)的统治者。类似的例子很多。不过,把"国"和"家"合组为"国家"一词也是常见的。在《尚书》里,《金縢》记周成王亲自迎接周公时说:"我国家礼亦宜之。"《立政》记周公说:"其惟吉士,用劢相我国家。"《文侯之命》记周平王说:"侵戎我国家纯。"在《诗经》里,"国家"一词以稍有改变的形式出现,写作"邦家"或"家邦"。邦就是国,国就是邦,因此"邦家"就是"国家","家邦"就是"家国"。将"邦家"倒转为"家邦",看来那是为了押韵的缘故。《小雅·南山有台》:"乐只君子,邦家之基""乐只君子,邦家之光。"《周颂·载芟》:"有飶其香,邦家之光。"《小雅·瞻彼洛矣》:"君子万年,保其家邦。"《大雅·思齐》:"刑于寡妻,至于兄弟,以御于家邦。"

古代中国以"邑""邦""国"等字表示国的概念,这和古代希腊以Polis表示国的概念很相像。因为最初的国总是和城有一定关系的。看起来使人感到奇怪的是,国的概念竟然也可以由"国"和"家"组合而成的"国家"来表示。为什么会这样呢?答案只能从历史中去寻找。

最初的邦一般都是由氏族、部落合成的,因此,家一开始就作为国的基层而存在,孟子说:"人有恒言,皆曰'天下国家'。天下之本在国,国之本在家,家之本在身。"(《孟子·离娄上》,

《十三经注疏》，第2718页）亚里士多德也认为，家是社会基本的单位，由家而组成村（最初的村自然地是由同族人组成的），由村而组成国。最初的王（Basileus）是从家长和村长发展而来的。①在这种情况下，"家"和"国"的关系自然是很密切的。

值得注意的是，中国古代形成了一套完整的宗法制度。商代是否有宗法制度？学者有不同的见解，需要继续研究。到周代，一套很完整的宗法制度已经建成了。

中国古代典籍说到宗法制度的地方不少，在《礼记》的《丧服小记》《大传》两篇中有比较系统的叙述。根据这些文献，我们知道，宗法制度很像一棵大树：树的主干就是大宗，世世代代由嫡长子继承；树的分枝就是小宗。不过，分枝又是有系统的：大枝对于从它分出的小枝来说，又可以算是大宗，小枝对于大枝来说自然是小宗，不过小枝还有由它分出的更小的枝。这样可以依次分为五个层次。自从汉代以来，学者对周代宗法有两种理解：一种意见认为，周王是天下的大宗，诸侯对天子是小宗；但诸侯在自己的国内是大宗，大夫对诸侯是小宗；大夫在自己的领地里是大宗，大夫的庶子又是小宗，等等。另一种意见认为，天子（周王）和诸侯不在宗法系统以内，宗法系统是从大夫开始再向下展延的。我赞成第一种意见。因为在《诗经》里，在许多青铜器铭文里，周王和诸侯都是当作大宗的。《诗经·大雅·公刘》说到周邦的人以公刘作为自己的国君和大宗（"君之宗之"），是最明显的实例。《何尊铭文》："王诰宗小子于京室。"《驹形盉尊

---

① Aristotle, *The Politics of Aristotle,* translated with an introduction, notes and appendixes by Ernest Barker. Beijing, China Social Science Publishing House, 1999, 1252^b.

铭文》:"王弗忘厥旧宗小子。"这说明周王和臣下保持着宗法的关系。《驹形盉尊铭文》:"王佣下不其则万年保我万宗"。《盉尊铭文》:"天子不叚不其保我万邦"。在这两个同属一个主人的器物铭文中,前者的"王"就是后者的"天子",前者的"万宗"就是后者的"万邦"。这就是说,周王朝作为大邦要保护各个小邦(诸侯国家),周王作为各国的大宗要保护各个小宗(仍是诸侯国家)。所以,这里"邦"(国)和"家"被认为是同一的。在西周,分封诸侯的制度和宗法制度是相辅相成的。

大约在春秋战国时期,情况逐渐发生变化。一方面,各国内部的原有的血缘系统逐渐松弛甚至解体。很多小国(它们原来有自己的血缘系统)并入大国,各国内部国人(有严密的血缘系统的具有公民权的自由民)和野人(无严密的或合法的血缘系统也无公民权的自由人)的区分逐渐消失,人口在各国间的流动等,都对瓦解原来的血缘系统起了促进作用。另一方面,各国的血缘系统逐渐和政治系统发生分离。郡县制逐渐代替分封制,使原有的宗法制度发生了很大的变化。秦兼并六国以后,废除分封制,实行郡县制,在行政系统中完全排除了血缘系统。秦代虽然还有"宗正"(掌管皇帝亲属事务的官员),但是皇帝的亲属已经不能靠血缘关系分享政权。"君统"(皇帝的政权系统)和"宗统"(宗法系统)完全分开了。汉代基本上继承秦代的传统,实行郡县制度,不过又认为秦代过于轻视血缘系统的作用,没有分封亲属,因而孤立、早亡。《汉书·诸侯王表·序》说:"秦据势胜之地,骋狙诈之兵,蚕食山东,一切取胜。因矜其所习,自任私知,姗笑三代,荡灭古法,窃自号为皇帝,而子弟为匹夫,内亡骨肉本根之辅,外亡尺土藩翼之卫。陈、吴奋其白梃,刘、项随而毙之。故曰,周过其历,秦不及期,国势然也。汉兴之初,海内新定,同姓寡少,惩戒亡秦孤立之败,于是剖裂疆土,立二等之爵。"[1]汉朝历代皇帝的儿子,除作为太子继承帝位的以外,其余一般都封王,王的儿子除世袭王爵以外,封侯。这看起来似乎恢复了周代的分封制度,但汉代的王、侯后来并没有统治权,实际上成了一种荣誉爵位。宗法制在汉代又得到了重视(《白虎通义·封公侯》中有所反映),但它已经不是真实地、直接地同政权系统合为一体,而是在伦理上间接地作为政权系统的支柱。国与家在政治上实际分开了,但是在伦理上又联结着。所以,虽然经过战国、秦、汉的变化,"国"和"家"结合的"国家"概念仍然长期保存下来。

与"国"和"家"的一致相应,中国古代还有礼和法的一致、忠和孝的一致。

在中国古代文明的早期阶段,不存在纯粹的法,而只有礼。礼的内容很广泛,包括宗教仪式、风俗习惯、传统制度等。礼或多或少与古代印度的Dharma,古代以色列的Torah,古代希腊的Nomos,古代罗马的Ritus有些相似。如果扼要地说,那么,礼的核心内容就是"亲亲尊尊"。亲者,有关系远近的不同;尊者,有等级高低的区别。礼规定这些区别,并且规定处于不同地位的人的行为准则。在西周时期,每一个邦都分为两个部分。一部分是"国",就是都城及其郊区;另一部分是"野",就是郊区以外边境以内的地区。居住在"国"的是"国人",他们和国君有一

---

[1]《汉书》,北京:中华书局,1962年版,第1册,第393页。

定的血缘关系，或者是同族的关系，或者是通婚的关系。礼在国人之间通行，每一个国人都在宗法系统中处于一定的地位，而且在当时的宗法制度下，亲亲和尊尊是一致的。例如，国君作为君主是尊者，作为大宗又是亲者，国人对国君的关系既是亲亲，又是尊尊。居住在"野"的是"野人"，他们和"国人"原来没有血缘关系，没有公民权利，也不分享"国人"的礼。"礼不下庶人"（《礼记·曲礼上》），就是这个意思。因此，我们也可以说，礼是一种特殊的法，它还没有摆脱血缘系统的作用。

春秋战国时期，随着国野区分的逐渐消失和宗法制度的逐渐衰落，礼也被破坏了。于是各国或早或迟在不同程度上进行了改革，其实质就是用法来代替礼。当时的学者有各种不同的主张，但是似乎还没有一个学派认为先前的礼可以原封不动地保留下去。孔子可能是最温和、最保守的，但是他所主张的"礼"已经和"仁"互为补充。他的"仁"，作为一种爱，对不同的人是有程度差别的。但是，我们不知道，孔子曾经把什么人（例如野人）排斥在"仁"的对象之外。因此，孔子实际上也是改革家，不过是比较温和的。最激烈的当然是法家学派。在《商君书·靳令》中，礼和孝、悌、仁、义等并列，成为所谓"六虱"之一。他们把礼当作一种和法相对立的政治害虫，认为必须彻底予以消除。秦国用商鞅的主张，实行严刑峻法，最后以武力兼并了其他国家。但是秦的灭亡也很快。汉代总结秦的经验，认为那是秦废礼而用法的结果。贾谊说："汤武置天下于仁义礼乐，而德泽洽，禽兽草木广裕，德被蛮貊四夷，累子孙数十世，此天下所共闻也。秦王置天下于法令刑罚，德泽无一有，而怨毒盈于世，下憎恶之如仇雠，祸几及身，子孙诛绝，此天下之所共见也。……今或言礼谊之不如法令，教化之不如刑罚，人主胡不引殷、周、秦事以观之也？"①于是，汉代在继承秦代法律的时候，一方面予以简化，另一方面予以放宽。完全放弃秦代的法而行周代的礼，也是行不通的，因为存在于周代的国野区分、宗法制度到汉代或者已不存在，或者已经有了很大的改变。不过，汉代的皇帝在立法中更多地注意到传统的宗法关系或礼的因素。例如，汉宣帝地节四年（公元前66年）发布诏书说："父子之亲，夫妇之道，天性也。虽有患祸，犹蒙死而存之，诚爱结于心，仁厚之至也，岂能违之哉！自今子首匿父母，妻匿夫，孙匿大父母，皆勿坐；其父母匿子，夫匿妻，大父母匿孙，罪殊死。"②身份高的亲属犯了罪，身份低的隐匿罪人，自己不算犯罪；反之，身份高的人如果隐匿了身份低的犯罪亲属，那就要判处死刑。东汉章帝的时候，一个人因为父亲受到另一人的侮辱，就把那个侮辱他父亲的人杀了，章帝免了杀人者的死刑③。这种在法中渗入礼的情况逐渐成为传统，在以后的法律（例如《唐律疏议》）中都有所反映。

在中国古代文明的早期并没有后来那种以君主为对象的"忠"，而"孝"却出现的很早，并且包括了对政治上的尊长和血缘上的尊长两方面的崇敬。因为在周代宗法制的条件下，尊尊和亲亲是同一件事。青铜器铭文中时常有"享孝于大宗"的词句，这种"孝"就包括在政治上和血缘上两重的、但又是同一的崇

---

① 《贾谊传》，《汉书》，第8册，第2253页。
② 《宣帝本纪》，《汉书》，第1册，第251页。
③ 《张敏传》，《后汉书》，北京：中华书局，1965年版，第6册，第1502页。

敬。"忠"的本义，如《说文解字》所说，"敬也，尽心曰忠。"①对任何人尽心都是"忠"。孔子弟子曾子说："为人谋而不忠乎？"（《论语·学而》）他说的忠对任何人都适用。春秋时期还有人认为国君应当"忠于民"，"上思利民，忠也。"（《左传》桓公六年记随国大臣季梁语）

到战国时期，随着宗法制度的变化（"君统"政治系统和"宗统"血缘系统分开），"孝"已变成血缘系统或家族系统中的道德规范，和对君主的忠已经不能经常一致，有时甚至还会发生尖锐的矛盾。韩非说："楚之有直躬，其父窃羊，而谒之吏。令尹曰：'杀之'，以为直于君而曲于父，报而罪之。以是观之，夫君之直臣，父之暴子也。鲁人从君战，三战三北，仲尼问其故，对曰：'吾有老父，身死莫之养也。'仲尼以为孝，举而上之。以是观之，夫父之孝子，君之背臣也。"（《韩非子·五蠹》）面对这种情况，不同的学派有不同的主张。

孔子学派认为，孝和忠在伦理原则上是一致的。孔子弟子有若说："其为人也孝悌，而好犯上者，鲜矣。"（《论语·学而》）在遇到实际矛盾的时候，他们主张按中庸之道办事。《孟子·尽心上》有这样一个故事："桃应问曰：'舜为天子，皋陶为士；瞽瞍杀人，则如之何？'孟子曰：'执之而已矣。''然则舜不禁与？'曰：'夫舜恶得而禁之？夫有所受之也！''然则舜如之何？'曰：'舜视弃天下犹弃敝蹝也。窃负而逃，遵海滨而处，终身䜣然，乐而忘天下。'"

---

① 许慎撰、段玉裁注：《说文解字注》，上海：上海古籍出版社，1981年据原刻本影印刊行大16开精装本，第502页。

法家学派则认为，忠、孝不能两全。所以商鞅把孝当作一种"虱"。韩非更进一步说父母和子女的关系也是以利益为基础的。"且父母之于子也，产男则相贺，产女则杀之。此俱出父母之怀衽，然男子之受贺，女之杀之者，虑其后便，计之长利也。"(《韩非子·六反》) 既然亲子关系都不是真诚的，当然"孝"的理论根据就不存在了。

秦国基本上实行了法家学派的主张，鼓励对国君的忠，而抑制对父母的孝。当然这也并非总是如此。在孝和忠不发生矛盾的时候，孝也还是被承认的。《睡虎地秦墓竹简》的《法律答问》、《为史之道》中对"孝"还是承认的。贾谊说秦国这样做的结果是破坏了好的风俗。"商君遗礼义，弃仁恩，并心于进取。行之二岁，秦俗日败。故秦人家富子壮则出分，家贫子壮则出赘。借父耰鉏，虑有德色；母取箕帚，立而谇语。抱哺其子。与公并居；妇姑不相悦，则反唇而相稽。其慈子耆利，不同禽兽者亡几耳。"①

秦朝早亡，汉代从中吸取教训，于是再次重视孝悌。汉文帝说："孝悌，天下之大顺也。"②秦的统治者重视"耕、战"，也就是鼓励"力田、杀敌"，汉代的统治者则鼓励"孝悌力田"。汉代统治者采用了儒家的主张，把忠和孝在伦理上结合起来（不同于周代的在政治上和伦理上都结为一体）。这对以后的各个王朝的统治者也起了很大的影响。

由于存在家和国一致的思想以及随之而来的礼和法一致、

---

① 《贾谊传》《汉书》，第8册，第2244页。
② 《文帝纪》《汉书》，第1册，第124页。

忠和孝一致的思想，统治者和臣民之间的关系被认为是某种亲子关系。例如《诗经·小雅·南山有台》说："乐只君子，民之父母。"《诗经·大雅·泂酌》说："岂弟君子，民之父母。"这两段诗都是一个意思：作为臣民的父母，统治者是愉快的。《白虎通义·爵》引《尚书》说："天子作民父母"①[伪古文《泰誓》写作"元后作民父母"（《十三经注疏》，第180页）]。这些思想对于中国古代文明的巩固，对于它的连续性和统一性都是有作用的。

当然，这种思想有其有利于巩固统治者的地位的一个方面。但是这也并非总是如此。统治者作为"父母"有权利，人民作为"子民"（subjects）有义务，这是事情的一个方面。事情还有另一个方面。孟子对梁惠王说："庖有肥肉，厩有肥马，民有饥色，野有饿莩，此率兽而食人也。兽相食，且人恶之。为民父母，行政不免于率兽而食人。恶在其为民父母也？"（《孟子·梁惠王上》）这就是说，统治者如果没有尽到作为"父母"的义务，就不成其为父母，就应失去做国君、做"父母"的权利。"齐宣王问曰：'汤放桀，武王伐纣，有诸？'孟子对曰：'于传有之。'曰：'臣弑其君，可乎？'曰：'贼仁者谓之贼，贼义者谓之残，残贼之人谓之一夫。闻诛一夫纣矣，未闻弑君也。'"（《孟子·梁惠王下》）这就是说，统治者没能尽到做"父母"的义务，人民就有推翻他们的权利。这样，君主和臣民之间的"父母"与"子女"的关系并不是一种自然的、绝对的关系，而在某种程度上近似于契约的关系。因此，它是可以调整的。这在实际上也增强了中国古代文明克服种种困难的能力。

---

① 陈立：《白虎通疏证》，北京：中华书局，1994年版，第4页。

第二，关于天人相应的思想。按照这个思想，天和人在原则上是一致的，或者说，二者具有同一性。

许多国家都有这样一种古老的传说，据说早先的人和神的关系是很接近的。中国古代也有类似传说，据说有一个时期天和地是相通的，只是后来这种交通才被打断（《尚书·吕刑》）。为什么会有这样的传说呢？因为，人本来就是从自然界分离出来的，最早的人自然地会感到自己和自然界有着密切的关系；可是当时的人并不能如实地认识自然界，而认为自然界是神或天。这样，他们也就认为自己和神或者天有密切的关系，而巫术就是他们和天或神打交道的手段。春秋时的楚昭王问大臣观射父说，《尚书》里所说的断绝天地交通是怎么一回事？是否在此以前人能上天？观射父回答说，所谓天地相通就是"民神杂糅，不可方物，夫人作享，家为巫史"，以后颛顼命令一个官员专门负责祭神，和天打交道，又命令一个官员专门负责地上的事，和人打交道。"是谓绝地天通。"（《国语·楚语下》）观射父在古代就能作出这样的解释，实在是很杰出的。不是所有人都可以用巫术和神打交道了，这种权利为某些人所攫取，这样就算是地和天、人和神的交通断了。当然，这不能是完全的断绝，因为还有人负责人和神的交往。

文明一般就是在这种情况下诞生的。统治者一方面代表人和神打交道，另一方面又作为神的代表来统治人民。中国古代的君主以及许多其他古国的君主都说自己得到"天命"或者"神的命令"，这不是偶然现象，是具有一般性的。

以下讲中国古代的人和神的关系的一些特点。这些特点也就是天人相应思想的一些具体表现。

第一，天虽然高高在上，但是和人的关系又不遥远。

在上古小邦林立的时期，通常每个邦都崇拜若干个神，其中有一个主要的神，他是本邦的保护者。在中国古代，每一个邦都崇拜自己的祖先，而祖先则来自于神，就是"帝"。周的祖先是后稷，而后稷的母亲姜嫄是在踏了"帝"的足迹以后才怀孕和生育了后稷的（《诗经·大雅·生民》）。"王者禘其祖之所自出，以其祖配之"（《礼记·大传》）。"禘"就是祭祖先由之而生的"帝"，祭的时候以祖先作陪。不过，在各邦君主之中出现了一个最高领袖——王的时候，祭"帝"或"上帝"并以自己祖先作陪的权利就专门属于王了。西周统治者说："殷之未丧师，克配上帝。"（《诗经·大雅·文王》）这就是说，周人承认殷王曾经是各邦的最高领袖。

关于"帝"，学者有不同的解释，分歧不小。一些学者（如吴大澂、王国维等）释为"蒂"。因为采字上面的"▽"像花蒂的形状。我认为，此说有道理，但仍待改进。就字形来说，"采"更像根。同时"帝"（即"蒂"）和"柢"（即"氐"）古相通，《老子》五十九章"深根固柢"，《经典释文》"柢亦作蒂"。《韩非子·解老》："树木有曼根，有直根。（直）根者，书之所谓柢也。"直根为柢，曼根为根。帝（采）的形状像直根，古人认为神是人的根源，所以又把神称为帝。

在殷代，"上帝"和"天"的概念是否已经等同，学者还有不同的意见。从甲骨文的资料来看，现在还没有"上帝"等同于"天"的证据，但是，如果从《尚书》《诗经》的资料来看，似乎殷代已经把天和上帝等同起来。这个问题还可以继续研究。在西周时期,上帝和天等同起来,这是从青铜器铭文和传统文献都能得到证实的。

周代人对天和人的关系的认识有一个重大的变化,就是把天和人的关系理解为某种意义上的血缘关系。周代替殷成为各邦的最高领袖——王,周人把这件事解释为"皇天上帝,改厥元子"(《尚书·召诰》)。各邦君主都是皇天上帝的儿子,但是周王作为各邦的最高领袖和大宗,所以算是天的"元子",也就是"宗子"(嫡长子),所以也可以称为"天子"。本来周王作为各邦的大宗,在理论上是有缺点的。因为,按照宗法制度,大宗的地位是血缘性质的,所以,周王只能作为各同姓诸侯的大宗,而不能成为异姓诸侯国的大宗。有些学者反对周王是各诸侯的共同的大宗说,就把这当作一条理由。可是,周人统治者把人间的宗法系统和皇天上帝联系起来,这样,凡是在天下面生活的人,不分同姓异姓,都得承认周王是"天下"的大宗。因此,周王朝也就被各诸侯国承认"宗周"(作为大宗的周)。

周王把自己说成皇天上帝的"元子",把宗法系统和天联系起来,这在中国历史上发生了重要的影响。一方面,古代的最高统治者以"天子"的身份作威作福;另一方面,中国人形成了一种广泛的"兄弟"概念。正如孔子的弟子子夏所说:"四海之内,皆兄弟也。"(《论语·颜渊》)不仅同姓的人是兄弟,异姓的人也是兄弟;不仅华夏族的人是兄弟,不同民族的人也可以是兄弟。中国古代以文化而不以血统来区别华夏族和夷狄,和这种广泛的兄弟观念也有关系。以后的匈奴等少数民族都能找出和汉族的共同祖先，也和这种广泛的兄弟观念有关系。总之，这种广泛的兄弟观念对中国古代文明的统一是有重要意义的。

中国古代的天既高高在上又与人不远的观念，也表现在汉字"天"字上。"天"在甲骨文和金文里写作夨、天、夨等，这些字都是在人的形象上有一个显著的头。《说文解字》说："天，颠也。"这看起来是用声音相近的词来解释天。可是对比一下字的形状，我们就可以知道，"天"的形象就是人的头，而"颠"也正是人的头顶。所以，天就是颠。天在人的头上，可以说是很远，以致高不可攀；也可以说是很近，就在人的头上，甚至就是人的头顶。

第二，天意虽然被认为是至高无上的，但是又往往脱离不了人心。

从《尚书》来看，天命的观念，上帝惩罚有罪的观念，在中国出现得很早。《夏书·甘誓》、《商书》中的《汤誓》《盘庚》《高宗肜日》《西伯戡黎》《微子》等篇都有这种观念。《甘誓》是否能代表夏代人的观念，这还有待研究。从商代甲骨文的资料来看，当时的统治者的确是敬畏上帝，相信上帝能够赐福或降祸的。不过商代统治者又有两类人：一类人开始注意到上天降福降祸的关键在于人的行为。例如，祖己对高宗（武丁）说："惟天监下民，典厥义。降年有永有不永，非天夭民，民中绝命。"（《尚书·高宗肜日》）又如，祖伊对纣说："非先王不相我后人，惟王淫戏用自绝。故天弃我，……"（《尚书·西伯戡黎》）另一类人则认为，自己已有天命，别人对他就无能为力，他自己的统治地位就没有问题。例如，当祖伊提醒纣，周已经成为对殷的威胁的时候，纣还说："我生不有命在天。"（《尚书·西伯戡黎》）结果使纣失去了人心，被周所征服。

周代统治者从殷纣的失败中吸取了教训，开始对天命有了比较清醒的认识。他们的一个基本认识是："天命靡常"（《诗经·大雅·文王》）、"越天棐忱"（《尚书·大诰》）、"惟命不于常"（《尚书·康诰》）、"天命不易，天难谌"（《尚书·君奭》）。他们说，天命不是一成不变的，这有两种意义。一方面，周王代替商王的"天子"地位，这可以从天命的变化得到解释；另一方面，周代的统治者又用"天命无常"来警诫自己，以免由于自己的不慎而失去"天命"，失去"天子"的地位。周初的统治者，如周武王、周公都尽力寻求天命变化和人心变化的关系，并认为天命和人心是一致的。例如，"民之所欲，天必从之"（《左传》襄公三十一年、昭公元年，《国语·郑语》等引《尚书·泰誓》）；"天视自我民视，天听自我民听"（《孟子·万章上》引《泰誓》）；"天棐忱辞（《十三经注疏》）（和《诗经·大雅·大明》'天难忱斯'的意思相同），其考我民"（《尚书·大诰》）；天畏棐忱，民情大可见"（《尚书·康诰》）。这就是说，天命是不可靠的，天意是难知的，而了解天意的途径就是了解民心。这样，周初统治者虽然总是对天命表示十分敬重的态度，但是注意的重心已经转移到人心方面。具体地说，他们的努力又分为两个方面：一方面，"古人有言曰：'人无于水监，当于民监。'今惟殷坠厥命，我其可不大监抚于时。"（《尚书·酒诰》）另一方面，"皇天无亲，惟德是辅。"（《左传》僖公五年引《尚书》，伪古文《尚书》系在《蔡仲之命》）"天不可信，我道惟宁（文）王德延。"（《尚书·君奭》）这就是说，他们认为，如要保住天命或王位，必须得到民心，而要得到民心，就必须慎修己德。天命和民心一致，重人心就是敬天命，这就是周代留下的思想传统。

我们知道，天命或神的意志，从来都是人的意志在天上的反映。西周时期开始产生的天命和民心一致的思想的可贵之处在于，首先，当时的思想家已经在一定程度上自觉地意识到这种反映；其次，当时的思想家已经在一定程度上意识到，统治者尽管可以自称受了天命，而真正的、最后要起作用的还是被称为天命的民心。这种思想可说是中国古代"民本思想"的先驱。孟子说："民为贵，社稷次之，君为轻。是故得乎丘民而为天子。"（《孟子·尽心下》）又说："桀纣之失天下也，失其民也；失其民者，失其心也。得天下有道：得其民，斯得天下矣；得其民有道：得其心，斯得民矣；得其心有道：所欲与之聚之，所恶勿施，尔也。"（《孟子·离娄上》）荀子说："天之生民，非为君也；天之立君，以为民也。"（《荀子·大略》）这些见解都是西周的思想传统的继续和发展。当然，这也是中国古代政治思想史上的精华。

第三，古代的学者对天道的认识虽然有分歧，但是逐渐形成了天道和人事一致的思想传统。

孔子继承西周传统，一方面，承认作为神的天，例如，他曾发誓说："予所否者，天厌之，天厌之。"（《论语·雍也》）另一方面，他对作为神的天又抱一种冷静的存疑的态度。"樊迟问知，子曰：'务民之义，敬鬼神而远之，可谓知矣。'"（《论语·雍也》）"季路问事鬼神。子曰：'未能事人，焉能事鬼？''敢问死'。曰：'未知生，焉知死。'"（《论语·先进》）所以他的弟子子贡说:"夫子之文章,可得而闻也;夫子之言性与天道,不可得而闻也。"(《论语·公冶长》)他的原则是不离开人事而单独地谈天道。

墨子明确地说,天是有意志的,神鬼是存在的,而且笃信"天志"是至高无上的。什么是他所理解的"天志"呢?"顺天意者,兼相爱,交相利,必得赏。反天意者,别相恶,交相贼,必得罚。"(《墨子·天志上》,另外,《天志中》《天志下》里也有类似的说法)墨子和孔子不同,他对"天志"没有取将信将疑的态度。他又和孔子一样,没有离开人来单独地谈天,他的"天志"的内容本身就是关于人事的。而且,墨子并没有因为坚信天志而放松自己对于人事的努力。如果说,孔子在遇到人力不能解决的问题的时候还会承认"命",例如,孔子弟子伯牛得了不治之症,他去探望并叹息说:"命矣夫!"(《论语·雍也》)那么,墨子又不承认"命"。例如,墨子说:"昔上世之穷民,贪于饮食,惰于从事,是以衣食之财不足,而饥寒冻馁之忧至;不知曰'我罢不肖,从事不疾',必曰'我命固且贫'。昔上世暴王,不忍其耳目之淫,心涂之辟,不顺其亲戚,遂以亡失国家,倾覆社稷;不知曰'我罢不肖,为政不善',必曰'吾命固失之'。"[1]墨子认为,命是懒惰者自我辩护的借口,必须予以批驳。所以,墨子虽然比孔子更相信天,但是他也比孔子更相信人的力量。墨子学派的人很能吃苦耐劳,"虽枯槁不舍"(《庄子·天下》),就是他们重人事的精神的外在表现。

---

[1]《墨子·非命上》《墨子间诂》,上海:上海书店,1986年,《诸子集成》本第4册,第167页。

道家倾向于把天道认为是自然的，这和墨子恰好相反。《老子》说："人法地，地法天，天法道，道法自然。"（第二十五章）《庄子》说："无为为之之谓天。"（《天地》）所以，有的人生来只有一条腿，这是"天"；牛的骨骼排列是有规律的，这是"天理"（《养生主》）。老子和庄子都主张，人不要违背而要依从天道或自然。他们都认为，人的努力不仅是徒劳，而且是有害的。这也和墨家以至儒家相反。但是，道家在谈天道或自然的时候也没有不谈人事。在这一点上，老子和庄子的见解又有不同之处。《老子》认为，"反者道之动，弱者道之用"（第四十章）。他认为，按照天道或自然的规律，一切事物都要转向反面，强者必变弱，弱者必变强，所以他主张经常处于弱的一面，以求立于不败之地。所以，《老子》认为，"天之道，其犹张弓欤？高者抑之，下者举之；有余者损之，不足者补之。天之道，损有余而补不足，人之道则不然，损不足以奉有余。孰能以有余奉天下？唯有道者。"（第七十七章）在老子的消极思想中潜在着积极的方面，他还认为"天道无亲，常与善人"（第七十九章）。庄子则比老子更消极。他认为，"庸讵知吾所谓天之非人乎？所谓人之非天乎？"（《庄子·大宗师》）又说："忘己之人，是之谓入于天。"（《庄子·天地》）他甚至不想区分天（自然）和人、是和非。能尽其天年，他就很满足了（《庄子·养生主》）。道家思想（尤其是庄子思想）没有也不可能成为中国古代学术的主导思想。不过，道家也有和其他学派相同的一点，就是他们也重视天和人的关系，也主张天人一致。当然他们和其他学派有巨大的分歧。

孟子认为天意就是民心，又说："莫之为而为者，天也；莫之致而至者，命也。"（《孟子·万章上》）这大体还是传统的说法。但是，孟子比孔子更进一步，他明确地把天道（或天理）和人性结合起来。他说："恻隐之心，人皆有之；羞恶之心，人皆有之；恭敬之心，人皆有之；是非之心，人皆有之。"这些人心所同有的就是"理"（《孟子·告子上》）。他认为人"性善"（《孟子·滕文公上》），人人都能成为圣人，只要努力发挥自己的天性。他重视人的作用，甚至认为，人只要认识自己的本性，就能知道天理。他说："尽其心者，知其性也，知其性，则知天矣。"孟子思想可以鼓励人，使人在天、命运面前有自尊心和自信心，这是古代思想中的精华。但是，他认为"万物皆备于我矣。反身而诚，乐莫大焉"（《孟子·尽心上》）；认为"学问之道无他，求其放心而已矣"（《孟子·告子上》）。这就把对天道或天理的研究限制在纯粹的人事和人性范围里，结果不利于自然科学的发展。这一点也是不可忽视的。

荀子在《天论》中表述了中国古代学者在天人关系方面的最杰出的见解。他认为，天就是自然界，它不会由于人的意志而改变其规律。"天行有常，不为尧存，不为桀亡。""故君子敬其在己者，而不慕其在天者"。"大天而思之，孰与物畜而制之。从天而颂之，孰与制天命而用之。"人不应对天抱有幻想，而应了解天的规律，用它来为人类造福。荀子和孟子一样，他也把天道和人性联系起来。但是，荀子的观点恰好与孟子相反。荀子认为人性恶。"今人之性，生而有好利焉，顺是，故争夺生而辞让亡焉；生而有疾恶焉，顺是，故残贼生而忠信亡焉；生而有耳目之欲，有好声色焉，顺是，故淫乱生而礼义文理亡焉。"；"凡性者，天之就也。""问者曰:'人之性恶,则礼义恶生?'应之曰:'凡礼义者,定生于圣人之伪(伪:人为),非故生于人之性也。'"在荀子看来,人类要进步,必须战胜外在的自然(天)和内在的自然(性)。这实在是一种十分卓越的思想,可惜以后没有得到充分发扬。

法家不承认有作为神的天,也否认当时的各种占卜(《韩非子·饰邪》)。甚至作为自然的天,他们或者不谈(如《商君书》),或者很少谈(如《韩非子》)。《韩非子·解老》说到作为自然的天,着重强调"随于万物之理"。法家最致力于人事,或者说力求战胜他人。他们重视农业,也是为了保证战争胜利。对于农业以外的"技艺",他们甚至认为是有害的。如《商君书·农战》说:"农战之民百人,而有技艺者一人焉,百人者,皆怠于农战矣。"因此,法家虽然重人事,但是并不重视战胜自然。在古代各学派中,法家是最不重视天人关系的。秦始皇兼并六国以后,巡视各地,刻石记功。在那些铭文里,写的全是秦始皇一个人的成就,没有一句提到天或天命(《秦始皇本纪》)。这的确和中国以前的传统很不相同。

在中国先秦时期,还逐渐形成了一个对宇宙讨论较多的学派,即阴阳五行学派。看来这一学说最初来自"阴阳"和"五行"两种观念。

阴和阳最初是观察地形中得出的观念。《说文解字》:"阴,暗也。水之南、山之北也。"[①]阳和阴相反,当然是山之南。所以,阳就是向阳的一面,阴就是背阴的一面。《诗·大雅·公刘》"相其阴阳",指的就是这个意思。《易·中孚》"鸣鹤在阴"

---

① 许慎撰、段玉裁注:《说文解字注》,第731页。

（九二，爻辞），《易·坤卦》"阴始凝（古与"冰"通）也"（初六，象辞），"阴"都指背阴的地方。《老子》"万物负阴而抱阳，冲气以为和"（第四十二章）。也就是说，万物的背面是背阴的，正面是向阳的，而气调节于二者之间。在《易·系辞》里，人们才把天和地、男和女、刚和柔、奇数和偶数同阳和阴联系起来。于是阴阳成了抽象的负（negative）和正（positive）的概念。"一阴一阳之谓道。""阴阳不测之谓神。"（《系辞上》）这是从功能的角度看宇宙，看出一切事物中都有相反相成的两个方面，从这两方面的结合和变化中产生万物。在古代希腊，赫立克利特（Heraclitus）也有类似的见解。

"五行"（Five Elements）最早见于《尚书》。如《甘誓》"有扈氏威侮五行"。《洪范》"五行，一曰水，二曰火，三曰木，四曰金，五曰土"。这是从实体的角度看宇宙，认为世界就是由这五种物质构成的。在古代印度、希腊，一些学者也有类似的见解。关于五行之间的关系，墨子曾说："五行无常胜。"（《墨子·经下》）他的意思是说，要看条件。例如，火可以熔化金属，如果火大；金属也可以压灭炭火，如果金属多。（《经说下》）

阴阳说和五行说原来都是古人试图解释世界的理论，最初两说也是分立的。例如，《尚书·洪范》讲五行不讲阴阳，《易传》讲阴阳又不讲五行。把阴阳和五行结合起来，并且用来解释人事，其创始者大概是战国时代齐国的邹衍。（《孟子荀卿列传》）不过，邹衍也遵循了中国古代不离开人事谈天的传统。《洪范》讲五行时已经开始和人的"貌、言、视、听、思"联系起来。在《左传》里，也有一些用阴阳或五行解释人事的事例（如僖公十六年，襄公九年、二十八年、三十年，昭公八年、九年、十六年、十七年、十八年、二十五年、二十七年、三十二年，哀公九年等）。邹衍的著作没有传下来。在《吕氏春秋·有始览·应同》中，系统地讲了五行相胜（木胜土，土胜水，水胜火，火胜金，金胜木）的思想，并且说每一王朝都具有五行中的一种品德。例如，当时人认为，周朝得火德，秦朝代替周朝，就是有水德，等等。秦始皇不相信天命，却相信五行说。（《秦始皇本纪》）

到汉代，董仲舒把儒家思想和阴阳五行思想结合起来，构成一整套天人相应的学说（内容详见《汉书·董仲舒传》所记"天人三策"及《春秋繁露》一书）。董仲舒的思想是折中主义的（eclectic），其中有许多怪诞的、迷信的成分。但是，他的思想里也包括先秦学者关于天人关系的思想传统。在他看来，天是有感情、有意志并且能够对人施行奖惩的主宰（《董仲舒传》），又是有一定运行规律的自然（《春秋繁露》）。天是至高无上的，但又是人和万物的本原。"父者，子之天也；天者，父之天也。无天而生，未之有也。天者，万物之祖。万物非天不生。"（《春秋繁露·顺命》）他又说："天地人，万物之本也。天生之，地养之，人成之。"（《春秋繁露·立元神》）所以，从来源上说人与天不能分开，从人能"参天地"的角度来说，天又与人不能分开。董仲舒认为天有意志，但天意因人的行为而变化。君主所以能得天命，是因为"天下之人同心归之，若归父母，故天瑞应诚而至。"（《董仲舒传》）董仲舒还把人类的社会秩序看作和天道一致。"君臣、父子、夫妇之义，皆取诸阴阳之道。"（《春秋繁露义证》）"王道之三纲，可求于天。"（《春秋繁露·基义》）董仲舒继承和发挥先秦学者的天人相应的思想传统，不是偶然的。汉武帝在册问董仲舒时就引用过当时的成语说"善言天者必有征于人，善言古者必有验于今。"（《董仲舒传》）从汉以后，论天必以人事为证，这更成为一种长期的传统。

如何认识中国古代天人相应思想的历史价值，这是一个复杂问题。我想，至少可以从以下两点来看：

其一，中国古代的四海一家的思想加上天人相应的思想，就可以发展为"民胞物与"的思想。张载在《西铭》中说："乾称父，坤称母，予兹藐焉，乃混然中处。故天地之塞，吾其体；天地之帅，吾其性，民吾同胞，物吾与也。"在近代以前，这种思想不失为人类思想的精华。但是《西铭》同样把君主制论证为当然的。"大君者，吾父母宗子；其大臣，宗子之家相也。"这在后来自然要成为妨碍中国文明发展的因素。

其二，中国古代的天人相应思想充分意识到人在天人关系中的作用，《礼记·中庸》说："唯天下之至诚，为能尽其性；能尽其性，则能尽人之性，能尽人之性，则能尽物之性；能尽物之性，则可以赞天地之化育；可以赞天地之化育。则可以与天地参矣。"人经过自己的最大努力，就可以充分发挥天地的作用，与天地处于并列地位。这在近代以前也不失为人类思想的精华。的确，如果不能尽人之性，那么肯定不能尽物之性。欧洲"文艺复兴"（Renaissance）以后，人文主义兴起。由尽人之性而尽物之性，自然科学兴起。不过，尽人之性只是为尽物之性提供了一种可能。没有对尽物之性本身给以必要的重视，看来这是中国古代文明的一个弱点。我们只有克服弱点才能更好地发挥传统中的优点。

论古代的人类精神觉醒①

在我国历史上,春秋战国时代(公元前8至3世纪)是一个学术思想十分活跃、文化成就焕发异彩的时期。大体同时,在印度、在希腊,也曾有过一个类似的文化空前繁荣的时代。怎样认识这样一次异地同时发生的文化飞跃或突破现象呢?德国哲学家雅斯贝斯认为,这时在中国、印度、希腊等地首次出现了许多哲学家,人类开始有了对自身的反省,其精神的潜力遂得以充分展开,因而为人类的历史带来了一次突破性进展。由于这一时期在人类历史上的关键性的转捩作用,他称之为"轴心时代"②。

雅斯贝斯的见解引起了学者们的思考和讨论③。人们对于他的见解当然还可以有自己的分析和评价,不过大概不能否认他所提出的问题的启发作用。他把当时的人类精神觉醒说成人类历史上前无古人、后尚未见来者的大转变,我们对此也尽可有自己的不

---

① 刘家和:《论古代的人类精神觉醒》,原载《北京师范大学学报(社会科学版)》,1998年05期。
② 雅斯贝斯(Karl Jaspers, 1883—1963):《历史的起源与目标》(*Vom Ursprung und Ziel der Geschichte*, 1949),英译 *The Origin and Goal of History*,1953,初版本文引据1976年重印本第1—4页。《史学理论》1988年第1期有俞新天、魏楚雄《关于雅斯贝斯的"轴心期"理论》一文和此书第一章的译文。
③ 许悼云:《论雅斯培(Jaspers)枢轴时代(Axial Age)的背景》,载《东西文化研究》,1987年第二辑。

同见解。不过，我们不能不看到，人类精神的觉醒确为当时历史的一项十分重要的内容，而且对于以后的中国历史和世界历史无疑都具有深远的影响。

在这篇文章里，所要讨论的有以下几方面的内容：首先说明个人对于古代的人类精神觉醒的内涵的理解，其次则综合地考察那次人类精神觉醒的历史条件，然后再比较着重地对古代印度、希腊和中国的人类精神觉醒的特点作一些分析。

一

首先说明一下我对古代人类精神觉醒的内容的理解。所谓人类精神的觉醒，乃指人类经过对自身存在的反省而达到的一种精神上的自觉。那么，人类必须经过哪些方面的反省才能达到这种自觉呢？我认为，这应该包括以下三个方面：（1）人类经过对人与自然或天的关系的反省，达到关于自身对外界限（界限是区别之点，也是联系之点）的自觉；（2）人类经过对人与人之间的关系的反省，达到关于自身内部结构的自觉；（3）人类经过对以上两方面反省的概括，进而有对人的本质或人性的反省，达到关于自身的精神的自觉。以上所述的三个方面也可以说是三个层次。因为，当人类还不能把自身从自然界中辨认出来的时候，当然不可能有对自身内部结构的认识；而当人类还不能认识自身的对外界限和内部结构的时候，当然也不可能有对自身的本质或人性的反省。所以，我们所说的古代的人类精神觉醒，就是指人类经过三个方面的反省所达到的三个层次的自觉。

雅斯贝斯认为，不仅原始时代的人没有能达到精神的觉醒，而且"轴心时代"以前的古代文明的人也未能达到这一点①。如果从以上所说的人类精神觉醒的三个方面或层次来看，我们可以更清楚地说明他的见解是正确的。

人类是在学会制造工具的过程中从自然界分离出来的。因为，制造工具的开始意味着改造自然的开始，而改造自然则必有一个与自然相分离以至相对立的具有自己的精神的主体，这就是最初的原始人。不过，这一事实的存在与原始人对于这一事实的认识是两回事。原始人在实际上是远远未能认识到这一点的。原因何在呢？我们知道，在原始人的实际生活中，有制造工具以改造自然的方面，更大量存在适应自然、依赖自然、畏惧自然的方面。就其量而言，后者远远大于前者。我们怎么可能要求那些在生活中大量地依赖自然的原始人去认识到自己是自然的改造者呢？不能忘记，我们说制造工具的原始人已是自然的改造者，这是就其质而明辨人与其他动物的分野的，因而是一种透过现象而触及本质的说法。我们又怎么可能要求刚刚告别其他动物界不久的原始人有这样高度的抽象思维能力呢？人类学家们在许多原始部落中都发现了图腾制度（Totemism），那里的人们把某种与自己关系密切的动物以至植物视为自己的亲属，并形成各自的一套相应的仪轨。这正是证明原始人在思想上未能辨明自身和自然的区分的一个典型实例。

----

① 雅斯贝斯（Karl Jaspers, 1883—1963）：《历史的起源与目标》（*Vom Ursprung und Ziel der Geschichte*, 1949），英译 *The Origin and Goal of History*，1953，初版本文引据1976年重印本第24—217页。

原始人既然尚未能辨明人类的外部界限,那也就更难以认清人类本身的内部结构。诚然人并非单个地而是成群地从猿转变为人的,人一开始便是社会动物,人类之有语言也正是其社会特性的需要和产物。原始人对其血缘群体内部的亲属结构的清晰了解,甚至是未经训练的现代人也自叹不如的。不过,原始人不能认识人类的内部结构,其原因也很明显。人并非作为一个人类整体从自然界分离出来的。人既然成群地从猿转变为人,那么群对人的认识就必然有二重的作用:它既正面地是原始人认识社会的依据,又反面地是他们认识社会的界限。恩格斯在论述易洛魁人的氏族时曾指出:"凡是部落以外的,便是不受法律保护的。在没有明确的和平条约的地方,部落与部落之间便存在着战争,而且这种战争进行得很残酷,使别的动物无法和人类相比。"① 原始人可以按图腾制度把本非人类的异物视为自己的同类,又可以按部落的界限把本为同类的其他人视为异物。在这种情况下,当然谈不到他们有什么人类的精神觉醒了。

文明的发生,无疑是人类历史上划时代的一件大事。生产的发展,城市的兴起,文字的出现,国家的产生,凡此等等,均足以使人产生人为万物之灵的自豪感。这些条件,对于人类精神觉醒来说,是必要的,但还不是充分的。

踏进文明门槛的人,由于生产的发展和对抗自然的能力的加强,当然不会再甘心与其他动物为伍了。但是,由于当时人在自然

---

① 恩格斯:《家庭、私有制和国家的起源》,《马克思恩格斯选集》第4卷,北京:人民出版社,1972年版,第94页;《马克思恩格斯文集》第4卷,北京:人民出版社,2009年版,第112页。引文据文集校对。又亚里士多德: Aristotle, *The Politics*, H. Rackham英译, Loeb本1253a5,吴寿彭:《政治学》中译本,北京:商务印书馆,1965年版。

面前仍然能力薄弱，人们不可避免地要把自然界的现象或力量当作神或天来崇拜。这样，在人的精神中，转化为神或天的自然是同人类疏离了，不过这种疏离有其方位上的特点：并非人类平等地离开自然，而是自然作为天或神高高地升到人类以上。因此，这时的人类精神，一方面发生了与自然的疏离，比原始人前进了一步；另一方面则仍处于作为天的自然的笼罩之下，这又和原始人距离不远。古代埃及的金字塔、神庙、两河流域的塔庙等宏伟建筑，从今人眼光看来，它们不啻是人类精神在自然面前的最早的示威，然而在当时人们的精神中，它们所显示的却是人的藐小和神或天的伟大。在那些欲与苍穹比高的建筑物里，凸显出了一种相对于自然的人类精神，同时也反映了当时人类精神的一种不自觉的状态。

　　随着国家的出现，原先的人的部落界限被打破了，社会内部的阶级和阶层的结构也复杂起来。这就使人类有可能在更广阔和复杂的场面中来认识自己的内部结构。试看古巴比伦的《汉穆拉比法典》，我们不难发现，当时立法者对于人的社会关系的认识已经达到了相当高度的水平。这一点确实是原始人无法与之比拟的。可是就在这个《法典》的第七条中明文规定："自由民从自由之子或自由民之奴隶买得或为之保管银或金，或奴隶，或女奴，或牛，或羊，或驴，或不论何物，而无证人及契约者，是为窃贼，应处死"[①]。这样，本是人类的奴隶又与牛羊同列，而不被认为具有人格的人。这又和原始人把本血缘群体以外的人不视为人的现象发生了雷同之处。当然也有差别，那就是区分人与非人

---

① 日知：《古代埃及与古代两河流域》，北京：生活·读书·新知三联书店，1957年版，第96页。

待遇的界限和原则有了变化。以前区分的界限在部落，这时区分的界限在本邦（《汉穆拉比法典》第280—281条）；以前区分的原则是血缘的，这时区分的原则是阶级的。据文献记载及考古发现可知，在文明时代之初期，杀俘、人祭等不把人当作人的事例难以胜数。如果说，以后的历史上也有类似的甚至更残酷的人不把人看作人的现象，是一种有意残杀同类的明知故犯的罪行，那么，在文明的早期，这类现象则仍然反映了在人与人的关系中的人类精神尚未觉醒的状态。不能忘记，古人是常把屠杀异邦而同类的人当作庄严神圣的宗教典礼来进行的。

人类进入文明时代，一般就有了文字，历史的记录也随之而生，因而不同于此前的"史前"时代。这样，我们就可能依据历史记录来考察当时的人类精神觉醒问题。现在已有较充分的历史记录可供考察的是埃及和两河流域[①]。可是在古代埃及和两河流域的国王们的年代记里，我们实际可以大量读到的主要是两件大事：一是建筑神庙、向神奉献之类，二是出兵征伐，杀敌擒俘之类。前一类的记录在庄严肃穆的气氛中显出人对神的崇拜与依赖，后一类的记录则在刀光火影里显出人怎样把自己同类的对手不当作人。两个方面都说明人类精神的觉醒在当时尚未出现。在古代埃及和两河流域的历史记录中还缺乏人对自身的精神的反省[②]。

那么人类的这种反省开始于何时呢？

[①] 古埃及与两河流域编年史见于《埃及古代文献》（J. H. Breasted, Ancient Records of Egypt）,《古代亚述和巴比伦的文献》（D. D. Luckenbill, Ancient Records of Assyria and Babylonia）,《迦勒底诸王年代记》（D. J. Wiseman Chronicles of Chaldean Kings）等书。
[②] 《古代近东的历史观念》（The Idea of History in the Ancient Near East, ed. by R. C. Dentan, Yale, 1955），第21、32、55—57等页。

公元前6世纪希腊的泰利士（鼎盛年约在公元前585年）、印度的释迦牟尼（约公元前566—公元前496年）和中国的孔子（公元前551—公元前479年）的出现，可说是人类的系统的哲学思考的开端，也是人类精神觉醒的明显标志。雅斯贝斯由这三位哲人再上推两个世纪，以公元前8世纪作为其"轴心时代"的起点，是因为考虑到希腊的荷马和印度的《奥义书》。中国的西周东周之变也在这个世纪，《诗经》中有许多篇章（如"变雅"诸篇）都表现出当时人的深思和反省。所以，我们也不妨把三位哲人以前的两个世纪作为人类精神觉醒的准备阶段。

二

在古代印度、古代希腊和中国大体同时出现了人类历史上如此重大的变化，这难道是偶然的吗？雅斯贝斯认为，这是一个值得深思的秘密，前人的解答不是所答非所问就是过于简单化了，他自己则取宁可多思考问题而不急于给答案的态度。因此，在他们以后，学者们对这一问题又继续进行了许多研究和讨论[①]。在这篇文章里，我不准备也不可能对古代印度、希腊和中国当时各自的历史条件作分别的详论，而是综合地考察一下三个古文明当时共同具有的一些基本条件，并试图分析一下这些背景和人类精神觉醒的关系。

[①] 雅斯贝斯（Karl Jaspers, 1883—1963）：《历史的起源与目标》（*Vom Ursprung und Ziel der Geschichte*, 1949），英译*The Origin and Goal of History*，1953，初版本文引据1976年重印本第13—18页。许倬云：《论雅斯贝尔斯枢轴时代的背景》，"中央研究院"历史语言研究所集刊，1984（3），第33—35页。学者的讨论文章收在《轴心时代文化，其起源及多样性》（*Kulturen der Achsengeit, Ihre llrspriinge and Ihre Vielfalt*, S. N. Eisenstandt 编，1987）中。

第一，铁器的使用引起了社会经济的新发展。铁器时代的开始在不同地区早晚不同。在东地中海地区开始于公元前12世纪。希腊的"黑暗时代"（约公元前1100—公元前800年）已是早期铁器时代，而铁器的大规模使用则在公元前800年以后①。印度铁器时代约始于公元前1000年，但铁器的广泛使用则自公元前一千年代中叶开始②。中国迄今经考古发现的最早铁器属于公元前6世纪，但铸铁与锻铁基本同时出现③。

与铁器的使用相应的是经济的迅速发展。在印度，铁器的使用加速了恒河流域的伐林和垦地，铁铧犁又有利于耕泥泞的水稻田，于是农业发展，人口增多，手工业和商业相应地发展起来，城市再次（印度河流域文明的城市早已消失）兴起④。在《佛本生经》里，有许多关于手工业者、往来于各地之间的商队和城市的记载，姑不具述。在希腊，手工业和商业发展起来，装着油、酒、香料、药膏的精美陶器以及盔甲刀剑等被运销到东至黑海沿岸西至地中海西部许多地区，希腊经过"黑暗时代"以后，至此又兴起了很多城邦⑤。在中国，春秋战国时期的经济发展也是空前

---

① 《剑桥考古百科全书》（Andrew Sherratt, *The Cambridge Encyclopedia of Archae-ology*, Cambridge [etc.]: Cambridge University Press 1980）第143、196、200页。
② 《剑桥考古百科全书》，第167页。塔帕（Romila Thapar）：《从族系到国家》，（*From Lineage to State, Social Formations in the Mid-First Millennium B. C. in the Ganges Valley*, Bombay: Oxford University Press, 1984），第68页。
③ 中国社会科学院考古研究所编：《新中国的考古发现和研究》，北京：文物出版社，1984年版，第332—334页。又《剑桥考古百科全书》第170页。
④ 《从族系到国家》，第72—75、90—102页。
⑤ 哈蒙德：《希腊史》，（N. G. L. Hammond, *A History of Greece to* 322B.C., Oxford University Press，1959），第125—131页。

的。铁器、牛耕和水利灌溉带来农业的发展,手工业和商业的发展、商人阶级的兴起和工商业兴盛的大城市的出现,改变了社会经济的面貌(《史记·货殖列传》)。

铁器的使用和经济的发展,扩大了人类对自然的开发深度和广度,也扩大了人们在地区内和地区间的往来,从而使人有可能由原先的狭小的活动范围和狭窄的眼界中解脱出来。

第二,早期的国家通常都由部落联合而成,因而在相当长的时期里都有着不同程度的血缘关系的残余。在古代印度,国家本从部落发展而来。古印度国家有王国和共和国两种形式。王国称为Janapada,jana是部落的一种说法,而pada是"脚"的意思,所以二字合成的原义是"部落立足之地"①。共和国称为Gana或Samgha,Gana是部落的又一种说法②,而Samgha意为共同体。从这两种国家的名称可以看到它们还有浓厚的部落共同体的痕迹,实际上血缘关系在印度早期国家中也占有重要地位③。在古代希腊,国家也由部落发展而来。如雅典国家原有4个部落,12个胞族,360个氏族④;而多利亚人国家则多由3个部落组成。直到公元前5世纪以前,血缘关系在希腊各邦中占有相当重要地位⑤。在

---

① 《从族系到国家》第34页。

② 关于Jana和Gana作为部落的名称见《古代印度政治观念和制度述论》(R. S. Sharma, *Aspectes of Political Ideas and Institutions in Ancient India*. Delhi: Motilal Banarsidass, Revised Edition, 1968)第81—93页。

③ 塔帕在《从族系到国家》一书中对血缘关系在早期国家中的作用有详细论述。

④ 亚里士多德:《雅典政制》,日知、力野译本,北京:商务印书馆,1959年版,片断5。

⑤ 古朗士(Fustel de Coulanges):《古代城邦》,(W. Small英译本 *Ancient City*,李玄伯中译本题《希腊罗马古代社会研究》,上海:商务印书馆1938年版),该书详述了血缘关系在早期城邦中的作用。斯塔尔在《个人与共同体》(Starr, Chester G.: *Individual and*

古代中国，从各级统治者到士庶人之中，都有着血缘关系的纽带存在。"故天子建国，诸侯立家，卿置侧室，大夫有贰宗，士有隶子弟，庶人工商各有分亲，皆有等衰"（《左传》桓公二年）。从殷代直到春秋时期，宗族在政治、军事、经济等方面的重要性，在甲骨文、金文及传统文献中都有资料可以为证①。从理论上说，国家异于氏族部落的特征之一即为地域组织之取代血缘组织，这并没错。但在实际历史过程中，早期国家中常常都是血缘与地域组织并存，处于一种由前者向后者的过渡状态，这也是很自然的②。

约公元前800年以后的几个世纪中，血缘关系在印度、希腊和中国都经历了一个削弱或解体的过程。在印度，由出身决定人的社会地位的情况开始发生动摇③；在希腊，人的地位从起初的单由出身来定，发展到由出身加财富来定，以至在某些邦里出身和财富都不再特别强调④；在中国，由出身决定贵贱的情况也有了变化⑤。

（接上页）*community: the rise of the "polis", 800—500 B.C. New York, 1986*）中则认为多数学者把希腊史上血缘关系的作用夸大了（见第29—30页）。不过他也认为荷马时代是部落和酋长的时代，史诗中的希腊战士都是按部落和胞族组织起来的（见第16—18、23页）。其实，血缘组织在古希腊早期是存在的，不过不是想象中的那样纯粹而已。

① 陈梦家：《殷墟卜辞综述》，北京：中华书局，1988年版，第496—501页。童书业：《春秋左传研究》，上海：上海人民出版社，1980年版，第119—125页。
② 何兹全：《关于古代史的几个理论问题》，第一部分。载《历史研究》，1984年第1期。
③ 刘家和《印度早期佛教的种姓制度观》，第二部分。载《北京师范大学学报（社会科学版）》，1962年第2期。
④ 例如雅典。亚里士多德《雅典政制》，VII、XLVII。
⑤ 《左传》昭公三年所记叔向语，三十二年所记史墨语，其中反映春秋时期的重大变化。

血缘组织及其作用，曾经给人以一定的保护或依靠之资，同时又是对人的一种束缚。随着血缘关系的削弱或解体，人们一方面惊讶地发现自己正在失去过去曾有的天然依托，一方面又欣喜地发现自己开始得到过去难以得到的自由。于是，一个人的存在的价值，开始可以也必须由自己来决定。这对于人类的精神的觉醒来说，无疑是鞭策，也是鼓励。

第三，公元前8世纪以后的几个世纪中，在印度、希腊和中国都曾有小邦林立的状态，存在着种种尖锐复杂的矛盾和斗争。在印度，摩揭陀、憍萨罗等邦曾长期进行争夺霸权的斗争，各邦内部情况现虽所知甚少，但从佛经故事中也可以略知社会中矛盾和斗争的存在①。在希腊，斯巴达、雅典等邦之间的争霸斗争十分激烈，各邦内不同社会集团之间的斗争亦很尖锐，如果说修昔底德的《伯罗奔尼撒战争史》的主要内容就是这两种矛盾、斗争的交织，那是不会错的。在中国，春秋时期曾有五霸②的争雄，战国时期则有七雄的兼并，在各邦内部，国君与卿大夫之间，卿大夫不同集团之间，庶民与贵族之间，也存在着尖锐复杂的矛盾和斗争，《左传》《国语》《战国策》等书中有大量这方面的内容。

在这样的尖锐复杂的矛盾和斗争的背景里，我们不难发现以下两个方面的事实。一则，斗争正在进行之中，鹿死谁手尚未最后定局，不存在一个已经定于一尊的力量去控制和统治人们的思

---

① 《佛本生经》（E. B. Cowell Ed, *The Jataka or Stories of the Buddha's Former Births*, Translated by H.T. Francis, M. A. Cambridge University Press, 1901）No. 30, No. 432, No.542。
② 五霸、古有异说，《白虎通义》卷一《号》篇。然以《荀子·王霸》所论为近是。

想，相反，各国的统治者和各种社会力量集团都企图充分发挥自己的潜力并借助一切可为己用的因素去谋求胜利。于是我们从佛经中可以看到，佛陀率其弟子游行传道于各邦之间（其实不仅佛教一派如此），甚至受到摩揭陀·憍萨罗等邦的多少已有暴君气息的国王的礼敬。在希腊，学者们也没有受到什么邦界的限制，而且在本邦一般都有讲学的自由。一些在本邦实行独裁的"僭主"，尽管对本邦公民缺乏敬意，而对外邦客人却乐于优待①。中国春秋时期士阶层已经兴起，孔子曾周游列国，孟子则"后车数十乘，从者数百人。以传食于诸侯"（《孟子·滕文公下》）。战国各国君主一般都不拒绝纵横之士的游说，而贵胄达官养士成风（见《史记》孟尝君、平原君、魏公子、春申君等列传）。这些都是可以引发人的潜力的外在环境。再则，尖锐复杂的斗争引起社会的激烈震荡，曾经为人们所信守的、似乎十分纯朴可爱的传统的东西，越来越变得荒谬和腐朽，从传统中破土而出的新事物又往往显得贪婪、卑鄙而无情。铁器时代的印度当然比早期吠陀时代进步了，可是早期吠陀的乐观精神却为后起的悲观气息所代替②。铁器时代的希腊诗人希西阿德（Hesiod）在其《神谱》诗中也把历史看成每下愈况，最初是黄金种族的时代，第二是白银种族的时代，第三是黄铜种族的时代，第四是英雄种族的时代，最后就是诗人生活的黑铁种族的时代③。在中国的《老子》《庄子》，

---

① 亚里士多德：《政治学》1314a1—15。
② 巴哈杜尔：《印度文化史》卷一（K. P. Bahadur, *A History of Indian Civilization*, Vol. 1, Ancient India, New Delhi : Ess Ess Pub. 1979），第23—24页。
③ 格罗特：《希腊史》（G. Grote, A History of Greece, Everyman's Library本），第一册，第58—59页。

也有类似思想，无须详述。从一个角度看，历史是在前进；从另一个角度看，历史又似乎倒退了。社会变动中的巨大而深刻的矛盾渗入人的心中，打破了先前的精神的稳定平衡状态，变成了人不得不加以思考的内容。这又可以说是能够引发人的潜力的内在条件。

以上三点，在我看来，就是古代印度、希腊和中国人类精神觉醒的历史条件。当然，还有这样一个问题：古代两河流域和埃及在进入铁器时代以后为什么没有发生类似突破？这里不能从它们的具体历史来进行分析和索解，而只从比较中试图提出一个初步的意见。

到铁器时代开始的时候，埃及和两河流域已经有了2000年的文明史，那里已在长期中形成了各自的深深引以自豪的和根深蒂固的传统。要突破那种传统的难度，无疑是很大的；何况它们在未能突破之前即已失去政治上的独立！铁器时代印度的文明与早先的印度河文明之间，横着一个野蛮的早期吠陀时代。铁器时代希腊的初期即是一个野蛮的"黑暗时代"，与先前的爱琴文明间隔开来。因此，传统的束缚对于它们要比对于埃及和两河流域小得多了。中国古代文明没有像印度、希腊那样的中断。但是，一则，中国铁器时代以前的文明史比埃及和两河流域短1000余年，相对来说传统影响不深；二则，中国商周之际曾发生了一次对传统的变革[①]，在中国历史上留下了一个调整传统的传统。因此，中国在春秋战国时期能以产生一次文化上的飞跃或突破。

---

① 王国维：《殷周制度论》，《观堂集林》卷十，北京：中华书局，1959年版。

三

关于古代印度、希腊和中国的人类精神觉醒的特点,以下分三个方面来讨论。

首先,在人与天(神)或自然的关系的问题上,人类精神的觉醒在三国都有表现,而又有其各自的特点。

在印度的早期吠陀时代(约公元前1500—公元前900年),人们崇拜的神主要是种种自然现象或自然力的化身,而祭神的目的则是为了博得神的欢心,从而得到神的降福。到后期吠陀时代(约公元前900—公元前600年),情况逐渐发生变化。在《梵书》文献中,我们可以看到向神献祭的规模的巨大与礼仪的繁复以及一个专门的祭司阶层——婆罗门的形成。如《百道梵书》中说:"神有两种,一为天神,一为人中之神,即精通圣学的婆罗门。人中之神(为人们)向天神献祭,也就(从人们)获得祭祀的费用"①。婆罗门既成为人神交通的桥梁,也成为人神直接交通的障碍。同时也可以看到作为最大的神或造物主的"梵"的出现,如《百道梵书》云:"天地赖梵以立"②。在晚于《梵书》的《奥义书》文献中,又出现了"梵我一致"的说法。因为宇宙间一切皆生于梵,个人灵魂亦来自梵。由于贪欲,人的灵魂备受轮回转世之苦,唯有苦行、节欲才能使灵魂复归于梵,达到解脱③。《奥义书》强调了人的自觉在人神关系中的重要性,这反映出人类精神觉醒的萌芽或开端。

---

① Shatapathar Brahmana, 4,3,4,4, 转引自巴哈杜尔:《印度文化史》卷一,第84页。
② Shatapathar Brahmana, 8,4,1,3, 转引自巴哈杜尔:《印度文化史》卷一,第108页。
③ 同上书第111—116页。

公元前6世纪，在印度异说繁兴。反对婆罗门教的教派纷起，其中影响最大的是佛教。佛陀认为，人生一切皆苦，而苦因在于"欲爱"；宇宙间一切均属无常，也不存在一个自我，可是人们却求长生，求一切，这就不能无苦。佛陀教人消灭痛苦，而前提就是消灭"欲爱"。怎样才能消灭"欲爱"？那就是按照佛陀的教义来修道。这就是所谓"四谛"的主要内容①。早期佛教并不信神。在佛经中的确提到不少神（deva，从前多译为"天"），他们住在不同层次的天界，有人所不具有的神通；可是他们亦在"众生"（Sattva，或译"有情"，包括"天"或神、人、畜生、饿鬼等）之列，尚在生死轮回之中（因为所作的"业"不同，来世或为神，或为人，或为畜生、饿鬼等）。在佛经中，"天"或神和人一样，同是佛陀传道的对象，只有由佛陀教导而自己觉悟，才能脱离生死轮回的苦海。佛陀自己从未自称为神或神的使者，早期佛教徒也没有把佛陀当作神。"佛陀"这个称呼本身的意思就是"觉者"。佛陀认为，不能靠神、靠祭祀来求解脱，人只有靠自己的觉醒来救自己。这从形式上来说当然是人类精神觉醒的一种彻底的表现。不过，从内容上看，佛陀觉醒的最大特点是把一切（包括自我）都看透了，看成虚幻，看成空。所以，这不是肯定现实世界的觉醒，而是否定现实世界的觉醒，它不能促进人类的现实生活，而只能引导人们走向对人生的否定。佛教的在形式上很彻底的人类精神觉醒，在内容上却是走向了其反面。于是，"天"或神虽然被佛陀贬成为"众生"之一，而佛陀本身在后来

---

① 东僧伽提婆译：《中阿含经》卷七，《增一阿含经》卷十七。又见后汉安世高译：《佛说四谛经》等。

却变成了佛教最大的神，原来曾经反映过人类精神觉醒的佛教，终于仍然引导人们进入了宗教的迷信。

在古代希腊，人们崇敬神，原来也是为了取悦于神以求得到福佑。相传亚伽门农正准备率领希腊舰队远征特洛那的时候遇到了狂暴的逆风，最后他不得不以自己的女儿为牺牲去祭神①。在荷马史诗中，神一方面有人所不具备的法力神通、长生不老、相貌非凡等特点，另一方面又有着和人一样的性格。他们并不一定福善祸淫，而是看人们对他们的态度，对于冒犯了神的人必给以报复。甚至奸淫、偷盗，互相欺诈，他们都干得出来②。所以，当时对神的态度是不敢不信，也不敢全信，这就已经包含了某种怀疑的萌芽。

从公元前6世纪初开始，希腊不断出现了许多哲学家。他们面临的问题是：传统神话中的精神既然不能体现任何永恒的原则或根据，自然也就不能使人在理性的追求中感到满足。那么，在这一切都在变化运动的世界上，什么才是永恒的呢？所以，希腊的哲学家们从一开始就很注意对于始基（arche，是一个多义词，有开端、基础、起源、终极、界限、原则等涵义）的探索。亚里士多德说："在那些最初从事哲学思考的人中间，多数人都是只把物质性的始基当作万物的始基。因为，一个东西，如果一切存在物都由它构成，最初都从其中产生，最后又都复归于它（实体常住不变而只变换它的性状），在他们看来，那就是存在物的原

---

① 见Aeschylus，Agamemnon（H. W. Smyth英译，Loeb本）184行以下。
② 包拉：《希腊的经验》（C. M. Bowra, *The Greek Experience,* Cleveland, Ohio：World Pub. Co. c1957）第56—63页；又北京大学哲学系外国哲学史教研室编：《古代希腊罗马哲学》，北京：商务印书馆，1961年版，第46页。

素和始基。因此,他们便认为没有什么东西产生和消失,因为这种本体是常住不变的。"①人不再甘心作为从属于自然或神化的自然的驯服物,而开始把自然作为外在的对象加以研究。这无疑是人类精神觉醒的明显表现。当然,古希腊的许多主要具有唯物主义见解的哲学家并未能完全摆脱了宗教和神的观念,甚至著名的赫拉克利特也还承认神的存在,只不过是把他所说的"逻各斯"(Logos,亦多义词,大体可以理解为"道"或世界及其存在的规律)理解为神而已②。希腊人以宇宙论或自然哲学开辟了哲学史上的首篇③,也就形成了这样一个传统:承认神可以与研究自然并行而不悖,在某种意义上甚至还可以说,研究自然也是为了更好地理解神。

在古代中国,文明的初期曾有一个人类拜倒神的权威之前的时期。"殷人尊神,率民以事神,先鬼而后礼"(《礼记·表记》引孔子语),这个说法从现已发现的大量甲骨卜辞得到证实。周武王伐纣代商以后,周人一方面对天仍然取敬畏的态度,另一方面对天也开始有所怀疑。《尚书》里有"天棐忱辞""迪知上帝命越天棐忱""天畏棐忱;若天棐忱""天命不易,天难谌""天不可信"等文句,《诗经》里有"天难忱斯""天生烝民,其命匪谌"等文句④,都反映出怀疑的思想。值得注意

---

① 亚里士多德:《形而上学》983b。这里译文据《古代希腊罗马哲学》第4页。
② 杨适:《哲学的童年》,北京:中国社会科学出版社,1987年版,第201—210页。
③ 文德尔班认为希腊哲学的开端就是宇宙论时期,见其《哲学史教程》上卷,罗达仁中译本,北京:商务印书馆,1997年版。
④ 所引《尚书》分别见《大诰》《康诰》《君奭》;《诗经》分别见《大雅·大明》《大雅·荡》等篇。

的是,周人在开始疑天的时候,并非像希腊人那样走上研究宇宙论或自然哲学的道路,而是走上了以人心察天意的道路。《大诰》说:"天棐忱辞,其考我民。"《康诰》说:"天畏棐忱,民情大可见"。这里显示出了在人与天或自然的关系的问题上的人类精神觉醒。至于周人的思想之所以走上这样一条道路,看来与周以小邦而竟取代"天邑商"这一点有关。与其说周是靠天命而胜,不如说是靠殷商失去了民心而他们自己得了民心。这样,他们就自发地把民心看成了天命的依据,看成了比天命更可靠的东西。

从西周开始的这个传统,到春秋战国时期又有了进一步的发展。以孔子为创始人的儒家几乎不离开人事而言天。"樊迟问知,子曰:'务民之义,敬鬼神而远之,可谓知矣。'"(《论语·雍也》)又"子路问事鬼神,子曰:'未能事人,焉能事鬼?''敢问死'。曰:'未知生,焉知死?"(《论语·先进》)孔子重人轻天的思想,后来在孟子和荀子的学说中又有了发展。孟子进一步把天意和民心结合起来,他引《尚书·泰誓》的话说:"天视自我民视,天听自我民听"(《孟子·万章上》),这是说天意中见民心;又说:"尽其心者,知其性也;知其性,则知天矣"(《孟子·尽心上》),这又是说人心中有天理。上述希腊学者开辟的是由研究自然而知天的道路,而孟子走的则是由研究人心而知天的道路。荀子把天彻底视为自然。他说:"大天而思之,孰与物畜而制之?从天而颂之,孰与制天命而用之?""君子敬其在己者,而不慕其在天者"。"传曰:万物之怪书不说。无用之辨,不急之务,弃而不治。若夫君臣之义，父子之亲，夫妇之别，则日切磋而不舍也，""唯圣人为不求知天"（此处所引，均见《荀子·天论》）。荀子在天人关系问题上不愧为中国古代思想家中的佼佼者，他的反对迷信与人定胜天思想，充分表现出了一种人类精神觉醒。可惜他也未能脱出儒家专注人事的传统，把对天的研究和思考当作"无用之辨，不急之务"。因而也没有走上由研究自然而知天的道路。此外墨子，讲天志，实际是把自己的在人事问题上的兼爱思想戴上了"天志"的帽子（《墨子·天志上》等）。法家则只讲人间利害，而几乎不说天或自然。先秦诸子中说天或自然最多者为道家，荀子曾批评"庄子蔽于天而不知人"（《荀子·解蔽》），可是从《老子》《庄子》（尤其《老子》）中也不难看出，他们所理解的天道大多仍然是从人事中悟出来的，而不完全是宇宙论或自然哲学。

总之，古代印度、希腊和中国在天人关系问题上形成了不同的研究传统：印度形成了宗教研究的传统，希腊形成了科学研究的传统，中国形成了人文研究的传统。

其次，再讨论古代印度、希腊、中国在人与人的关系问题上的人类精神觉醒。

在古代印度，自早期吠陀时代之末，即逐渐产生种姓制度。人被分为"再生族"与"一生族"两大类，再生族中又分为婆罗门、刹帝利、吠舍三等级，一生族即首陀罗等级。共两大类、四等级。婆罗门教文献对于人的这种区分给予了神话的也是神圣的论证，说四等级是分别由"原人"（Purusha）或梵天的口、臂、腿和足产生的①。这一类的文献强调的是人的差别与隔离，如果说不同等级之间仍有相通之点，那是在于来世（人可以凭今生行为的善恶在来生托生不同的等级）②。在现实生活中，种姓制度很难使人形成人是同类的概念。

公元前6世纪，佛教起而反对婆罗门教，其中很重要的一条就是反对种姓制度。婆罗门教认为，婆罗门生于梵天之口，故地位高，其他神姓出生部位低，故地位也低。佛教认为，人都经过母亲十月怀胎而生，根本没有差别。婆罗门教认为，婆罗门是洁净的，其他种姓是不洁净的。佛教认为，人人都有洁净和不洁净的时候，不洁的人洗一个澡，就都可以洁净。婆罗门教认为，婆罗门最得天神眷顾，死后可以升天，而其他等级无此优越条件。佛教认为，不同种姓的人，可以同乘一只渡船，可以一同得渡，等等③。佛教用种种经验事实证明人和人在自然属性上是无差别的或平等的，这无疑是在人与人的关系方面的人类精神觉醒的明显表现。不过，佛教认为，不仅人类平等，而且"众生"皆平等。怎样才能说明"众生"平等或无差别呢？这有两重意思：一方面，"众生"都有意识、有情感，有生死轮回，所以有在苦海中无差别地受苦的平等；另一方面，"众生"都能因佛陀的教化而

---

① 此说始见于Rigveda, x, 90, General editor, R.C. Majumdar; Assistant editor, A.D. Pusalker. *The History and Culture of the Indian People*, Vol. 1, The Vedic Age, Allen & Unwin, 1957, p.385. 又《摩奴法论》（Deepali Bhargava, *The Manu Smriti*, I, 31. Jaipur, 1989），中译见蒋忠新据原文译本（北京：中国社会科学出版社，1986年版），马香雪据（法）迭朗善译本转译（北京：商务印书馆，1982年版）。
②《摩奴法论》XII, 41—51。
③ 类似说法多次见于《中阿含经》。又东晋昙无兰译《梵志颇波罗延问种尊经》。

觉悟，都能超出生死轮回而达到寂灭或"涅槃"的最高境界，即有得到所谓解脱的平等。由此可见，佛教的平等从"众生"作为生或存在讲起，最后要由"众生"转变为灭或不存在来实现。从本质上说，这不是生的平等，而是灭的平等。而灭的平等实际也就是无的平等或无平等。因此，佛教虽然对种姓制度有相当严厉的批判，而实际上并未影响到以后印度种姓制度的存在。

在古代希腊，原来自由人之间也有贵族、平民之分。贵族称为Eugeneia（由eu，"好"和geneia，"生"合成，意思是好出身或优良血统），他们凭出身在政治上占有特权①。相传雅典的提修斯改革时，曾把人民分为贵族、农民和手工业者。贵族称为Eupatridae（由eu，"好"和patridae，"父系"合成，意思也是好出身或优良家世），有权"掌管宗教仪式，充任官职，讲授法律，解释天意"，而农民和手工业者则无任何特权②。公元前七至公元前6世纪以后，斯巴达、雅典等城邦公民内部的矛盾基本解决，但是人们仍然分为不同的等级：如斯巴达有斯巴达人（公民）、边民（Perioikoi）、黑劳士（Helot），雅典有雅典公民、外邦人（metic）、奴隶等。在公民内部，平等成了一条原则；在公民以外，还有无公民权的自由人（如边民、外邦人）、奴隶，又有着不平等。在这样复杂的情况下，希腊人在人与人的关系方面的人类精神觉醒出现了。

在柏拉图和亚里士多德的著作里，这方面的觉醒有了比较成熟的表现。他们不像佛陀那样讲无差别的平等，而是对平等进行

---

① 见亚里士多德：《政治学》1283b15—19等。
② 见普鲁塔克：《希腊罗马名人传》(*Plutarch's Lives*，Perrin英译，Loeb本)《梭伦传》XXV。

具体的分析。柏拉图首先提出:"平等有两种,而名称相同;自实际结果言,二者则几乎常相反"①。他所说的两种平等,一指数量上的,一指性质上的。多数人贡献较小,而少数人贡献较多,按贡献给少数人较多而给多数人较少,这就是"政治上的正义或公平"。他认为,两种平等皆需要,主要要性质上的平等。亚里士多德继续发挥了这个说法。他认为,寡头派因其在质上占有优势而要求一切方面都占优势,平民派则因大家同为自由人而要求一切方面都平等,二者认识皆限于一偏。他主张质和量之间应当加以平衡。不过他与柏拉图不同,比较倾向平民政体②。亚里士多德还指出:"友谊中之平等似与公平中之平等不同。在公平范围内,平等主要指按比例得酬报,而量之平等次之;在友谊范围内,量的平等占首位,而按比例得酬报次之"③。他认为:"主人与奴隶之间略无友谊可言,奴隶乃有生命之工具,一如工具之为无生命之奴隶。因此,奴隶作为奴隶,与主人无友谊可言,虽则奴隶亦可视之为人。人与其他任一能共享法律及契约之人之间,始可以有公平之余地,故人与人之间亦可以有友谊"④。在自由人之间有两种性质相反的平等,这是古希腊社会中的第一重现实矛盾。在主人与奴隶之间没有任何平等(友谊或公平),但又无法完全否认奴隶是人,这是古希腊社会中的又一重矛盾。亚里士多

---

① 柏拉图:《法律篇》(Plàto, Laws, R. G. Bury 英译, Loeb 本) 757b。
② 《政治学》 1280^a1—25; 1296^b15—23; 1301^b31—1302^a15。
③ 亚里士多德:《尼可马库斯伦理学》,(Aristotle, *Nicomachean Ethics*, H. Rackham 英译, Loeb 本) VIII, vii, 3。
④ 亚里士多德:《尼可马库斯伦理学》,(Aristotle, *Nicomachean Ethics*, H. Rackham 英译, Loeb 本) VIII, xi, 6—7。

德从理论高度揭示出平等中的矛盾，是当时人类精神觉醒所可能达到的限度。我们不能更多苛责于古人。

在古代中国，春秋以上各邦都有国野两部分，居于国者为国人，居于野者为野人①。国人内部又有贵族与一般公民之分②。野人在邦礼范围之外，国人在邦礼范围之内。国人的等级区分即以礼为准则。

到春秋战国时期，国人和野人的差别逐渐消失，原先国人内部的等级关系也有很大变化。孔子所说的"礼崩乐坏"，指的就是这种局面。在这种情况下，出现了在人与人的关系方面的人类精神觉醒。这种觉醒首先反映在孔子的仁与墨子的兼爱的主张上。墨子主张的兼爱（《墨子·兼爱》上、中、下），为无差别的人类之爱，后来实际未能广泛实行。孔子所开创的儒家学说，以仁与礼相结合，在中国文化史上起了深刻的影响。仁的概念首先是孔子提出来的。《尚书》《诗经》里虽有少数"仁"字，但都不具有以后孔子所赋予它的含义。孔子对"仁"的最一般的解释是"爱人"（《论语·颜渊》）。如果从正反两方面说，那就是"唯仁者，能好人，能恶人"，"好仁者，无以尚之；恶不仁者，其为仁矣"（《论语·里仁》）。只有厌恶不仁，这种仁才具有排中的性质。孔子的仁的实践原则是：推己及人，由近而远。他说："夫仁者，己欲立而立人，己欲达而达人。能近取譬，可谓仁之方也已"（《论语·雍也》）。以己所欲，推及于人，这固然是仁的一个方面。但尚未排除以己所欲强加于人的可能。所以孔子在

---

① 关于国野差别，战国时的孟子仍保有印象，《孟子·滕文公上》。
② 国人内部不同层次，《左传》文公十六年"宋公鲍礼于国人"一节及孔颖达正义。

仲弓问仁时又说："己所不欲，勿施于人"①。自己不愿他人意志强加于己，也就不能强加于人。由己及人，看来似乎低于佛教的无差别的平等和墨子的无差别的兼爱，其实内容比后两者更加丰富。因为，在承认人我的区别或对立的同时，又看到了二者之间的可以或必须相通，这正是发现了人我之间的关系即为人与人的关系，这也正是一种领悟了对立统一内容的人类精神觉醒。孟子说："仁也者，人也"（《孟子·尽心下》），又说："仁，人心也"（《孟子·告子上》）。仁，就是把人当作人来看，把人当作人来爱。这里面有人类精神的真觉醒，非佛教无差别的众生平等所可比拟。当然，儒家的仁和礼又是分不开的。"颜渊问仁。子曰：克己复礼为仁"（《论语·颜渊》）。关于仁礼关系，历来异说纷纭，至今仍在讨论，这里只表示我的一个见解，不能同意那种认为礼把仁限制在一定范围之内的说法，因为没有见到儒家曾划定行仁政的范围。"孟子曰：'君子之于物也，爱之而弗仁；于民也，仁之而弗亲。亲亲而仁民，仁民而爱物"（《孟子·尽心上》）。仁的对象范围是人，不及于物，与佛家众生平等说不同，但在人的范围内并无限制。礼是讲区别、讲层次的。这种区别与层次既未形成对仁的封闭，那么它们恰好转化成为仁所历之而出的阶梯。本质上本无差别的仁由礼的形式有等差地表现出来，这正是中国古代人类精神觉醒的一个特点。

印度佛教主张无差别的平等，古希腊学者揭示出人类平等中的内在矛盾，而中国儒家则以具有礼的形式的仁使现实的有差别

---

① 《论语·颜渊》。这一条很重要，法国1793年宪法中的"人权宣言"第六条也引为道德准则。

的人同一起来。

第三，简单地探讨一下古代印度、希腊和中国在人性问题讨论中表现出的特点。

在古代印度，人性主要不是作为实证的（positive）范畴来探讨的。在《奥义书》中，现实的人只不过被认为是无常的幻象，而人的灵魂或"神我"又与梵一致，不具人性而有梵性。佛教主张众生平等，人作为众生之一种与众生同有"有情"的特性，人性转而淹没于众生性之中；当佛教宣扬人皆可以得佛之度而超出死轮回的时候，人性又直接认同于佛性。以后大乘佛教曾有是否一切人皆有佛性的讨论[①]。虽然当时中国佛教徒曾认真地把它当作人性问题来讨论，其实印度佛教原典讨论的仍不是众生性以外的独立的人性问题。

在古代希腊，哲学界关于人的讨论晚于自然哲学，而且在一定程度上颇受自然哲学的影响。例如，阿那克萨哥拉、恩培多克勒、德谟克里特等都强调人的身心的物质构成，而倾向于以自然来解释人性。在希腊文中，physis（相当于英文的nature）一词，先前自然哲学家们用以表示"自然"，自公元前5世纪以后，又被用来表示人的"本性"[②]。于此可见在希腊人思想中人性与自然关系之深。亚里士多德则认为，人性中有对立的两部分。他曾这样

---

① 东晋法显译《大般泥洹经》卷六云："此摩诃衍般泥洹经，一切诸恶无不治故。唯除一阐提，所以者何？无菩提因故"。而北凉昙无忏译《大般涅槃经》卷五则认为"一阐提"也可成佛。此二部分经大概成书先后不同。
② 古思里：《希腊哲学史》第二卷，（W. K. C. Guthrie, *A History of Greek Philosophy*, II, The Pre-Socratic Tradition from Parmenides to Democritus, Cambridge University Press, 1975），第351页。

分析苦与乐：没有一件事可以永远使人快乐，因为人的本性有两部分；一部分以为乐者，另一部分即以为苦，当两部分平衡时，则无所谓苦乐①。人性的两部分又与灵魂的两部分有关。他认为，灵魂既包括无理性的部分（如生殖、欲望），又包括理性的部分②。在人类本性的两部分中，有理智的部分处于支配的和高级的地位，所以可以把这一部分认为人之"真我"③。人因本性中有理智的一面，所以能组成以公平为原则的城邦；又因本性中有另一面，如无法律和公平原则，人也可能变成最凶残的野兽，所以城邦又是必要的。因此，他认为："人在本性上是一种城邦的动物"，或译"政治动物""社会动物"④。

在古代中国，视人为人的仁是孔子首倡的。他也注意到了人的"性相近也，习相远也"（《论语·阳货》）。人有大体相同的本性，而人的差别是因不同的习染而形成的。不过，孔子不愿空论人性，所以子贡说："夫子之言性与天道，不可得而闻也"（《论语·公冶长》）。到战国时代，儒家对人性有了认真的讨论。首先，"孟子道性善"（《孟子·滕文公上》）。他说："天下之言性也，则故而已矣，故者以利为本"⑤。"故"通"固"，即固有属性；利，便也，自然的趋向。人性就是人所固有的自然的趋向。他说："人性之善也，犹水之就下也"。所指就是自然趋向，这也就是孟子为性所下的定义。进而他又论证性是分类的。告子

---

① 见亚里士多德：《尼可马库斯伦理学》，XIII, Xiv, 8。
② 见亚里士多德：《尼可马库斯伦理学》，I, Xiii。
③ 亚里士多德：《尼可马库斯伦理学》，X, vii, 8—9。
④ 亚里士多德：《政治学》1253^a。又《尼可马库斯伦理学》，I, vii, 6。
⑤ 《孟子·离娄下》。此段文字之传统解释不甚贴切。

说:"生也谓性",这是利用"生"和"性"是同义词的关系来解释人性,孟子就反驳说:"然则犬之性犹牛之性,牛之性犹人之性与?"犬、牛、人同有生,但不能同性。"故凡同类者,举相似也,何独至于人而疑之?圣人与我同类者。"圣人善,人皆与圣人同类,故皆性善。这里显示出了孟子在人为同类的类本性问题上的精神觉醒。他的性善说的具体内容是:"恻隐之心,人皆有之;羞恶之心,人皆有之;恭敬之心,人皆有之;是非之心,人皆有之。恻隐之心,仁也;羞恶之心,义也;恭敬之心,礼也;是非之心,智也。仁义礼智非由外铄我也,我固有之也"(以上几段引文皆见《孟子·告子上》)。因此,"人皆可以为尧舜"(《孟子·告子下》)。孟子认为,人类按其本性是伟大的。人有不善,是由于外在环境影响了人性的发挥。他曾指出,造箭的人唯恐不能杀伤人,造盾的人唯恐不能保全人,这就是职业对人的影响,所以"术不可以不慎也"(《孟子·公孙丑上》)。荀子的见解与孟子正相反。他认为:"今人之性,生而有好利焉,顺是,故争夺生而辞让亡焉;生而有疾恶焉,顺是,故残贼生而忠信亡焉;生而有耳目之欲、有好声色焉,顺是,故淫乱生而礼义文理亡焉。然则从人之性,顺人之情,必出于争夺,合于犯分乱理而归于暴。故必将有师法之化,礼义之道,然后出于辞让,合于文理,而归于治。用此观之,然则人之性恶明矣,其善者伪也"(《荀子·性恶》)。关于"伪",荀子说:"不事而自然谓之性。性之好、恶、喜、怒、哀、乐谓之情。情然而心为之择谓之虑。虑积焉,能习焉,而后成谓之伪"(《荀子·正名》)。这就是说,经过心虑或理性的思考和选择,克服性情的不善,并在行动中养成习惯，叫作伪。所以，伪就是对于性的否定，是人对内在于自身的自然的克服。因为人都有可能改恶从善，所以"涂之人可以为禹"。荀子认为，人就其能克服自己的本性这一点来说是伟大的。"今使涂之人伏术为学，专心一志，思索孰察，加日县久，积善而不息，则通于神明，参于天地矣"（《荀子·性恶》）。参于天地，就是人与天地并立为三。荀子多次说人可以参天地，是人类精神觉醒的明显表现。这里只是说明孟子、荀子在人性研究中反映出的人类精神觉醒的不同途径，而不可能对于他们二人的人性说作进一步的深入的剖析和评价。值得指出的是：孟子主张充分发挥人的仁义礼智之心，荀子主张隆礼节欲（《荀子·礼论》），所强调的都是伦理的重要。如果说亚里士多德认为"人是城邦的动物"，那么中国儒家就认为人是伦理的动物了。

总之，分别把人理解为宗教的动物、政治的（城邦的）动物或伦理的动物，这正是古代印度、希腊与中国在人的本质上所达到的各具特点的结论。

以上讨论了公元前8至公元前3世纪的印度、希腊和中国的人类精神觉醒的问题。这个问题无疑是人类文化史上第一次高潮中所涉及的主要问题之一。换一个角度看，我们也可以说，正是由于那一次的人类精神觉醒，才可能产生那一次的文化发展高潮。在那一次文化发展高潮中，形成了印度、西方和中国三个各有特点的文化传统。它们对直到今天的世界文化都起了并起着巨大的作用。因此，我们可以说，进一步研究公元前8至公元前3世纪的那一次人类精神的觉醒，对于了解世界和中国的历史，对于了解当前的世界文化，都是有意义的。

一多相济的发展[1]

《中国古代历史文化认同与多民族统一国家发展——在世界史背景下的考察》在《历史文化认同与多民族统一国家发展》研究课题里是第五部分，即总论中国古代历史文化认同与多民族统一国家的发展的特点。如何才能说明中国的这一历史特点呢？自然只有在世界史的背景下与其他国家或地区作必要的比较才能有所认识与发现。所以，就从更深层次上认识中国历史文化认同与统一多民族国家发展这一点来说，这一册书是前面四册书的继续，并与之融为一个整体。不过，这一册书，由于自身性质的要求，必须掺入世界史与中外历史比较的成分，从而又形成自身与前四册书不同的特点，所以也可以作为一本单行本提供给读者参考。为了协助读者事先从总体上了解这一本书，这里将首先说明本书的时代断限与内部分期，然后再分时期地略述历史大势与中国之特点。

一、本书的时代断限与内部分期

本书的论述主题为中国古代历史文化的认同与多民族统一国

---

[1] 本文系《中国古代历史文化认同与统一多民族国家的发展（在世界史背景下的考察》导论，原载《史学理论与史学史学刊》，2005年卷。

家的发展，因此其开始与结束的断限及内部的阶段划分均以此一主题内容的发展趋势为标准。

其一，本书的时代断限。本书所论述的中国历史的时间断限，上起自殷周之际下至清代鸦片战争以前，即自公元前11世纪至公元19世纪前期。现在有必要说明一下这样断限的原因，亦即具体设置时间的上限与下限的理由。

首先说明上限设定的原因。中国古代文明的开端，据现在考古学与历史学研究的成果来看，设在夏朝的建立（即公元前21世纪）时是没有什么问题的；如果新的探索取得成果，那就还有可能向前推移。就外国历史而言，埃及与两河流域的文明开始于公元前3000年左右，印度河流域文明约开始于公元前2500年，爱琴文明约开始于公元前2000年。所有这些年代都远远早于本书所设定的起始年代，因此本书所设定的起始年代似乎是没有根据的。所以，这里要说明的是，本书的目的在于研讨中国历史文化认同的传统与多民族统一国家的发展趋势，从而在论述外国历史的时候也要求用同一个论题来考虑。

世界各文明古国在其早期，一般都是从建立城邑（为了与具体的古希腊的城邦有所区别，这里取城邑一词）国家开始的；在尼罗河流域、幼发拉底、底格里斯两河流域、印度河流域、黄河流域以及爱琴海地区，莫不如此。古代国家的发生与发展，往往与联合或统一的过程直接相关。甚至连城邑/城邦国家最初也曾经有过联合或统一的过程，如雅典就有过"塞诺西辛"（synoecismus），即由若干公社联合为一个城邦的过程。

城邑/城邦国家的进一步发展，在多数情况下，就是由若干小邦统一为一个地区性的王国，例如，尼罗河流域的埃及较早地出现了地区性的统一王国，先后出现了古王国、中王国、新王国三个统一的时期；两河流域也先后出现了阿卡德王国、乌尔第三王朝、古巴比伦王国等统一的国家；黄河流域的夏、商王朝时期虽然保留了实际上的半独立的大量小邦，不过它们都以诸侯国的形式出现，王朝本身已经表现为统一的王国。还有另外一种情况，就是一些城邑/城邦国家没有能够实现地区性的统一，例如，印度河流域的早期小邦、爱琴海文明的克里特—迈锡尼诸小邦在尚未统一以前就在历史上消失了，历史文化的认同发生断裂，失去了文明的连续性。

应该说明，在从城邑/城邦型的小国发展到地区性的王国的进展过程中，历史文化的认同是起了很大的作用的。例如，埃及从早王朝、古王国、中王国到新王国的发展过程中，尽管其间曾有分裂的"中间期"，也曾有外族的侵入，但是埃及的语言文字、宗教信仰、政治体制等方面都是一脉相承的。又如，古代两河流域最初出现的是苏美尔城邑国家，阿卡德人的语言不同于前者，但是采用了前者的书写符号，并传承了前者的文化，建立起苏美尔地区最初的统一王国，在阿卡德王国以后，苏美尔人重新建立起乌尔统一的第三王朝。后来，乌尔第三王朝在东方的埃兰人和西方的阿摩利人的入侵下灭亡，埃兰人很快退回东方山地，而在语言上与阿卡德人相近（同属塞姆语）的阿摩利人却停留下来，建立起伊新等小的城邑国家。在伊新时期，出现了一部《苏美尔王表》，这个王表里的早期国王具有神话的性质，不过，它叙述了王权在苏美尔—阿卡德地区各城邑的不断转移，其中包括了苏美尔、阿卡德、乌尔第三王朝的王表，可以看出其间先后虽有不同的部落甚至语言的掺入，但是他们却维持了一贯的历史文化认同。因此，随后出现的阿摩利人建立的统一两河流域的古巴比伦王国是有其历史文化认同的传统作为基础的。不过，上古时期的地区性的王国还不能算是民族国家，因为当时还没有形成稳定的民族。当然也就更谈不上什么多民族的统一国家了。

地区性的王国的进一步扩展，就是跨地区性的帝国的建立。公元前2000年代中期，在世界上文明出现最早的中东地区，埃及新王国向巴勒斯坦、叙利亚地区扩张，形成了一个早期的埃及帝国；形成于小亚细亚的赫梯王国也向南扩张，与埃及争夺叙利亚、巴勒斯坦，成了另一个早期的帝国；而两河流域北部的亚述（中期亚述）王国也统一了两河流域，并与赫梯在叙利亚一带对抗，形成了又一个早期的帝国。三个早期帝国在互相斗争与对峙的局面里都遭受到削弱。到公元前2000年代后期，又有"海上民族"与一些新的塞姆人部落侵入这一地区，赫梯国家在"海上民族"打击下分崩离析，埃及帝国在"海上民族"打击下一蹶不振，退守于埃及本土勉强自保，而中期亚述也在新的阿摩利部落入侵下衰落。中东最古老的文明地区，在公元前2000年代晚期出现了建立跨区域帝国的苗头，不过，那只是不断的战争与征服，纷纷扰扰地此起彼伏，远远谈不上统一的多民族国家的建立。

因此，就外国历史的情况来看，直到公元前2000年代晚期，尽管曾有一些依靠武力征服形成的跨地区的帝国的出现，但是皆为时不久，所以不在我们所考察的历史文化认同与多民族统一国家问题的范围之内。

到2000年代晚期，也就是中国的商周之际。在此以前，夏、商两代的历史，如据传世文献记载，已经有了天子与诸侯的区分。各诸侯国实际都是一些独立的或半独立的城邑小邦，在各个小邦诸侯之上有一个王，他是各小邦的共同的君主，也称为"天子"或天之"元子"，也就是代表天来君临各个诸侯国的"天"的管家长子。王权在夏、商之间的转移，颇有一点像《苏美尔年表》里所说的王权在苏美尔各城邑国家之间转移的样子。这就是说，严格意义上的统一国家虽然尚未形成，不过历史文化的认同却已经开始了。因为，夏、商两代的具体历史资料仍然不够充分，我们目前还难以作更多的深入探讨。所以，本书的探讨从商周之际开始。

以上所述，就是本书时间断限的上限设定的理由。

关于本书时间断限的下限设定，是考虑到1840年以后中国所面临的外在环境同过去相比已经有了根本性的不同。中国作为统一的多民族的国家，到清代中期已经得到了相当充分的发展和巩固。也正是有了这一有利的条件，中国才能够在西方列强的武力侵略下终于坚持下来，没有完全沦为殖民地。而且，在西方列强侵略下，中国既作为一个多民族共存的统一国家继续存在，又在外来压力下形成一个统一的中华民族以对抗外来的侵略。这是过去从来未有的局面，也是一个新的历史时期的开端。三千年来中国历史文化认同与多民族统一国家的发展的特点，到此正好可以作一份比较系统的总结。本书也就以在世界背景下论述中国近代以前的历史文化认同与多民族统一国家发展为目的。

其二，本书的内部分期。本书共分四个时期，概述如下：

第一时期：约公元前11至3世纪。在中国为殷周之际至秦统一时期。在印度由吠陀时代而亚历山大帝国，而希腊化国家统治之时期；世界上最古老的埃及与两河流域文明至此已经失去了独立，随后就发生了文明的断裂。在希腊为由荷马时代，经城邦兴衰，而沦于马其顿王国统治之下的时期。

第二时期：公元前3世纪至公元3世纪。在中国是秦、汉至西晋时期。在印度是长时期处于分裂局面下的时期。在中东是希腊化王国之由盛而衰，安息（帕提亚）、大夏（巴克特里亚）及其后的贵霜国家，以及罗马由统一意大利而征服地中海周围各地并形成大帝国然后在3世纪危机中走向衰落的时期。

第三时期：4—13世纪。在中国是少数民族进入中原，引起东晋、南北朝时期的分裂局面，以及隋、唐、宋的统一时期，即由分裂再统一的时期。在印度，曾有两度短暂的、不巩固的统一，最后由外来的穆斯林建立起一个统一的德里苏丹。在中东，先是萨珊波斯与罗马（及稍后的东罗马）对峙，7世纪，阿拉伯国家兴起，形成巨大的帝国然后又走向分裂。在西方，罗马帝国衰落，4世纪末分裂为东西两个国家，在日耳曼部落的侵袭下，西罗马帝国于5世纪灭亡；随后在西欧形成了若干日耳曼国家，元气大伤，直至10世纪中叶以后才逐渐复兴。在北方，13世纪，蒙古人兴起，对于欧亚历史的发展也产生了很大的影响。

第四时期：13—19世纪中叶。在中国，这是元、明及清代前期，是统一的多民族国家发展到空前规模的时期，同时，相对于西方而言又是逐渐由先进转为落后的时期。在中国与西方之间，先后出现过若干蒙古—土耳其人的穆斯林国家，其中影响西方世界最大的是奥斯曼土耳其帝国，不过它们随后一一衰落。在东欧，俄罗斯人逐渐从金帐（钦察）汗国统治下取得独立，逐渐克服封建贵族的分裂割据局面，到19世纪中叶已经形成为一个巨大的资本主义（农奴制一直保留到1861年）的帝国。在西欧，则经历了文艺复兴、地理发现、宗教改革、民族国家形成、启蒙时代、资产阶级革命、第一次工业革命等一系列重大变革，从而远远领先于世界其他任何地区。

以下将按照四个时期论述，每一时期再作分阶段历史概述，然后再在比较的视野下综述这一时期的中国在历史文化认同与统一的多民族国家发展上的特点。

二、第一时期的世界历史大势与中国的特点

（一）第一时期的世界历史大势

这一时期又可以分为三个阶段：

1.第一阶段：约公元前11—公元前8世纪。在中国是殷商被周取代及西周时期，周之代商没有完全打断殷商的文化传统，保留了（事实上也不能不如此）在天子—诸侯系统上建立起来的国家体制，同时又确立起以宗法制与分封制相结合的体制，使天子与诸侯之间形成了一种更稳定与坚固的关系，从而加强了统一的进程。在这一阶段，印度还是吠陀时代，雅利安人由游牧部落转为农业部落，逐渐开始阶级分化。在中东，亚述逐渐兴起，对外不

断进行征服战争，并且以极其残酷的烧杀掳抢破坏被征服地区，因此胜利不能巩固。在希腊，这正是荷马时代及其向国家过渡的时期。

2.第二阶段：公元前8—公元前5世纪。在中国是春秋时期，西周灭亡以后，周天子的王权衰落，诸侯兼并与大国争霸之风兴起；从一个角度看是从西周的统一走向了分裂，而从另外一个角度看却是诸侯国由城邑/城邦国家转向地区性王国的开始。在印度，这是城邑国家形成与发展出一些地区性国家时期。在中东，公元前8世纪后期，亚述进行了一些改革，包括军事方面与改变烧、杀、抢三光策略方面，从而在随后的百余年间建立起囊括两河流域、叙利亚、巴勒斯坦与埃及的帝国；可是亚述帝国于公元前7世纪晚期为米底及新巴比伦所灭亡；到公元前6世纪中叶，波斯灭米底与新巴比伦而兴起，到公元前6世纪末，波斯已成为囊括印度河流域、伊朗高原、两河流域、叙利亚、巴勒斯坦、埃及以及巴尔干半岛的色雷斯地区的地跨亚、非、欧三洲的大帝国。在随后一个世纪里，它又试图征服希腊，但未成功。在希腊，这是城邦形成并达到繁荣的时期。在意大利半岛，罗马国家开始发生，并于公元前510年建立起共和国。

3.第三阶段：公元前4—公元前3世纪。在中国是战国至秦统一六国时期。华夏民族在春秋战国时逐渐形成。由7个地区性王国统一而成一个跨地区的郡县制的帝国。在希腊，城邦国家由盛而衰，北面的马其顿王国兴起，随即征服了希腊，并向东灭亡波斯帝国，建立起亚历山大帝国；可是帝国在亚历山大本人死去以后迅速分裂为一些希腊化国家。在印度，公元前4世纪末，孔雀王朝兴起，在随后一个世纪里曾一度建立起统一了印度半岛大部分（除南端外）的帝国。在意大利，罗马逐渐兴起，并于公元前3世纪前期征服了半岛的大部分。

这一时期的总特点是：中国由城邑/城邦性质的国家而区域性的王国，由区域性的王国而跨地区的帝国，经历的是一个稳定的发展过程；在中东、印度也曾有过类似的过程，但是，那是经历着巨大的动荡而又不稳定局面的过程。波斯帝国与亚历山大帝国都未能为任何大一统奠定基础。

（二）第一时期中国的特点

以下分几点来说：

1. 殷周之际的历史文化认同及其重要性

公元前2000年代，在世界范围内曾经有两度民族迁徙并从而引起两次历史文化认同的断裂：第一次在公元前17世纪左右，说印欧语的部落（所谓雅利安人）进入印度，引起印度河流域的古文明（哈拉巴文化）的灭亡及历史文化认同的中断；同时，另一群说印欧语（说希腊语的阿卡亚人）的部落进入希腊半岛，汲取了爱琴文化，与克里特文化一同构成克里特—迈锡尼文化。第二次在公元前13世纪末至11世纪，除了"海上民族"的击溃赫梯、削弱埃及外，又一批说希腊语的部落（多利亚人进入希腊），克里特—迈锡尼文明灭亡，历史文化的认同发生了断裂。就在公元前2000年代里，中国也出现过两次王朝兴亡的巨变：第一次是商代灭亡夏代，第二次是周代推翻殷商王朝取而代之。与其他地区不同的是，在中国不曾发生任何历史文化认同的断裂现象。

关于商之代夏，由于材料缺乏，不能作具体的论证。周取代殷商的情况，不仅在《尚书》和《诗经》里有很清楚的说明，而且近百年来的考古成就也可以充分作证。商、周之间的历史文化认同可以从以下几方面加以说明：

第一，作为文化连续的基本手段的文字没有发生遗忘现象。《尚书·多士》记："惟尔知，惟殷先人有册有典，殷革夏命。"殷商有册有典，这一点被甲骨文的材料充分证实了。现在不仅有了殷人的甲骨文卜辞，而且有了周人的甲骨文材料；这两种文字材料之间有着明显的继承关系。周人彝器上的金文，与殷人的金文也有明显的继承关系。所以，周虽然以文化较落后者战胜了较先进的殷商，但是其间并无语言文字上的任何隔阂。这一点甚至与迈锡尼文化对克里特文化的关系情况都不相同，迈锡尼文化虽然汲取了克里特文化的文字的线形形式，但是他们的线形文字B与克里特人的线形文字A所记的却不是同一种语言。

第二，周人自己承认与殷商在政治上有先后继承的关系。他们承认，在历史上，自己曾经是"小邦周"（《尚书·大诰》），是"小国"（《尚书·多士》），而殷商是"大国殷"（《尚书·召诰》）、"天邑商"（《尚书·多士》）、"大邦殷"（《尚书·召诰》《尚书·康王之诰》），公开承认过去对殷商有天子—诸侯的隶属关系。这就在历史文化认同以上又加上了一重统一国家的意识：过去就是统一的国家，不过当时是周从属于殷商。所以，周人在取代了殷商之后，把这解释为"皇天上帝，改厥元子"（《尚书·召诰》）。也就是说，老天爷换了一次当家的儿子（元子），用周王代替了商王。所以，周取代殷商不仅没有发生历史文化认同断裂的问题，而且仍然保持了国家的统一，只不过天子—诸侯关系里的殷周地位发生了变化，周王这时成了天子，而殷商之后（宋）却成了诸侯。

第三，周人从殷周之际的大变革中看到了夏商周三代的历史文化在深层次上的内在一致性。以周公为代表的周初政治家和思想家经过反省，认识到政权的得失或王权的转移，并非像殷人所深信的那样"我生不有命在天"（《尚书·西伯戡黎》），即取决于天，而是体认到"天难忱斯"（《诗·大雅·大明》）、"天不可信"（《尚书·君奭》），那么，关键到底在哪里呢？答案是"天棐忱辞，其考我民"（《尚书·大诰》），是"天畏（威）棐忱，民情大可见"（《尚书·康诰》）。在周初的文告里，现在我们还能看到，周公一再说明，夏曾经有德，因而有天下，后世夏王失德，从而失去民心，于是有商之代夏；商因有德而有天下，也是由于后世商王失德，从而失去民心，才有周之代商。失德就失去民心，失去民心就失去天命。夏商以来，一贯如此。而且他对年幼的周成王（如在《召诰》等篇）是这样说的，对殷遗民还是这样说的（如在《多士》等篇），可见不是仅仅为了安抚殷遗民的一种政治说辞，而是一种真正的历史认识。在《苏美尔王表》里也已经有了王权在不同城邑/城邦间转移的观念，但是这种王权转移的内在依据是什么？这看来是苏美尔人不曾想到过的问题。而这一点，周初以周公为代表的思想家们却作了深入思考然后又给出了结论。周初的这种对历史的认识的价值，可以从两方面来说明：从逻辑的角度说，根据这样的认识，夏、商、周在直接性层面上表现出来的异，经过反省而到了间接性层面上就表现为同；正由于看到了这个"同"，人们才找到了历史文化认同的内在根据。从历史的角度说，历史的过程总是后者不断取代前者的过程，不过如果这一过程是真正的历史的，那么后者的代替前者，就不能是简单地割断传统或对前者实行彻底抛弃或决裂，而是要吸取前者曾有的正面因素，克服其负面因素，在认同中有否定，在否定中有认同；因为，必须有否定才能有历史的发展，必须有认同才能有历史的连续。这样的历史认识，对于中国历史文化认同的传统具有开山的意义，在人类的认识史上也是具有开创性意义的。

2. 周代的封建/宗法制与城邦制在特点与意义上的异同

中国的夏、商、周三代时期，是小邦林立的时期。相传禹时有万国，汤时有三千余。《吕氏春秋·离俗览·用民》）周初封建诸侯时有1800国。（《史记·周本纪》）这样的小邦林立状况与古希腊的城邦林立是很相似的。周初经武王伐纣、周公东征，封建了不少功臣、贵戚为诸侯，这在一定程度上也与希腊的殖民有些相似。总之，其间的相似不外两点：一是国小而多，二是诸侯国有程度不同的独立性。不过，周初的局面与古希腊仍有很重要的不同，这主要表现为以下三点：

第一，周初实行了"封建"（分封诸侯建立邦国），其中既有对原有邦国诸侯资格确认性的封建，也有新的对功臣（如齐国，太公)、贵戚(如卫国,康叔)或功臣兼贵戚(如鲁国,周公之子伯禽)的封建。从一个角度来看,齐、鲁等国的封建确有些像古希腊的殖民,因为在周王国与诸侯国之间以及母邦与殖民地之间的关系均为横向的同时并列的关系。不过,希腊的殖民新邦与母邦之间没有任何政治上的从属关系,而周代封建的诸侯国与周天子还保持了严格的君臣间的上下级的纵向关系,有一套履行权利及义务的体制以作为维护手段。加之不仅周天子与诸侯间有着这样纵向上下级的关系,而且诸侯国内部诸侯与卿大夫之间,卿大夫与家臣之间、与士庶人之间,还层层保持着这样的纵向的上下级关系。这种体制与简单的各部落或地区的横向并列有着很大不同,所以,周代的封建制里已经有了相当程度的统一国家的成分。

第二,周天子与诸侯间由封建而产生的关系,又由宗法制加以维系和巩固。周天子封同姓亲戚为诸侯,于是天子诸侯产生了叔侄的血缘关系。与周天子不同姓的诸侯照例与王室或同姓诸侯有通婚的关系,于是其间又产生了甥舅的血缘关系。依照宗法制度,周天子为同姓诸侯之大宗,大宗百世不迁,在理论上是永恒的。(诸侯在本国内又是大宗,以此类推下去。)周天子对于异姓诸侯不是严格意义上的大宗,不过,通过婚姻而构成的血缘联系无疑有力地加强了文化传统的认同,从而有利于统一的局面。宗法制与封建制相表里,它也是纵向地层层按上下级关系建立起来的。

第三,周人又把宗法关系推演到天人关系的高度。周天子是王室的元子(嫡长子),诸侯及其他贵族皆为王室之庶子,这是人间的事实。周人把这种关系上推到天，认为天子是天之元子（嫡长子），而其他诸侯、贵族等依次也就都是天之庶子。只有天子可以祭天，祭天时天子可以以自己的始祖配享，其他诸侯、贵族皆无此权利。这就是说，如果从更高的层次上以天为人类之祖，那么，周天子就是这个血缘系统里的大宗，其他一切诸侯、贵族都是小宗，不论同姓、异姓，在这个层次上就都进入了周王的宗法系统里了。这种思想，在当时当然是直接地为巩固周王朝的统治服务的，不过，从客观的意义上说，这也是天下一家思想的滥觞。

凡此等等，都是在古代世界其他地方难以发现的。

3. 中国夷夏关系的特点

对于世界文明古国来说，一般皆有民族的差异与矛盾的问题。把本民族当作高贵者，而把其他民族视为野蛮人，这是比较常见的事。例如，古代印度的雅利安人把非雅利安人称为"蔑戾车"（Mlecchas），意思是异教徒。古希腊人称非希腊人为"巴巴罗夷"（Barbaroi，这个字成了后来西文中蛮族一词的辞源），意思是异种人。在古代，不论是异种还是异教，就都是低等的，都可以视为法律以外的，即不受法律保护的。中国周代中原人自称为夏、华夏，而称周边民族为蛮、夷、戎、狄，这些字也都含有贬义，所以也有夷夏关系的问题。中国之异于他国者在于对待夷夏关系的一种特点。古代印度人把蔑戾车人的子女卖为奴隶是正当的（据《政事论》），希腊人则认为蛮族是天生的奴隶（据亚里士多德《政治学》），而古代中国人却不把夷夏区别看作种族的、凝固不变的，而是看作文化的、可以转化的。

为什么中国会有这样的特点呢？应该说，这是中国古代历史发展的自然结果。周代的先君后稷原是夏代的农官，夏代末叶他的后裔"自窜于戎狄之间"（《国语·周语上》），约在殷商时期，其后裔公刘再起于西方，继而形成周邦，并以"夏"自称（《尚书·康诰》），自认为是华夏。孟子说周文王为"西夷之人"（《孟子·离娄下》），实际是有其道理的。周太王（古公）之子泰伯、虞仲为让位而逃往江南，从当地民俗"文身断发"（实际蛮夷化了），到春秋后期，他们的后裔又作为华夏之邦的吴国君主而在历史上发挥作用。（《史记·吴泰伯世家》）楚国君主本为祝融氏后裔，也属于华夏族，后世又迁到江汉地区，变为蛮夷（春秋初期楚君还以蛮夷自称），当楚国势力北上中原的时候，中原诸侯（如齐桓、晋文等）也都视之为蛮夷，可是几代人以后楚庄王又俨然成为华夏文化的代表人物了。（《史记·楚世家》）这就是说，华夏与蛮夷间的相互转化屡见不鲜，所以人们也就习惯于以文化来作为区分夷夏的标准了。所以，在春秋时期，杞国君主本是夏代的后裔，可是在《左传》（僖公23年）里说："杞，夷也。"又说（襄公29年）："杞，夏余也，而即东夷。"为什么呢？杜预注云："行夷礼。"尽管是夏朝的后代，也不能保证永远算是华夏，只要不行夏礼而行夷礼，就被当作夷来对待。

这在中国是历史上的习惯，而在外国却尚未见此等事例，所以这自然是中国的特点。

三、第二时期的世界历史大势与中国的特点

（一）第二时期的世界历史大势

这一时期又可以分为两个阶段：

1. 第一阶段，公元前3—1世纪

在中国，这是秦与西汉时期。郡县制与封建制经过反复较量，终于达到巩固。国家统一程度空前提高。秦汉的华夏民族与周边少数民族在相互冲突中逐渐相互交流，并开始融合。在葱岭以西、咸海与兴都库什山之间，公元前3世纪中叶开始出现大夏王国，公元前2世纪前期，大夏向南扩张到今阿富汗、巴基斯坦，并将都城迁至呾叉始罗（今巴基斯坦之拉瓦尔品第），一度形成帝国，可是随即分裂为北南两部；大约同时，原居中国河西走廊的月氏人部落被匈奴打败，迁往葱岭以西，原居此地的塞种人被迫南迁，灭了北部的大夏，公元前2世纪中叶，月氏人部落南下大夏，塞种人则向南灭了南部的大夏。在伊朗高原，公元前3世纪中叶开始出现安息国家，它和大夏都是从希腊化的塞琉古王国中几乎同时独立出来的，所以在一段时期里要忙于应付塞琉古的镇压；到公元前2世纪初，塞琉古在西面屡屡受挫于罗马，于是安息乘机向两河流域扩张，成为东方又一帝国。在罗马，共和国达到了强盛时期，它先后征服了西班牙、马其顿—希腊、北非的迦太基、叙利亚的塞琉古王国、高卢、埃及等，开始成为地跨欧、亚、非三洲的帝国。

2. 第二阶段，1—3世纪

在中国，1—2世纪是东汉统一时期，3世纪初逐渐分裂为三国，三国分立了60年，西晋再次统一，到4世纪初西晋在少数民族（匈奴、鲜卑、羯、氐、羌等）的侵犯下灭亡，北部陷于分裂状态。印度在此阶段仍处于分裂状态之中。在葱岭以西，1世纪时月氏人部落统一成贵霜国家，随后扩张为北起葱岭、锡尔河（药杀水）南至纳巴达河、西起伊朗东境东至恒河中游的贵霜帝国；贵霜帝国与东邻中国（东汉）基本和平相处，对西面的安息则颇多争战；至3世纪初贵霜帝国分裂，失去在历史上的作用。安息东向与贵霜对峙，西向则与罗马长期对峙于两河流域与叙利亚之间，逐渐削弱了力量。到3世纪初，萨珊朝波斯取代安息而与罗马帝国对峙。在罗马，这是帝国时代，1—2世纪是罗马帝国极盛期，地中海成了帝国的内海，但是到了3世纪，帝国危机发生，罗马逐渐走向衰落。

这一时期的总特点是，欧亚大陆从东到西有以下几个重要国家：东面是中国，在这里多民族统一国家经过一段较长时间的比较稳定的发展，形成一个跨地区的大帝国。中间以次是大夏/贵霜与安息。西面是罗马。在一连串的四个帝国里，中间两个不仅有幅员与地理条件的局限性，而且从内部与外部来说都有很大的不稳定性，因此不能与罗马及中国相比。罗马与汉，在幅员、文化、经济、军事等多种条件方面都旗鼓相当，所不同者在于内部结构（如郡县制与行省制等）之不同。以下再作具体分析。

(二) 第二时期的中国特点

以下分几点来说：

1. 秦汉的统一与其他古代帝国征服之异同

在古代世界史上，几乎没有一个被称为帝国的国家不是靠武力完成的。秦灭六国，汉灭秦胜楚，同样也靠武力。不过，其间也有差别，那就是，在秦汉为武力的统一，而在同为公元前一千年代建立的其他帝国，如亚述帝国、波斯帝国、亚历山大帝国、罗马帝国，则仅能算是武力的征服，而非武力的统一。这样说的根据何在呢？兹略述如下：

第一，按照传统来说，上述其他古帝国都是没有任何历史渊源的，而秦、汉帝国则不同。秦与山东六国处于敌对的、分裂的状态，但是，从它们的来源上说，原先却曾有一个共同的渊源——都是周王室的诸侯。齐、晋、秦、楚、燕都是周王室原来的封国，齐由姜氏改变为田氏、晋为韩、赵、魏三家所分割，在名义上也都是经过东周王室追认的。所以，不论是春秋时期的大国争霸，还是战国时期的七雄混战，从传统上来说，都是对于原先统一局面的破坏。正因为如此，当孔子看到周室东迁、王权式微以后的情势，才会有礼乐征伐由自天子出沦为自诸侯出的慨叹。孔子修《春秋》，提倡"尊王"，实际上就是要维护大一统的传统，尽管周代的一统还不能说是真正的一统。当韩、赵、魏三家分晋，田氏篡齐的时候，周王室已经势衰力微到了管不了什么事的程度，他们为什么还要请周王给他们册封一下呢？这就是历史文化传统的力量在起作用，因为周毕竟还是天下最高统一权力的象征，当时在人们的心目中还有一定地位，否则他们是绝对不会多此一举的。

第二，在秦统一六国及汉再统一以前，在中原大地上居住的基本已经是同一民族，即华夏族，所用的语言相同（尽管有方言之别），文字相通（尽管有书写之异体），文化传统无别（尽管内部有学派之不同），学者、政客往来游说、仕宦于各国之间而无任何障碍，甚至劳动人民也可以在不同国家之间流动，孟子对梁王说，只要他行仁政，人们就会投奔他的国家来，《商君书·徕民》也说，只要秦王给予优惠政策，三晋的人民就会到秦国去当农民。所有这些事实都说明，到战国时期，中原各国之间在历史文化认同方面已经没有任何差异的问题。所以在当时的中国呈现的是一种矛盾现象：一方面，历史文化的认同已经造成了统一的基础；可是另一方面，战国割据，征战不休，生民涂炭。所以，当梁襄王问"天下乌乎定？"的时候，孟子回答说："定于一。"（《孟子·梁惠王上》）其实这也并非孟子一人之见，秦始皇同样认为只有统一才能消除战乱之苦（《史记·秦始皇本纪》）；孟子是儒家的大师，秦始皇是法家的信奉者，二人基本政治主张相反，可是都觉得有统一的需要；所不同者，在于孟子反对用暴力手段，而秦始皇则是暴力统一的坚决实行家。可见，在战国中后期，统一已经成了很多人的共识。中国在秦汉统一前所具有的这些条件，对于在其前的亚述帝国、波斯帝国、亚历山大帝国，在其后的贵霜帝国、安息帝国、罗马帝国来说，都是不可想象的。所以，在中国古代，统一基本上是统一民族的统一，而在其他古国，则是对于不同民族的征服。

2. 秦汉郡县制与其他古代帝国的异同

在世界古代史上，常常被人们称为帝国的实际有两种情况：一种是，征服者以武力打败某些国家、迫使他们称臣纳贡，这些国家便被视为已经纳入一个帝国的范围了，但在实际上这些被征服的国家仍然保持某种半独立的状态，古代埃及新王国时期的帝国、亚述帝国以及中国商周时期，都属于这一类的国家；另一种是，被征服的国家不再存在，帝国对被征服地区派官统治，这样就在帝国之下有了地方政权机构，波斯帝国、罗马帝国以及中国的秦汉帝国，大体就都属于这一类的国家。这两种帝国可以说是两种类型，也可以说是两个阶段，即前者属于早期阶段的，后者属于成熟期阶段的。既然秦汉帝国与埃及、亚述不属于同一阶段，因此也就不宜用来互相比较。因此，可以用来比较的是波斯帝国与罗马帝国。以下再就两个方面作一些具体的比较分析：

第一，在波斯帝国里，大流士皇帝把广大的被征服地区分为二十几个省区（satrapy，其中很可能不包括波斯本部地区，因为这里的人是不纳税的），每个省区都由皇帝派一个省长（satrap）来统治，他的一个重要任务就是保证每年向皇帝按规定上缴一定数量的赋税。可是在省区以下，就没有直属省长的下属行政机构，就连赋税也是由省长招来一些包税商，让他们先按规定把赋税垫交了，然后他们再到各地去向人民搜刮。在罗马帝国里，除了让意大利的被征服城邦保持同盟者地位以外，其他被征服地区都设立了行省（provincia）。每个行省都派一个总督去统治。可是总督以下，也是没有直属的下级行政机构的。罗马人往往在行省里设立各种自治权利不等的自治市，或者以原有城市为基础，或者重新设立，按照城邦的模式设立各种会议与公职，再由城市统治周围的农村。罗马人的办法是在帝国以下还是依靠城邑/城邦的模式来统治，尽管这种形式上的城邑/城邦的本质已经不是真正独立的国家了。而中国秦汉时期的帝国却与此不同，中央政府以下设郡，郡以下设县，郡有郡守，县有县令，皆由中央政府任命、调动，县以下还有直属于县的地方官吏。自从战国以下，这种"一竿子插到底"的郡县制就日趋成熟了。因此，秦汉帝国的统一程度是波斯以及罗马帝国所不能比拟的。

第二，关于帝国内部居民构成情况的异同。首先，波斯帝国、罗马帝国与汉帝国都是多民族组成的国家，可是内部民族人数结构的比例很不相同。波斯帝国里，波斯人与米底人居于主导地位，他们在总人口中的比重，现在没有资料，但是他们所占比重不可能很大。罗马帝国里，罗马人与意大利人居于主导地位，据统计，他们在帝国总人口中仅约占1/9。西汉后期留下的人口统计材料显示，内地郡国居民人数远比边裔汉人与少数民族杂居地区的人数多得多。这是因为在先秦时期，华夏族与少数民族有长期的文化互相认同的传统，其结果就是他们逐渐融合成为一个新的族群共同体，到汉代便称为汉人。这样的情况对于汉代的大一统局面是非常重要的。再则，就居民的身份地位状况来看，中国与波斯、罗马也颇有不同。在波斯帝国里，波斯人地位最高，帝国的最高级官员往往由他们担任，波斯常备军及其核心"不死队"也由他们担任。在血缘与语言上同波斯关系较近的米底人次之,他们与波斯人共同组成常备军。其他不同地区被征服者更次之,处于无权地位,在战时参加辅助部队,他们中的上层也只能做地方官吏。在罗马帝国里,罗马人的地位最高,具有完全的公民政治权利,也有在军团中服役的义务;被征服者则被按照具体情况分别予以不同的政治地位与权利,较早被征服的意大利人,一般被视为"同盟者",他们名义上保持独立,并拥有内部自治权,但是无外交权,并且要为罗马军团出辅助性的军队或提供海军船只等;在被征服的行省里,有权利不等的自治市,其市民拥有不同程度的权利,还有广大的农村,其居民则通常是没有什么权利;曾经抗拒罗马人而后又被迫投降者,被称为"降民"(dediticii),处于完全无权的地位,等等。而在秦汉时期的中国,人们除了阶级与军功爵级的差别以外,已经没有什么差别。秦统一六国以后,秦民与六国之民一样算是"黔首"。汉代一般人民皆为"编户齐民",老百姓都是编了户口的,所以为"编户",他们身份一致,所以为"齐民",齐者,平也。齐民就是平民,即身份无差异之民。这种情况也从另外一个角度说明秦汉作为统一帝国的内在稳定性是远远高于其他古代帝国的。

3. 汉代儒学一统观的特点

在这一时期里,希腊人的城邦制度走上了末路,随后马其顿亚历山大建立了帝国,罗马人的城邦也走上了末路,他们也建立了帝国。不过,那些帝国的底层还是以城邦为模型的自治城市,再底层就是各地原有的机构。与此相应,传统的城邦政治学仍然深深地留下了影响。继柏拉图、亚里士多德的政治学而起的是斯多噶派的"世界主义的"(cosmopolitan，即世界城邦的）政治学。这也是一种天下一家、四海之内皆兄弟的思想，不过，它所注意的是个人，而没有切实解决个人与社会如何有机地结合起来的问题。汉代儒家的公羊学却在这一方面提供了系统而充分的理论说明。

西汉时期的董仲舒提出了"三统说"，认为夏是"黑统"，商是"白统"，周是"赤统"，依次相承；当周居于天子之位时，对前两代（夏、商）承认其过去作为天子的历史地位，保持一定的礼遇，继承周的王朝又要对前面的商、周两代保持周曾给予夏、商的礼遇。这样的学说，实际上有两重意义：一是从纵向的历时性的角度看，这是确认了历史文化认同的传统，坚持了历史的连续性；二是从横向共时性的角度看，这又在每一个具体确定的时期里只允许有一个唯一的天子。三统说的体系实际上就是要在确保传承不断的情况下坚持王权或国家的统一性。

东汉末叶的何休则强调了"三世说"。《公羊传》认为在《春秋》经里，春秋时期被分为三世，即所传闻世、所闻世、所见世，何休则对这三世作了这样的解释："所传闻世"是"据乱世"，"所闻世"是"升平世"，"所见世"是"太平世"。何休认为，孔子作《春秋》，目的是要拿这一段历史来书法自己的政治理想，借三个阶段来说明人类文明的三个发展阶段：在最初即"所传闻世"或"据乱世"阶段，人们只能内本国而外诸夏，到第二阶段即"所闻世"或"升平世"，人们就进步到内诸夏而外夷狄的程度，而到了最高阶段即"所见世"或"太平世"，世界就进步到了"夷狄进至于爵，天下远近大小若一"的大同境界。

这三个历史阶段是道德与仁政发展的三段，是历史文化认同与影响不断扩大的三段，也是国家统一、天下大同发展的三段。

汉代春秋公羊学的理论看起来颇似"非常异义可怪"，实际其内涵很有深思之必要，其详则将在本书正文里加以展开论述，此处不赘。

四、第三时期的世界历史大势与中国的特点

（一）第三时期的世界历史大势

这一时期又可以分为两个阶段：

1. 第一阶段，4—9世纪

在中国是从少数民族入侵、西晋灭亡开始的。3世纪初，东晋在南方建立政权，北方各地曾先后出现16个国家，经历了一场历时约120年的大分裂；439年，北魏统一了北方，约一个世纪后分裂为东魏（后为北齐所代）与西魏（后为北周所代），是为北朝，与南方东晋以后的宋、齐、梁、陈并列为南北朝；6世纪中晚期，隋取代北周，并进而统一南北，历时约30年后为唐所取代；唐朝从7世纪初到10世纪初，历时近300年。这是继汉以后的第二次大统一，中国在多民族统一国家的发展道路上又进了一大步。在印度，4世纪初出现了笈多王朝（法显此时赴印），一度建立了包括印度半岛大部分地区的松散的帝国，5世纪中叶在北方游牧民族的打击下崩溃，但很快就分裂了。在中国与西方之间，阿拉伯作为一个大国兴起，至8世纪中叶已形成包括西班牙

半岛、非洲地中海沿岸、叙利亚、两河流域以及伊朗高原并东至印度河与葱岭以西广大地区的大帝国;不过随后百余年间阿拉伯帝国分解为多个小国,走向衰落。在西方,西罗马帝国经过日耳曼人及匈奴人打击以后,于476年灭亡,东罗马则保存下来,西方则出现了许多小的日耳曼王国,而每个小王国里都是贵族们的势力很大,王权相对软弱,所以也并非真正的统一王国;6世纪时,日耳曼人的法兰克王国逐渐强大,有试图一统西欧之势,东罗马也企图收回西罗马的失地,但是从东方来的阿瓦尔人的侵入又引起一番大动荡;8世纪时,法兰克王国在新的加罗林王朝统治下再度兴起,800年,法兰克国王查理曼加冕为皇帝,建立了幅员包括易北河以西、比利牛斯山以北和意大利半岛北部的帝国;可是,43年以后,他的三个孙子瓜分了帝国,可算是今法国、德国和意大利的前身;8世纪中叶,在意大利中部还出现了教皇国;可是新的外患又降临西欧,从北欧来的维金人(海盗)、从东面来的马扎尔人、从南面越地中海而来的穆斯林人使西欧在10世纪初陷入极为悲惨的境地。

2. 第二阶段,10—13世纪

在中国,是五代两宋及辽、金时期,五代是继唐末藩镇割据之后的分裂时期,除中原有梁、唐、晋、汉、周五朝以外,西部及南部又先后出现过十个小国,在北方则有契丹兴起;北宋统一了中原及西、南部,而与北方的辽(契丹)对峙;北宋(1125)末,金灭辽,随后(1127)又灭北宋,南宋继起,与金对峙于秦岭、淮河一线;13世纪初,蒙古兴起,于1234年灭金，1271年忽必烈改定国号为元，1279年元灭南宋；中国再次统一。在中国与西方之间，在这一阶段起了重要作用的有原居于中亚的土耳其人（即突厥人）与原居于蒙古高原的蒙古人：11世纪时，塞尔柱土耳其人（突厥人一支）南下，经伊朗进入两河流域，实际上夺取了阿拉伯人哈里发的政权，首领成了掌握实权的苏丹（或译素丹），其中一支又西进至小亚细亚，夺取了东罗马帝国在这里的土地，使之严重削弱；另一支土耳其人南下进入印度，于12世纪末攻占了德里，随后又逐渐占有了印度大部地区；13世纪初蒙古兴起，成吉思汗及其子孙在征服南宋以前已经征服了中国北部、中东及东欧等广大地区，1259年蒙古帝国分裂为四大汗国（察哈台汗国、钦察汗国、伊儿汗国及大汗即元），忽必烈被尊为大汗，但实际只能统治中国；蒙古人扫荡了土耳其人在中东的政权，而蒙古人的军队里却掺入了大量的土耳其人，并使西征的蒙古人在语言和宗教（信伊斯兰教）上逐渐土耳其化。在西方，10世纪中叶以后开始了经济复兴的过程，来自北面和南面的入侵停止下来，东面的马扎尔人也被德意志王鄂图所击败，外患停止对于经济的增长起了很大作用；鄂图占有了德意志、波希米亚（捷克）及意大利北部，962年在罗马加冕为皇帝，开始了所谓的神圣罗马帝国，不过帝国的皇帝与罗马的教皇长期相互争斗，皇帝不断征伐意大利，教皇则挑动德意志诸侯反对皇帝，以致德意志和意大利长期陷于分裂之中；英、法两国的国王此时都力图控制贵族而加强王权，不过一再有法国的贵族到英国继任国王，于是英王在名义上还是法王的封臣，因为作为法国贵族在法国还拥有很多领地，结果英法之间也发生了许多冲突，影响了王权的增强。

这一时期的总特点是，中国经过少数民族大迁徙引起的大分裂与民族大融合而产生隋、唐大一统帝国，宋代开始了新一轮民族的冲突与融合过程，为下一阶段的统一的多民族国家的发展准备了条件；在中国与西方之间则发生了几度的民族大迁徙与若干短暂的帝国，对东西方（尤其对东欧）都起了冲击的作用，不过，其中除了阿拉伯人在中西文化之间的重大贡献以外，他们自身大多未能在统一国家形成方面留下稳定的历史遗产；在西方，经历了民族的大迁徙与大重组，逐渐有了民族国家的某种苗头，可是封建贵族或诸侯的割据以及皇帝与教皇的对抗等严重地妨害着真正的民族统一国家的形成，西方的查理曼帝国、神圣罗马帝国是与中国的多民族统一的帝国不能同日而语的。

（二）第三时期的中国特点

以下分两点来说：

1. 中国民族认同之特点

在这一时期，西方有日耳曼各族的大迁徙，摧毁了西罗马帝国，中国有匈奴、鲜卑、羯、氐、羌等族（史称"五胡"）进入中原，摧毁了西晋帝国；而且，在他们大举行动以前，约从3世纪起就已经有不少零星部落分别进入罗马与西晋疆域，他们或者协助守边，或者从事农业劳动。这些情况东西方颇有相似之处。西罗马灭亡后，还残存着东罗马帝国；西晋灭亡后，还残存着东晋帝国。这些情况也颇有相似之处。但是，就民族间相互认同的情况来看，中国与罗马的差别就不能说小了。在罗马，罗马人与日耳曼人的界限是分明的，其间没有任何渊源上的联系。在中国的汉代，与北方的匈奴人关系十分重要。值得注意的是，中原的汉人并不把匈奴当作完全的外人看待，而是把他们看作夏王朝的后裔，那就是说，尽管后来文化上有了差异，可是祖先还是同一的。在司马迁的《史记》里就是这样说的，可见它是汉人的基本共识。其他如鲜卑人被认为是黄帝的后裔，羯人被认为是匈奴的一支亦即夏王朝的后裔，氐人被认为是曾与夏禹之子启争夺王位的有扈氏的后裔，羌人被认为是舜的后裔。所以，一面把他们说为"五胡"，一面又把他们看作兄弟。这些说法见于《晋书·载记》，唐代修《晋书》时是参考了16国的史乘的，看来也是为少数民族所同意的。其实，当时的少数民族也是很愿意认同与汉人同祖的关系的。首先起兵反对西晋王朝成功的刘渊，他原是匈奴南单于的后裔，因为是汉朝公主的子孙，所以他家早已姓了刘；他起兵后也就把自己的国号叫作汉。他称汉高帝刘邦、汉光武帝刘秀、蜀汉昭烈帝刘备为三祖，正式以汉王朝的合法继承人自命。刘渊这样做只是简单地为了政治上号召的便利吗？看来还不能这样说。因为他在起兵前已经对中原历史文化有了相当深刻的认同，他在经学上的修养已经达到相当水平，所以他这样做是有其文化认同为根本底蕴的。在欧洲，查理曼也被宣称为罗马人的皇帝，他也很努力学习，可是当时日耳曼人一般不识字、文化水平甚低，据说查理曼学习到死才能自己签名。这样自然就不能与刘渊相提并论了。其实，如果再进一步说，那还不仅是识字与否的问题，前赵的君主石勒本是羯人，早年曾被卖为奴隶，也不识字，可是他对历史文化爱好甚深，即使在行军作战之中，也要抽时间让儒生给他读历代史书，他听了以后总要加以分析评论，而且常能看到问题的关键所在。他还不时以历史人物衡量自己，在一次宴会上，他问群臣他算得上是什么样的君主，群臣奉承他说，三代以下无人能与他相比，要比，那么轩辕黄帝大概和他差不多；他笑着说，他如果遇到汉高帝刘邦，那就只能俯首称臣，如果遇到汉光武帝刘秀，那么还可以一争高下，至于黄帝，那他是不能比的。一个不识字的石勒对历史文化能有这样深度的认同，这就可以看出当时统治北方的少数民族与汉人在历史文化认同的关系上是多么近了。刘渊、石勒以后，许多少数民族君主或多或少都有类似情况，其中前秦苻坚、北魏孝文帝元宏是尤其典型的实例。这样一类的情况在罗马帝国以后的欧洲是难以想象的。

有了16国时期和南北朝时期的民族之间的文化认同的过程，才有了隋唐时期的再统一的坚实基础。以后宋与辽金的关系，在一定程度上近似于南北朝的情况。这里且不详论。

2. 宗教在中国与西方的文化认同与民族传统发展中所起作用的异同

佛教于东汉时期传入中国，在魏晋南北朝时期的民族迁徙与融合中起了一定的作用；基督教在公元1世纪时兴起于罗马帝国，至帝国晚期由被压迫者的宗教一变而为统治者所倚重的宗教，以后又在日耳曼人中广泛传播，在历史上也起了不小的作用。但是，只要一作具体分析，那么就可以看出其间的很值得注意的不同。以下分两点论述于下：

第一，罗马人有自己的宗教，原来是城邦保护神性质的，后来又成了帝国的国教，皇帝本人兼任最高祭司。帝国内部其他各族各有自己本族的宗教，但是罗马国教处于最高的特权地位。这种宗教自然是与罗马文化传统相一致的。基督教否定一切民族性的宗教，也拒绝罗马国教与皇帝的最高权威，因此在初期曾经屡遭帝国迫害。到罗马帝国衰败时期，不仅大量下层贫苦人民处于绝望状况，企图从基督教获得精神上的慰藉，而且上层富有者也完全失去安全感，同样转向于基督教；于是君士坦丁皇帝转而支持并利用基督教。从奥古斯都以下皇帝一直兼任国教最高祭司的传统也被放弃了。罗马宗教政策的这一转变，固然是为了维护帝国统治，可是帝国未能维护下来，罗马历史文化认同的传统却被打断了。在中国，原有的是天神加祖先的崇拜，不过这种崇拜经过了儒家思想的洗礼，已经与伦理道德融为一体，多少具有了神道设教的意思。佛教自外面传入，最初曾经发生不同文化传统的对抗。佛教讲出家，不再对君、父承担任何义务，按中国传统看来，这就是不忠不孝了，所以曾经遭到批判。从《牟子理惑论》我们可以看到这种批判与辩解。企图遵循佛教原教旨的僧人曾经企图维护佛教原来面目，可是，在中国这种办法行不通，只好与中国文化传统妥协，不断向这一传统靠拢，现在《大藏经》里还有一些讲忠讲孝的经，其实这些都是经过中国文化洗礼的成果了。那么，中国文化就完全拒绝了佛教？也不是。在魏晋时期，佛家思想影响到了玄学的发生、发展；唐宋时期的儒家同样猛烈批判佛家，可是宋代的理学却切切实实汲取了佛家思想的许多启发。所以，佛教在中国不是没有起作用，而是没有起到使中国历史文化认同发生断裂的作用，相反却起了丰富中国历史文化传统的作用。经过向基督教的转变，欧洲的希腊、罗马古典文明变成了基督教文明；经过佛教的传入，中国古典文明仍旧在发展，而且更丰富了。

第二，在民族迁徙的痛苦历程里，基督教和佛教都起过缓和剧烈冲突、减轻人民苦难的作用，从而有利于不同民族的互相包容与同情。不过，在欧洲形成了一个以罗马教廷为中心的教权统一势力，并且它与世俗的王权（包括皇帝）是互相对立的。在那里，宗教上只有一个领袖——教皇，是统一的；政治上却各国分立，甚至一国之内皇帝或国王也很难使诸侯完全顺从。所以，除了宗教以外，欧洲难以有政治上的大一统的认同，甚至一国之内的民族认同都需要经历一个缓慢过程。在中国，一方面有佛教在起缓和民族矛盾的作用，另一方面，经过儒家阐扬的大一统的历史文化传统又逐渐深入各族人民之心，几乎各族里所有具有雄心的君主心里都有统一国家的古圣先王在起样板作用；所以，尽管在南北的冲突与矛盾中，南贬北为"索虏"，北贬南为"岛夷"，时有势不两立之势，可是他们所争夺的却是同一个中国的统一权：不是中国要统一与否之争，而是由谁来统一之争。

这样，我们就可以看出，中西的宗教在其各自的历史的连续性（纵向的历史文化之认同）与国家的统一性（横向的多民族的交融）方面所起的作用都是不相同的。

五、第四时期的世界历史大势与中国的特点

（一）第四时期的世界历史大势

这一时期又可分为两个阶段：

1. 第一阶段，13—17世纪前期

在中国，有元一代经历了一场复杂的民族冲突与交融的过程：北方的金被蒙古征服以后，这里的契丹人、女真人、汉人都被蒙古人视为汉人，蒙古人决定按照汉人的传统建立起"元"的国号，可是在征服南宋后却把南方的汉人称为"南人"，实际上是在把汉人空前地扩大化了。明朝推翻元以后，元统治者退往漠北，而大量的色目人以至蒙古人散居在漠南大地，后来都成了今天中华民族的成员；有明一代虽然统一了全国大部地区，而北方蒙古（北元，尽管其内部曾发生多种分裂）一直存在到明晚期（崇祯初年），所以实际上一直存在南北对峙的局面。在中亚，14世纪后期至15世纪初，一个自称为成吉思汗继承人的土耳其人帖木儿曾征服了察哈台汗国，重创钦察汗国、兼并伊儿汗国，侵入印度并焚毁德里，以大事残杀与破坏的手段一度建立起一个帝国，自然帝国在他死后就迅速解体了，一个自称要恢复蒙古帝国的人却摧毁了四大汗国里的三个（窝阔台汗国此前早被察合台汗国所并），令人惊奇。在印度，13—14世纪时入侵的土耳其人建立了德里苏丹，一度曾统一印度半岛大部地区，于14世纪末受重创于帖木儿（德里被攻陷），趋于解体；帖木儿的，也是成吉思汗的后裔（土耳其人与蒙古人的混血）的巴卑尔于1526年率军侵入

印度，建立起莫卧儿帝国，君临德里苏丹与莫卧儿帝国都是穆斯林王朝。13世纪末，小亚细亚的原属塞尔柱土耳其的一支土耳其人在首领奥斯曼（一世）率领下建立起独立国家——奥斯曼土耳其，逐渐强盛，1453年终于灭东罗马帝国，再占领巴尔干半岛、叙利亚、巴勒斯坦、埃及，至16世纪，又占领了两河流域和整个北非，成为地跨亚、非、欧三洲的大帝国，17世纪开始转向衰落。在东欧，13世纪时俄罗斯各公国在钦察汗统治下，14世纪时莫斯科大公国逐渐统一了各部力量，打击了蒙古统治，到1480年莫斯科大公完全独立，钦察汗国统治结束；16世纪莫斯科大公成为全俄大公，后又称沙皇，并向西伯利亚扩展。在西欧，14—16世纪时在意大利出现了"文艺复兴"，随后扩展到其他国家，新时代的文学家的一个特点就是开始用本民族的语言文字写作（以前通用拉丁文），反映了民族意识的觉醒，可是在政治上封建诸侯的割据与纷争不仅在意大利和德意志依然如旧（1356年在德意志确立了由7个诸侯选举皇帝的制度更削弱了国家的统一），在英、法之间的"百年战争"（1331—1453）也把两国弄得精疲力竭，战后法国走上了向民族国家发展的道路，英国再经过30年内战，以后也走向了民族国家发展的道路；在伊比利亚半岛，13世纪时已有亚拉冈、卡斯提尔等王国，1479年统一为西班牙国家，半岛西南部还有葡萄牙国家，西、葡两国在15世纪末开始的新航路的发现方面起了推动作用，并成为第一批海外殖民国家；荷兰、英国、法国继起；亚、非、拉美开始成为西方殖民国家迅速发展的牺牲品。

2. 第二阶段，17世纪中叶至19世纪中叶

在中国是清代前期，康熙、雍正、乾隆三朝时将多民族统一国家发展到了它的盛世，不过在由盛而衰的过程中同时遇到了西方势力的东侵，从鸦片战争以后便沦于半封建、半殖民地的境地。在印度，莫卧儿帝国衰落，被英国占为殖民地。在中东，奥斯曼帝国衰落。在俄国，彼得一世（1682—1725）开始西化并大肆向外扩张，到19世纪中叶它已成为地跨欧、亚的大帝国。在西方，17—18世纪，先后发生了英国革命、美国独立战争、法国大革命，18世纪后期至19世纪中叶，先后在英国及欧洲大陆发生了工业革命，于是英、法等殖民大帝国出现。

这一时期的总特点是，西方从封建时代进入到资本主义时代，资本主义的统一民族国家正在克服封建割据的现象，并且在海外殖民过程中建立起资本主义的殖民帝国；不过，这种帝国并不是一种多民族统一国家，而是在本土为民族的民主制国家，在海外却是赤裸裸地实行殖民主义民族压迫的殖民帝国；所以也正是这些民族国家，它们激起了殖民地人民的民族反抗运动。在东方，奥斯曼土耳其帝国、印度的莫卧儿帝国都是多民族的国家，正在西方列强打击下趋向解体，而中国也开始受到了西方的冲击；值得指出的是，在随后的时期里，遭受西方列强侵略的多民族的中国人民却在殖民主义者的欺凌下凝聚为一个团结多民族为一体的中华民族，即在内部是多民族的团结统一，面对外来侵略则表现为一个中华民族。

(二) 第四时期的中国特点

这一时期的世界历史发生了巨大而重要的变化，其内容也十分丰富而复杂，不过，按照本书主题所确定的方向，在这一节里我们还是就历史文化的认同与统一多民族国家的发展的角度来谈中国的特点。以下分两点来说：

1. 多民族统一国家的发展与巩固

在西方，这一时期主要是争取建立与发展独立的民族国家的时期。这时西方的工场手工业逐渐兴起，并进而发生工业革命。当工商业开始发展的时候，西方所面临的是封建割据的局面，那时诸侯甚至大小贵族都有自己的领地，在自己领地上向来往的商人征收赋税，使商人不堪负担。于是，在国王削弱贵族势力以加强王权的斗争中，他们往往得到了新兴的工商业者或市民阶层的大力支持。所以，西方建立民族国家的过程并非分裂而是一种统一的过程。值得注意的是，西方这一时期的民族统一国家的建立，实际是在新的资本主义萌芽历史条件下进行的；而且其建立的速度与建成的先后，也往往与其资本主义经济发展程度互为因果。例如，英、法两国的民族统一国家建立进程较快，完成较早，其资本主义经济发展也较早，德意志经过三十年战争（1618—1648），皇帝失败，神圣罗马帝国作为帝国的统一不成，而且分裂局面更加严重，这也深深影响了其资本主义经济的发展进程。在西欧建立跨民族的帝国，由于民族国家的竞争，已经十分困难。例如，哈布斯堡家族的查理曾因外祖父西班牙王无后而继任西班牙王，称查理一世（1516—1556），他随后又当选为神圣罗马帝国皇帝，称查理五世（1519—1556），兼领德意志、尼德兰、意大利一部分、西班牙及其海外领地，曾想建立一个大帝国，可是在多方面的反对下，最后只好把西班牙王位传给儿子，把神圣罗马帝国的帝位传给弟弟，一分为二，在他儿子在位时，西班牙的"无敌舰队"大败于英国海军之手（1588），西班牙从此一蹶不振。又如，法王路易十四曾想让他的孙子继任西班牙国王，遭到英国、荷兰、奥地利等国反对，因而发生一场西班牙王位继承战争（1701—1714），结果路易十四的孙子勉强继任为西班牙国王，却不能兼任法王，而且法国的很多海外殖民地也被英国占领了。西方这时也在建立帝国，不过那已经是向海外扩张的资本主义的殖民帝国了。

在中国，情况却完全是另外一种样子。成吉思汗统一蒙古诸部以后，仍然依照游牧部落旧习，热衷于四处发动掠夺战争。他曾对儿子们说，世界很大，他们尽可以攻城略地，占为自己的牧场。所以，他和他的儿子们不断发动对外攻击，本来毫无任何统一的念头。钦察汗国、察合台汗国、窝阔台汗国就是成吉思汗三个儿子（第1、2、3）的封地，伊儿汗国则是成吉思汗之孙（忽必烈之弟）旭烈兀征服后所得之封地。他们所遵循的还是打天下、分家产的传统。到成吉思汗之四子拖雷之子蒙哥为大汗时加紧进攻南宋，他以其弟忽必烈为重要助手。蒙哥死，忽必烈立即取得大权，继承大汗职位。他于1260年三月即位，五月即下诏建立"中统"的年号，诏书里说："建元表岁，示人君万世之传（确认传统之连续性）；纪时书王，见天下一家之义（确认国家的统一性）。法《春秋》之正始（申传统连续性之意），体大《易》之乾元（申国家统一性之意）。"（《元史本纪第五·世祖二》）这就是说，他一方面继承了中原自汉武帝建元以来的历史传统，另一方面也继承了中原儒家大一统的文化传统。中统五年（1264），他又定都燕京，改元为"至元"。至元八年（1271）又下诏建国号，理由是，早期尧（唐）、舜（虞）、禹（夏）、汤（殷）所建国号都是美称，以后秦、汉、隋、唐都以初起之地名为国号就不为妥当，此时既然"舆图之广，历古所无"，自然就要取一个相称的国号，"可建国号曰大元，盖取《易经》'乾元'之义。"（《元史本纪第七·世祖四》）按《易·彖传》（今本在乾卦）"大哉乾元，万物资始，乃统天。"这个乾元就是万物都必须以之为首的混一元气，既然万物皆以它为首，它当然就一统天下了，故云"乃统天"。忽必烈很欣赏"乾元"，在建元中统时提到它，在改元至元时还是欣赏这个元，所以最终取这个元字作为国号。忽必烈在灭南宋统一中国后，没有在国内再封建汗国，坚持了一统之义。

明朝推翻元朝在中原的统治，可是北元仍在北方。明太祖（朱元璋）、成祖（朱棣）父子大力经营北边，朱棣甚至迁都北京，目的不外统一，因为在他们看来，北边不定，中国就不能安宁。成祖永乐三年（1405）至宣宗宣德八年（1433），郑和曾奉命七下西洋，当时明朝国力鼎盛；可是十余年后，英宗正统十四年（1449）就发生了土木堡之败。此后明朝在北边要防蒙古，在沿海要防倭寇，像郑和那样无商业实利的航海事业，自然就无以为继了。

清朝取代明朝，重新统一中国。清代统治者在民族政策的运用方面颇为得心应手。他们在入关前就先后争取到漠南及漠北蒙古人的拥护，并得到一部分汉人的支持。入关以后，首先大力解决了中原统一的问题，对汉人在政治上压制与争取并用，在文化上则迅速趋同；对于边疆则于康熙、雍正、乾隆三朝解决了准噶尔叛乱的问题，稳定了清廷对青海、新疆、西藏的统治，使多民族统一国家发展到了新的水平。清代统治者没有像蒙古早期那样四出远征，他们借中原之力以稳定边疆，借边疆以巩固中原。检阅清代康熙、雍正、乾隆三朝历史，可以看到清廷在发展与巩固统一多民族国家方面的确竭尽了全力，也取得了空前巨大的成功，在中国历史上作出了重大的贡献。不过，这种内向的统一的努力却抑制了对外的交往与了解，这就使自己在随后面对西方的挑战时处于极其被动的地位。

2. 历史文化认同与民族交融的互补

在西方，自从西罗马帝国灭亡以后，人们在历史文化认同上就发生了问题，认同于罗马？那么，罗马安在？查理曼帝国、神圣罗马帝国都不足以表明对罗马的历史文化的认同，何况它们本身也从未得到人们的一般认同。如果说西欧还有某种程度上的共同的文化认同，那么它就是以罗马教廷为中心的基督教会。可是，到了13世纪时，罗马天主教会已经十分腐朽。因此，西方由意大利开始先后出现了"文艺复兴"。"文艺复兴"从形式上看是对于古代希腊罗马文化的复兴。其实，古典文化在此时只不过是用来否定以罗马教会为代表的中世纪文化传统的否定的武器；"文艺复兴"真正带来的却是西欧各民族的民族文化的兴起。西方经过这一场历史文化认同的巨变，逐渐进入了一个新的时代——资本主义的民族国家的时代。

在中国，出现的却是另外一种情况。忽必烈以蒙古汗入主中原，这实际是有条件的。蒙古人可以凭借武力"马上得天下"，却不可能"马上治之"。其实，蒙古在中原的征战要比他们几次西征艰难得多，历时也长得多。甚至忽必烈在蒙哥汗死后能够取得大汗地位也是其汉族谋臣（郝经）为之出谋划策的结果，他改用"至元"年号及建国号为"大元"也都是汉族谋臣（刘秉忠）的建议结果。在整个有元一代，蒙古族皇帝反反复复警惕自己不要太汉化，以免失去蒙古人固有的优势；这其实也是很自然的。不过，他们又反反复复地不断地接受汉族历史文化。为什么？因为非如此就不能统治中国。所以，元世祖忽必烈灭南宋后，即命令史臣修宋辽金三史，可是因为以谁为正统的问题长期纷争不决，直到元朝末代皇帝顺帝时，右丞相脱脱奉命修此三史，决定依《南北史》体例，三史各与正统（各用其本国年号），才快速修成。这样的处理正统的办法，既摆脱了以前争论的难题，又推尊元为能一变三家分立之局而统一之唯一正统。至此，元代统治者已正式把自己完全纳入中国历史文化的传统之中，同时又承认并保存不同民族历史文化的各自历史地位与意义。

元末政治腐败，民不聊生，起义四起，最后朱元璋取得胜利，建立明朝，是为明太祖。他之所以能够取得胜利，在很大程度上由于他能在行军征战中注意安民、保民，不事杀掠。当时存在民族矛盾，所以起义的红巾军曾建大宋国号以作号召，朱元璋准备北伐时的檄文里也曾有过"驱逐胡虏，恢复中华"的词句,但同时也说对蒙古人、色目人要"与中夏之人抚养无异。"①但是,在正式派徐达等北伐时,朱元璋却在给徐达等的指示中说:"中原之民,久为群雄所苦,流离相望,故命将北征,拯民水火。元祖功德在人,其子孙罔恤民隐,天厌弃之。君则有罪,民复何辜。……诸将克城,毋肆焚掠妄杀人,元之宗戚,咸俾保全。庶几上答天心,下慰人望,以副朕伐罪安民之意。"(《明史·本纪二·太祖二》)这时已经是洪武元年,朱元璋没有要上继元朝的正统,所以又夸奖元祖的功德,而且打击对象仅限于元朝末季君主,对于民族问题,更是把各族一体视为子民。其实,他在起兵的过程中已经团结了许多少数民族人物,如开国大将胡大海、冯国用、常遇春、沐英、蓝玉等,就都是回族人。

清朝入关前已早受中原历史文化浸润,入关后所习更深。顺治帝阅《通鉴》,"问汉高祖、文帝、光武及唐太宗、宋太祖、明太祖孰优。陈名夏对曰:'唐太宗似过之。'上曰:'不然,明太祖立法可垂永久,历代之君皆不及也。'"(《清史稿·本纪五·世祖本纪二》)此时顺治帝才16岁,对中原历史文化已有相当之了解,并有了自己的评判。他终年不过24岁,看他那篇遗诏,一口气列举了自己13条罪名,其中有内疚未能对父母尽孝方面的,有用人行政未能确当的,像这样的罪己诏在历代帝王中也是很少见的;赵翼曾谓"汉诏多惧词"(《廿二史札记》卷二),可是真像顺治帝这样诚恳检讨的话仍然很少,可见顺治帝所受儒家教育影响之深。尤其让人不得不深思的是,顺治帝自我检讨中的第一条就是"渐习汉俗",此外还有重用汉臣。为什么这样怕习汉俗却

---

① 白寿彝:《中国通史》,上海:上海人民出版社,1999年版,第15卷,第192页。

又深习汉俗呢？康熙、雍正、乾隆三代都有同样的矛盾心理，一面深惧习汉俗，一面又日习日深。所以，他们一面坚持骑射习武，一面"稽古右文"，努力保持多元文化。或问：清帝以少数民族入主中原，中原传统文化的历史包袱不重，当时西方传教士已经带入许多西方文化，他们为何不选择西方文化呢？须知清帝所要统治的不是西方，而是中原，用西方文化是难以应对中原的各种挑战的。譬如，在曾静策动反清的事件中，曾静是以汉族的民族思想为武器的。雍正帝编了一部《大义觉迷录》，其中反驳、批评了曾静的各种议论。此书开篇就是雍正帝的一篇"上谕"，其中通篇贯彻两个主题思想，一是君臣大义，曾静以臣反君，就是大逆不道；一是所谓夷夏之防的问题，坚持夷夏之分在文化而不在种族的观点。他不否认满人原为东夷，但是，他引用儒家经典作了解释："孔子曰：'夷狄之有君，不如诸夏之亡也。'是夷狄之有君，即为圣贤之流；诸夏之亡君，即为禽兽之类，宁在地之内外哉。"又引用孟子的舜为"东夷之人"与文王为"西夷之人"的说法，论证说："舜为东夷之人，文王为西夷之人，曾何损于圣德乎？"他还具体地分析了夷夏概念在历史上的变化，说："且自古中国一统之世，幅员不能广远，其中有不向化者，则斥之为夷狄。如三代以上之有苗、荆楚、狁狁，即今湖南、湖北、山西之地也，在今日而目夷狄可乎？至于汉、唐、宋全盛之时，北狄、西戎世为边患，从未能臣服而有其地，是以有此疆彼界之分。自我朝入主中土，君临天下，并蒙古极边诸部落俱归版图，是中国之疆土开拓广远，乃中国臣民之大幸，何得尚有华夷中外之分论哉。"①他的这些说法里充满君主专制思想，但是他用这些思想来说服当时汉族里某些反清人士还是相当有力的；而且，其中对中国以文化来区分夷夏的历史文化传统的确也作了相当充分的发挥。他以历史事实说明，由于不断地由夷变夏，昔日之夷可为今日之夏，今日之夷也可以成为明日之夏。清朝入主中原，已经由夷变夏，而且使得蒙古等边疆少数民族也都由夷变夏。所以，凡在大清帝国以内各族，都不再分夷夏，或者说都是中国人民（在他看来，都是大清的臣民），这在一定程度上也可以说是一种认识的开始发生：中国各族没有夷夏之分，都是中华民族的一部分。当然，如果往上追溯，这也可以说是先秦时期已经有了天下一家思想的继承与发展。不过，那以前，它还只是一种思想或理想，而到了清朝中叶，由于统一多民族国家的发展与巩固，它已经具备了成为现实的基本条件了。

这样，中国各族人民对于历史文化的认同就和多民族统一国家的发展形成互相推进的因素。中国人就在这样的条件下进入了一个新时代，一个面向资本主义列强入侵的时代。

---

① 《清史资料》第4辑，北京：中华书局，1983年版，第4、5、21页。

第二辑 世界历史的比较研究

如何理解作为世界史的古代史①

长期以来，我所从事的教学与研究工作，基本都在世界古代史的范围之内。可是，我们所说的"世界古代史"究竟是如何成其为"世界史"的？这个问题，对于我来说，也是一个长期挥之不去的、颇难真正弄清楚的问题。在这一篇小文里，我将把自己所想到过的问题以及一些管窥蠡测，一并述说出来，谨向诸位专家及读者请教。

既然要讨论作为世界史的古代史应该如何理解的问题，那么，我们就不能不首先弄清世界史的概念。说来好像有点奇怪，"世界史"这个词本来就是大家都耳熟能详的，还有什么可以讨论的呢？其实，这个问题像许多其他问题一样，一眼看来是清楚的，再一深究，问题就一层一层地浮现出来了。

譬如，现在我国的各级社会科学研究机构和高等学校里，历史学科总是分设有中国历史与世界历史两大部类的相应机构。这是大家都熟悉的。可是如果仔细一想，这样的分类在逻辑上对当吗？

我们所从事的历史学，可以按不同的区分标准加以分类，例如，从其内容的专业性来看，可以分为不同门类的专门史；从其

---

① 《如何理解作为世界史的古代史》，原载《世界历史》2008年增刊；后收入刘家和：《史苑学步》，北京大学出版社，2019年版。

时间划段的情况来看，可以分为断代史与通史；从其空间划分的情况来看，可以分为世界史与国别史（其中又有本国史、外国史之分）等。照理说来，这就应该是一、二、三级学科的三级分类的逻辑标准。如果说一级学科是属（genus或译种）概念，那么二级学科便是这个属概念内部下属的各个种（species或又译属）概念；如果说二级学科是属概念，那么三级学科便是这个属概念内部下属的各个种概念。如果按此标准，那么，世界史（主要从综合的角度来研究、把握历史）与国别史（主要从分析的角度来研究、把握历史）在概念上是同一级的，中国史与其他外国史（同属于国别史）在概念上是同一级的。以中国史与世界史并列，在逻辑上并不对当。另外，如果严格照逻辑分类，属概念之下的各个种概念之间的内容是必须互相排除的，也就是说，其间不能有任何的交集。然而，即使以世界史与中国史并列，但世界史中本来就含有中国史的内容，这也就显然不合逻辑分类的规则。何况，现在我们的许多世界史研究与教育机构中，往往不列中国史的内容，这样的"世界史"其实就变成了外国史。当然，必须说明，中国史作为本国史，是本国人民自我认同的基础，予以足够重视是完全必要的（其他国家也无一不是特别突出本国史的）；而世界史，是我们生存的外在总体环境，当然具有同样重要性。因此，以中国史与世界史并列的分类法，尽管在逻辑上有些不妥，可是从价值判断来看，却是完全无可非议的。这里谈这个问题，只是要说明世界史作为一个学科在概念上并非没有思考的余地了。

又譬如，人们通常都认为，世界史，顾名思义，就应当包括全世界一切国家、民族的历史。这样的说法一般看来不能算错。

20世纪50年代初,我按分工开始从事世界古代史的时候,当时还不能读俄文书,所以只好时常参看布勒斯特德的《早期世界史》①。这本书除去简略的史前史以外,只讲古代近东和希腊、罗马的历史。没有印度和中国的部分,怎么能算世界史?我觉得这是编者的西方中心思想的偏见,大家的看法也是如此。稍后看到苏联师范学院历史系所用《世界古代史》教材(先是看到日知林志纯先生对此书初版的前半部分译稿,后又看到修订版原书),其中有了印度和中国,不过仍然简略,无法与希腊、罗马比拟。当时觉得这总是向世界史进了一步。以后又看到苏联科学院主编的多卷本《世界史》(*Всемирная История*),其中古代史部分(1、2两卷)所包含的国家和地区更多了。的确更全面了,不过也不能穷尽一切。这样,在我的脑海里就逐渐提出了这样的问题:一则,是否不能穷尽一切国家和民族的历史就不能是世界史呢,或者说,穷尽一切国家和民族的历史乃是世界史的必要条件呢?二则,是否一旦穷尽了一切国家和民族的历史就自然成为世界史呢,或者说,穷尽一切国家和民族的历史乃是世界史的充分条件呢?

稍后,我在读马克思、恩格斯著作中得到了启发,觉得他们的分析判断可以解除我的困惑。

马克思在《政治经济学批判》导言中说:"世界史不是过去一直存在的;作为世界史的历史是结果。"②

这里只有两句话,意思非常清楚。如果变换一种方式来

---

① J. H. Breasted, *Ancient Times, A History of the Early World*, 2nd Ed., Boston, 1935.
② 《马克思恩格斯选集》,第二卷,北京:人民出版社1972年版,第112页。《马克思恩格斯全集》第46卷上,人民出版社1974年版,第48页。

说，那就是：第一句话的意思是说，过去曾经存在过没有世界史的历史时期；第二句话的意思是说，存在世界史的时期是不存在世界史时期历史的结果。众所周知，在早先的不存在世界史的历史时期，散布在世界各地的国家或民族的历史是存在的，那么，这些存在于世界之上的国别史的总和是不是世界史呢？马克思的答案显然是否定的。为什么呢？我觉得这个问题仍然可以从马克思和恩格斯的解说中得到理解。

马克思和恩格斯在《德意志意识形态》中说："各个相互影响的活动范围在这个发展进程中越是扩大，各民族的原始封闭状态由于日益完善的生产方式、交往以及因交往而自然形成的不同民族之间的分工消灭得越是彻底，历史也就越是成为世界历史。例如，如果在英国发明了一种机器，它夺走了印度和中国的无数劳动者的饭碗，并引起这些国家的整个生存形式的改变，那么，这个发明便成为一个世界历史性的事实；……"[①] 又说："它（指大工业——引者）首次开创了世界历史，因为它使每个文明国家以及这些国家中的每一个人的需要的满足都依赖于整个世界，因为它消灭了各国以往自然形成的闭关自守的状态。"[②]

这样，我们就可以明白，世界历史的形成有赖于世界历史性的事实（das weltgeschichtlichen Faktum）的存在，而世界历史性的事实（按马、恩所举实例来看）就是在使世界构成一个有机的整

---

① 《马克思恩格斯选集》，第一卷，北京：人民出版社1972年版，第51页。《马克思恩格斯文集》，第1卷，北京：人民出版社，2009年版，第540—541页。引文据文集校对。
② 《马克思恩格斯选集》，第一卷，北京：人民出版社1972年版，第67页。《马克思恩格斯文集》，第1卷，北京：人民出版社，2009年版，第566页。引文据文集校对。

体过程中发挥了历史作用的事实。反之，如果不是能在有机世界构成中发挥作用的事实，那么，尽管它们是在历史上出现过的事实，也不能算作世界历史性的事实。比如说，一对男女结婚，对于这个家庭来说自然是历史性的大事，但是，如果不是古代的涉及两个王室或国家分合的政治婚姻，那就不能算是一国历史的历史事实，从而对于国别史并非必需；如果一个国家内部发生瘟疫并造成巨大损失，但是并未流传出境且未影响国际关系，那就只能算是一国历史中的历史事实，而不能算是世界历史性的事实，从而对于世界史也并非必需。因此，即使穷尽一切国别史、家庭史的历史事实，那也不能构成世界历史。这样，原来使我感到困惑的问题就得到了解决：即使穷尽一切国别史、家庭史的历史事实，那也既非世界史的必要条件，又非其充分条件。要研究世界历史，当然必须有国别史研究的基础，这是毫无问题的；不过，超乎国别史的眼光尤为必要。因为，世界历史不能被理解为一切国家、民族的历史简单地相加所得的总和。如果从逻辑上说，那么，世界史作为一个概念，它必须是一；而每一个国家、民族的历史作为概念，它们也必须各自是一。不过，前者是大一，后者是小一。诸（譬如N个）小一相加之和，只能是多（N个一），不能是一个大一。

几乎就在探讨上述问题的同时，另外一个新的问题又展现在我的眼前。且不说大工业的出现，即使提前到15世纪末的新航路的发现来算，也就是现在常用的以1500年为古代与近代大致分期线，那么，我所从事的古代史是否能称为"世界古代史"，这也成了问题。

难道马克思真是绝对地否定了古代史作为世界史的资格？带着这个问题，我再仔细研读马克思的原话。既然"作为世界史的历史是结果"，那么，就像以上我所理解的，由此推导而来的必然结论就是"存在世界史的时期是不存在世界史时期历史的结果"。不存在世界史时期的历史竟然能够得出存在世界史时期历史的结果，这是不是无中生有呢？我们知道，从抽象的、绝对的无中是绝对不可能产生有的。但是从前面的一种存有状态经过质变而成为后一种存有状态，这样的事实是大量存在的。在后一种存有状态未曾出现以前，它当然是无；不过，在前一种存有状态中已经准备了产生后一种存有状态的条件，所以，后一种存有状态并非产生于绝对的无，而只是相对的无。《老子》（第二章）言"有无相生"，说的也就是这个道理。在真正的世界史出现以前，世界是存在的，人类社会（包括民族、国家）是存在的，历史也是存在的，怎能说那就是绝对的或抽象的无呢？只不过还缺乏一种质变，整个世界还没有形成一个有机的一体，因而人类的历史还不具有全世界的性质而已。不仅如此，而且，如果没有前一阶段的充分准备以及种种量变，那么后一阶段的世界史也是不可能突然而生的。马克思所说的"作为世界史的历史是结果"，分明指的就是这个意思。

这样，我就明白了世界古代史作为世界史还是可以的，只不过那是完全意义上的世界史出现以前的准备阶段，或许也可以说，那是正在孕育中的世界史。

当然我自己也知道，这样的明白还不是彻底的明白。因为，彻底的明白不能仅限于抽象的概念层面上。正如黑格尔所说"真理如果是抽象的，则它就是不真的。"①所以还要思考在真正的世界史出现以前的历史中潜在的世界性具体内容是什么。到了这个时候，具体的历史研究是十分必要而且重要的。不过，在作具体历史研究的同时，保持思路的清晰与明确也是十分（甚至可以说更为）重要的。如何厘清自己的思路呢？在读《德意志意识形态》的时候，我已经感觉到了马克思和恩格斯对于这个问题早已有了系统的思考和分析。

马克思、恩格斯在《德意志意识形态》中说："一当人们自己开始生产自己的生活资料，即迈出由他们的肉体组织所决定的这一步的时候，人本身就开始把自己和动物区别开来。人们生产自己的生活资料，同时间接地生产着自己的物质生活本身。""而生产本身又是以个人彼此之间的交往（Verkehr）为前提的。这种交往的形式又是由生产决定的。"②

马克思和恩格斯的这一段话说明了这样一个事实：人类世界的历史只能从人类的生活开始，而人类的生活又只能依靠生产而继续；人类既然要生产，就不能不同时形成多重交往或关系，即人与自然的交往或关系（生产力）、人与人的交往或关系（生产关系）以及人与自然的关系对人与人的关系之间的交往或关系（生产力与生产关系之间的关系）。这样多重的交往或关系在多层次上表现为矛盾统一的结构。当然，这些交往或关系以及作为承

---

① 黑格尔：《哲学史讲演录》，第一卷，贺麟、王太庆译，北京：商务印书馆，1997年版，第29页。
② 马克思、恩格斯：《德意志意识形态》，《马克思恩格斯选集》，第一卷，北京：人民出版社，1972年版，第25页。《马克思恩格斯文集》第一卷，北京：人民出版社，2009年版，第519、520页。引文据文集校对。

载它们的结构，并非不着实际的抽象概念，而是实实在在地体现在不同时期、不同地域、不同规模与组织程度的社会群体（如氏族部落、民族［Volk, people］、村社、城市国家、地区性国家、跨地区帝国等）之中。纵向的历史发展总是以相应的不同规模与层次的横向结构为其载体的，因此，横向载体的不断发展正是真正的世界历史产生的量变积累过程。

其实，这种横向载体的不断发展正是真正的世界历史产生的量变积累过程，恰好也反映在人们对于"世界"的观念的发展上。

按"世界"一词，在当代西方主要语言中，相应为英文之world、法文之monde、德文之Welt、俄文之мир。这些词在概念外延上具有很大的伸缩性：大而言之，可以囊括整个人类世界即全球；中而言之，可以分指不同国家集团（如现在常说的第一、第二、第三世界，黑格尔所说的"东方世界""希腊世界""罗马世界""日耳曼世界"等）；次而言之，可以分指不同社会群体（如商界、政界、学界等）；更小而言之，还可以指称一个人身边可见的小群体（例如俄文里的мир，大则可以指称全球，小则可以指称一个小小的农村公社）。在中国，"世界"一词不见于先秦儒家经典，亦不见于先秦子书。看来汉语"世界"一词来源于佛教经典对于梵文Loka之翻译。有趣的是，按照佛经说法，人类活动所及的世界只是一小世界，积一千个小世界为一个小千世界，积一千个小千世界为一个中千世界，积一千个中千世界为一个大千世界，大千世界之上还有三千大千世界，等等。如果一定要在中国古典中找出相当于"世界"的词，那么它似乎应该是"天下"。真正的天下，即普天之下，那当然是指全世界。可是夏、商、周三代王朝的君主皆称天子，其所统治的领域就叫作"天下"，而各诸侯所统治的领域则称邦国或方国。三代以下，秦、汉等王朝，其君主皆称天子，其直接统治与影响所及的领域皆称天下。唐初骆宾王《为徐敬业讨武曌檄》云："请看今日之域中，竟是谁家之天下。"天下又可以等同于域中。今人常说"今天大人不在家，这个家就成了孩子们的天下了。"所以，汉语里的"天下"和"世界"大体相当，概念外延的伸缩性也是很大的。在古代中国还有一种与印度的大千世界说相近似的说法，即战国时期的阴阳家邹衍的说法。邹衍"以为儒者所谓中国者，于天下乃八十一分居其一分耳。中国名曰赤县神州。赤县神州内自有九州，禹之序九州是也，不得为州数。中国外如赤县神州者九，乃所谓九州也。于是有裨海环之，人民禽兽莫能相通者，如一区之中者，乃为一州。如此者九，乃有大瀛海环其外，天地之际焉。"（《史记·孟子荀卿列传》）也可以说，邹衍对"天下"又作了一种特殊的解说。其实这些都不过是具有很大伸缩性的世界或天下的观念罢了。

那么，"世界"概念的外延为什么会有这样大的伸缩性呢？原来人类社会群体会因为社会经济等多重交往关系不断扩大而扩大，而人类社会群体的不断扩大又会促成人类眼界的扩大，所以，"世界"概念外延的不断扩大正是人类社会群体扩大以及随之而来的眼界扩大的这种不断的历史量变过程，在人们观念中留下的轨迹及其在想象中的延伸（如古代印度的大千世界之说与古代中国的大小九州之说等）。其实每一个具体的量变中都潜藏着质变的因素（矛盾着的事物在不断自我否定、自我突破、自我超越中进展），因此量变到了一定阶段才会导致质变，从而，严格意义上的世界性的历史事实以及世界历史，也就随着这样的由量变而质变的过程逐渐产生。

世界古代史存在于严格意义的世界史以前，但是，它本身的确为了从小世界发展为大世界准备着条件，从而具有从小世界逐渐向大世界进展的潜力；因此，古代史绝对不是与"世界"的概念毫无关联，相反却是世界得以成其为世界的必要前提。由此可见，世界古代史作为世界史的资格是毋庸置疑的。

说到这里，似乎问题已经基本清楚了。不过，看来仍然有须待继续思考的问题。的确，我们研究世界古代史，不能不首先研究各个古代国家、民族之间的交往，并且从这种交往范围逐渐扩大过程中发现"世界的"（包括实际的和观念的）由小而大的进展。那么，是否只要简单地研究这些交往的事实就足够了呢？答案应该是否定的。因为我们研究历史，不仅要研究事实的当然，而且要研究它们的所以然。否则，那就是史料的简单堆积，何以成其为史学？史料学只能是历史学中的一个组成部分，一个必要的组成部分，但是它绝对不能等同于作为有机整体的历史学。所以，要了解并理解历史事实的所以然，那就不能不研究历史事实之间的逻辑关系。

世界上的历史要从分散到整体、从多到一、从小一到大壹，然后才能逐渐演进为世界史。可是由于什么条件才能实现分散到整体、从多到一、从小一到大壹呢？不妨从最原始的人类群体或姑且从氏族来谈起。氏族由若干个人组成，即氏族之作为一，乃由多人合成。可是简单的多人是不可能合成一个氏族的。氏族的组成最根本的条件是，必须兼有男女两性；有两性的结合才能有生育，有生育才能有人类的延续，有人类的延续才能有老、中、青、幼年辈的区分，有男女与年辈的区分才能有按性别与年龄划分的最初的劳动自然分工与合作，有分工合作才能有氏族群体作为整体即一的存在。可是，如果回头一看，那么我们就会发现，男女本来为异，即使一男一女的结合，其成员也是二人，为多；男女本来为异、为多，那么，他们又何以能够演化为一？因为男女两性同为人类（在属概念上为同，如取《易·系辞上》的说法即为太极），同时又分别为男女（在种概念上为异，如取《易·系辞上》的说法即为两仪）恰好因其为含同之异，所以互为相需，从而能够结合为同（同一群体），结果也就由多而为一。不同的、相互通婚的氏族组成部落，不同的氏族本来为异、为多，然而恰好因其为含同之异，所以互为相需，才能适应氏族外婚的需要，所以能结合为同（同一群体），结果也就由多而为一。由氏族而部落，而小邦（以城市为中心的小邦），而地区性的国家，而跨地区的帝国，无一不是因为兼有异同而具有了由多而一趋势。古代的商队反复往来在漫长的丝绸之路上，逐渐沟通东西方之间的交往，也是以不同地区的产品的兼有异同为前提的。如果双方产品与需求完全为同而无异，那么就根本不存在贸易的必要，没有人会用自己的米去徒劳地换别人同样的米；如果双方产品与需求完全为异而无同，那么双方就会既无同欲又无同欲之物，甚至没有双方共同承认的交换手段，那也就是说双方之间就根本不存在贸易的可能。双方各自没有对方需要的东西，那又如何能够交换呢？古代历史上长期存在过农耕民族与游牧民族之间的冲突、融合，其原因也基本在此。不同古代文明之间的冲突与分合，其原因也基本在此。

如果进一步追问，异同与一多在逻辑上是处于一种什么样的关系呢？答案应该是，如果在同一的属（genus或译种）概念之下诸种（species或又译属）概念相互之间为异（即种差），那么它们之上的属概念即为同。如果说诸种概念为多，那么属概念本身即为一。因为，我们一旦说道某些事物为异，那就必须问它们何以为异？其实，这也就是在问。你根据何种区分标准指证其为异？而这个区分标准必须是同一的，否则全部事物就会无法分类，就会呈现为杂多（如同康德所说的Manifold）。换句话说，亦即这个区分标准本来就是从这些事物中抽象出来的共同基本属性。例如，考古学家从不同地方的地下发掘出很多经过人工敲击的石块，它们各式各样，经过研究，发现它们都是打制而成的石器，于是考古学家根据制作方法这个同一区分标准把它们称为"旧石器"。不同文化的旧石器为异（种差），而其区分标准即其制作方法为同（同属）。它们之间这样的同与异，才是具有意义的异同。作为不同文化的旧石器，它们是多而非杂多，同时它们都是旧石器，所以又同时为一，为有机的含多的一。又例如，古代希腊有很多城邦，各自独立存在并具有自己的政治体制、社会经济等方面的特点；雅典与斯巴达是其中最大、最主要的国家，而体制上的差异甚大。可是，古代希腊学者（包括史学家、哲学家）都认为它们在政治上同属于城邦型的国家，而且把斯巴达的黑劳士（Helot）与雅典的奴隶同样称为奴隶。同样都是城邦型的国家，亚里士多德又把它们分为六个具体类型，即三个正当的：

君主制、贵族制、共和制，三个变态的：僭主制、寡头制、平民制。这些依据逻辑的区分，是以历史的事实为根据的，并非玩弄概念。可是，正是由于有了这样的一些区分，我们才看清了各个希腊城邦之间的异同；也正是由于看清了各个希腊城邦之间的异同，我们才能从多中看到一，从政治上从来不曾统一的希腊诸邦中看到了一个"希腊世界"。所以，如果我们想很好地研讨古代史之所以能够作为世界史，那么，看来自觉的逻辑意识还是具有相当重要的意义的。如何才能提高我们的历史研究中的自觉逻辑意识呢？那么，历史的比较研究，看来应该既是提高自觉逻辑意识必不可少的前提，也是历史学训练方面的一个重要的基础。

这一篇小文，没有具体的微观研究的内容，而主要是谈了个人的许多一管之见；不过这些管见积累于心已经多年，并非临时即兴而发。由于这些想法并不成熟，多年未敢轻言。现在，欣逢《世界历史》创刊"三十而立"大庆，承蒙编者厚意约稿，用敢不辞谫陋，谨抒愚见，既以为《世界历史》寿，亦以就教于各位专家与读者。如蒙有所赐教，则不胜感激之至。

历史的比较研究与世界历史①

历史的比较研究，不论在国外还是国内，现在都是一个比较热门的研究取向。世界历史（World History）或者全球史（Global History），现在也是一个日益为人们重视的研究领域。其实，比较研究作为一种方法，几乎和历史学一样的古老；而世界历史的写作，也在很早的时期就是历史学家的一种高尚的理想了。希罗多德（Herodotus）所写的《历史》虽然以希腊波斯战争为主题，但是它也涉及当时他所知世界的历史。司马迁所写的《史记》虽然以当时的中国通史为基本，但是也涉及当时他所知的世界；而且，以后的中国历代的"正史"，大多数都继承了《史记》的做法。当然，这些都不是世界史，而只是一种史家注意周围世界的倾向；真正叙述全世界历史的书的出现，在时代上则要晚得多。因为在世界范围的联系出现以前，要求写真正的世界史，那实际是不可能的。而且，如果按严格的要求来说，即使晚近某些以"世界史"为题的书也未必真能算得上是世界史。这一篇小文的目的，就是要谈谈历史的比较研究和严格意义上的世界历史的关系。

比较研究（Comparative study）就是对于不同对象进行的互

---

① 原载《北京师范大学学报》（社会科学版），1996年第5期。

为参照的研究,在一般情况下多用来说明对同时并列的诸对象的研究。"比较"一词,英文作Comparison,法文作Comparaison,德文作Komparation,皆来自拉丁文Comparo,这个字由com和paro组成,前者意为"共同",后者意为"并立""平列"等,原有不同事物之间的"联结""结合"的意思,引申而为"比较""对照"的意思。在中国文字里,情况也很相似。"比"字在甲骨文和金文里与"从"字不分,都是两个"人"字并列,所以"比"字原意本是"并列";《说文解字》把"比"字和"从"字分开(只是两个"人"的方向与"从"字相反),解释说"比,相次比也。"这也就是并列的意思。而"较"字却是"对照"的意思,例如,《老子》第二章:"长短相形",王弼本作"长短相较"。"形"与"较"(与"校"相通)在这里都是对照、参校的意思。所以,在中国语言里,"比较"也是由并列而引出对照、比较的意思来的。

"比较"这个词虽然产生于同时并列的事物之间,但是它一旦作为一种方法用于历史的研究上,就在原有的同时比较之外,又加上了历时性比较的方面。比较研究的基本功能不外乎明同异。横向的共时性(Synchronic)的比较说明不同的国家、民族、社会集团等之间在同一历史时期中的同异,纵向的历时性(diachronic)的比较说明同一个国家、民族、社会集团等在不同历史时期中的同异。前者说明历史的时代特点,后者说明历史的发展趋势。历史的比较研究,从总体来说,就包括这两种取向。

以上说到历史比较的功能在于明同异,其实,同异也是历史的比较研究赖以实现的前提。历史时期相同,不同的国家、民族、社会集团等之间的比较才是有意义的,而同一个国家、民族、社会集团与其自身没有比较的价值。这就是说，无异之同不具有比较研究的条件。历史时期不同，同一个国家、民族、社会集团的前后比较是有意义的，而不同的国家、民族、社会集团之间就没有比较的价值。这就是说，无同之异也不具备比较研究的条件。总之，有相同，才能比其异同；有相异，才能比其同异。所以，不同时期的不同国家之间，一般说来虽然不具有可比性，但是，只要从一个相同的角度去看，其间仍然是可以比较的。例如，西周时期的中国与中古时期的欧洲，主体非一，时代不同，本来不具有可比的条件；可是，只要我们注意到二者皆有分封制度，那么其间的异同就颇有可研究的了。又例如，近代美洲的易洛魁人与古代希腊人、罗马人本来并无相同之处可以构成比较的条件，但是，当人们注意到它们都有氏族、部落制度，那么其间的异同也就大有可研究的了。这就是说，以上所举的两个例证虽然主体不同，时代也不同，但是其可比性在于其间可能有在历史发展阶段上的相同。这种相同不是绝对意义上的时间相同，而是相对意义上的时间相同。这也是一种横向的比较，一种相对共时性的异体比较，而其作用却有助于我们理解历史的纵向的发展趋势。应该说明的是，这样的比较研究，能够给予我们的启发性与危险性都比较大，所以运用时必须十分谨慎。

现在我们再来考察历史的比较研究与世界历史的关系。

第一，"世界历史"首先是由多而一的历史。世界历史，顾名思义，它就不是地区、国别史；不过，它又不能没有地区、国别史的内容作为基础。因为，自从有史以来，这个世界就是由各个地区和国家构成的，所以没有各个地区和国家的历史，也就不会有世界的历史。那么,是否把一切地区、国家的历史加在一起,就成了世界历史呢?不是,那样加起来的只能是地区、国别史的总集或汇纂。若干个"一"用算术的方法加在一起,那所得到的只能是某一个多数,而不可能是"一"。可是,世界历史作为全世界的历史,它必须是一个整体,必须是"一"。我们可以把各个地区、国家的"一"名之为"小一",而把世界的"一"名之为"大一"。"大一"由诸"小一"集合而来,从这一角度来看,它是"小一"的继续;但是诸"小一"集合的直接结果只能是多,只能是一种量变。要使诸"小一"的集合成为"大一",那必须是一种质变,必须经过否定(negation)或扬弃(aufhebung, sublation)的过程。那么,我们应该怎样来说明这个过程呢?我以为,这可以从两个方面来分析。

一则,这个过程说起来似乎显得抽象,其实作为历史考察的实践来说,只不过是要求我们把看问题的角度变换一下:当我们研究地区、国别史的时候,我们眼中的认识单位是一个个的地区、国家,它们是作为"一"出现的;而当我们研究世界历史的时候,我们眼中的认识单位就是整个的世界,它才是作为"一"出现的。每一位具有历史研究的经验的学者都会知道,由于看问题的角度的这一变化,地区、国别史的研究将会与世界历史的研究有多大区别。在此不须赘述。

二则,由诸"小一"经否定而达到"大一"的过程,在逻辑上就是抽象(abstract)的过程。而所谓抽象,就是从许多对象中舍弃了它们的特殊性(speciality)而抽取其一般性(generality),从而在舍、取并行的过程(即否定或扬弃的过程)中达到了由特殊而一般的境地，同时也就达到了由"多"而"一"的境地。按诸事物各自的特殊性即是其相互之间的异，而诸事物的一般性亦即其相互之间的同。所以，不辨异同，就无从进行抽象；而如无比较的研究，也就无从明辨异同。在这里，比较研究的"辨异同"，恰好在方法上构成了世界历史所需的"明一多"的必要条件。这样，我们就作了历史的比较研究与世界历史的关系的第一个方面的论证。

第二，"世界历史"同时又是一中涵多的历史。在我们认识到世界历史必须首先视为一个整体以后，进一步就必须了解这个整体是怎么样构成的。如果我们满足于由抽象达到的"一"，那么这个世界历史的"一"也就成为抽象的无差别的"一"或者纯粹的"一"。这个"一"必然像黑格尔的逻辑的起点的纯粹的"有"（Sein）一样，它在一方面是无所不包的，同时在另一方面又是一无所有的。所以它必然会直接地转化为无。按照逻辑学的规则，一个概念的抽象程度越高，它的外延就越大，同时这个概念的内涵也就越少。概念的外延与内涵成反比。一旦世界历史的"一"的抽象程度到了最高点，它作为概念的外延便接近于无穷大，相应地它的内涵也就接近于零了。内涵接近于零的世界历史，就不成其为历史；它不可能作为实际的历史存在，也不具有存在的价值。

这个道理说起来又似乎很玄虚，其实早在2000多年以前，古代的思想家们就都对此有了明白的说明。古希腊哲学家柏拉图在其所作《巴曼尼得斯篇》中曾经以严密的逻辑论证了绝对纯粹的"一"是不可能存在的。不过，我们最好还是用比较形象的方法来说明这个问题。例如,《左传》昭公二十年记载了齐国的晏子与国君的一段对话,大意是:齐景公对晏子说:"唯据(指他的宠臣梁丘据)与我和夫。"晏子回答说:"据亦同也,焉得为和?"齐君说:"和与同异乎?"晏子说:"异。"以下他就举了一些例子,譬如,厨师做菜,要用各种不同的材料和调味品,加以调制,才成了美味佳肴;乐师奏乐,要用各种乐器、音调、节奏,加以谐调,才能奏出美好的音乐。所以,在君臣之间,也必须有不同意见的商榷,然后才能有良好的政治。最后他说:"今据不然。君所谓可,据亦曰可。君所谓否,据亦曰否。若以水济水,谁能食之。若琴瑟之专一,谁能听之。同之不可也如是。"晏子把无差别的"一"或同叫作"专一",而有差别的"一"或和照理应该称为"和一"。他说的"专一"之不可取,其道理实际也适用于世界历史。

以上我们把世界历史理解为"一",是从各个地区、国别的历史中抽象出同而加以概括(generalization)的结果。不如此,我们从世界各地、各国看到的就是杂乱无章的一大堆事情,就没有世界历史。同样,如果把世界历史就看作抽象的同一,那么整个世界上的事情又变成了一大口袋马铃薯。从外表的口袋(抽象)来看,它是"一";而从其内容(具体)来看,它们仍然是一堆杂乱无章的多。如果要想把世界历史看成有机的"一",那么势必要把认识再深入一个层次,由抽象再上升到具体。那也就是从同中再看出异来,看出那些各异的部分是怎么样既互相拒斥又互相渗透地构成为有机的一体的。这就是晏子所说的"和",亦即包含了异的同或者包含了多的一。

怎么样才能使认识深入一层次,从而由同中再看出异来?这里所需要的就是比较研究的深入一个层次。譬如,在古代的许多地区都曾有过以城市为中心的小邦,通过比较发现了这一共性,是有意义的;但是还必须作进一步的比较,看出它们的差别以及如何在差别中构成一个时代的总面貌的。这样我们才能算是了解了这个时代。所以,只要有了比较研究的同中见异,也就有了世界历史的多样统一的活生生的"一"。可见,历史的比较研究在方法上又可以成为世界历史所需的"明一多"的充分条件。这样,我们就又为比较研究与世界历史的关系作了第二个方面的论证。

在实际的世界历史研究中,我们时常可以看到人们在认识发展上的三个阶段:开始时我们看到的都是"异",甲国和乙国不同,乙国又与丙国有异。在整个世界上没有一处完全相同,正如没有两个人完全相同一样。继而经过比较,人们又会发现,不同国家之间原来在甲方面有相同之处、在乙方面又有相同之处,以至有多方面的相同之处。于是,人们的认识就达到了由异而同、由多而一的阶段。再进一步,人们不能满足于抽象的"一",就又经过比较而认识到世界正是一个多样统一的有机整体。这样就完成了对世界历史的一次完整的认识过程,而且这样的认识过程实际是需要不断深入进行的。而全部这样的认识过程都必须也必然是在比较的研究中实现的。有时不免会有两种不同的倾向:一种是初步一比,就断言世界的各个地区、国别的不同,从而否认世界历史的发展有其一般的规律;这种情况,如果用荀子的话来说,就是有所"蔽",蔽于异而不知同。另一种是通过比较而看到了各个地区、国家的共同性,继而又忽视了世界的多样同一性;这种情况,如果用荀子的话来说,也是有所"蔽",蔽于同而不知异。这两种情况在世界历史的研究进程中的出现是难免的,不过这不是比较研究的过错,而毋宁是比较研究半途而废的失误。只有在不断深入的比较研究中,我们才能达到世界历史研究的不断深入。

以上从"同异"与"一多"的逻辑联系探讨了历史的比较研究与世界历史的关系,下面再就关于世界历史的一些具体问题谈谈它与比较研究的关系。

第一个问题是,我们知道,"世界历史"既是在比较中逻辑地存在的,又是在联系中现实地存在的。那么,这两种存在之间的关系又是什么?通常我们可以看到"世界历史"被学者们分为两大阶段,其间以公元1500年左右的新航路的发现为界。这种分期的标准是全世界范围内各地区、国家间的实际联系的开始。在此以前,世界尚未形成一体,如果说有"世界历史",那也只能是它的准备时期或潜在阶段。而在此以后,世界就真正逐步地走向一体化,以至于终于达到密不可分的程度。这种说法当然是有道理的,因而也为人们广泛地接受了。那么,在这样的世界历史分期中,比较研究的作用和意义又是什么?如果用一个比较简单的方法来回答,那就是:世界各地、各国间的现实联系的研究可以告诉我们这个过程是什么样的,而比较的研究则可以告诉我们它为什么是那样的。

现在我们可以作一些具体的说明。从人类文明在几个大河流域开始出现,到15世纪末的新航路发现,经历了一个漫长的历史过程。最初的古老文明好似广阔无垠的野蛮的沙漠中的几点绿洲,是互相隔离的。逐渐地文明的城市与其周边的地区在经济和文化等方面有所对流,于是文明的外缘不断向外浸润,以至逐渐一些距离较近的文明之间联成一片,形成了古代近东、古代印度、古代中国等几个文明的中心区,稍后又形成了古希腊、罗马文明中心区。这些文明中心区之间有着东西间的联系,同时又与它们北方邻居的游牧部落之间有着南北的联系。正是这些联系及其不断的进展,才使得以后全世界的联系逐渐成为可能的。那么,为什么在古代的东西之间、南北之间会有种种交往和对流呢?让我们假设在它们之间没有差别或者说完全相同,那么相互间的交往或对流就没有必要或者说失去了真正的意义,当然也就不会发生;试想,如果在物质生产上双方完全相同,那么它们之间还有什么可以交换?用相同的货物交换,如果不是白痴又有谁会这样做呢?在文化、艺术等方面无不如此。只有在相异文明之间,才会有交流,才会有有意义的交流。为了说明不同文明之间的交流之所以发生,就不能不分析其间之异;而要分析其间之异,就不能没有比较的研究。再让我们假设在不同的文明之间存在着完全的异或者说达到了无共存条件的境界,那么在它们之间又用什么来进行相互间的交流?用货币?相互间没有共同的、至少可以相互沟通的货币;用货物?彼此之间没有相互需求的东西。在这样的情况下,如果不是白痴,又有谁会从事这种从根本上就是不可能的交往和对流呢?所以,要实现不同文明之间的交往和对流,除了双方必须有异之外,还必须双方之间有同。为了真正理解不同文明之间的交往和对流的产生原因,就不能不分析其间之同；而要分析不同文明之间的同，那就又不能不进行比较的研究。总而言之，不进行比较的研究，就不能明白古代的没有全球范围联系的世界为什么会变成这样全球沟通的世界。

那么，是否到了全球范围联系的世界出现以后，比较的研究就没有必要了呢？不是，而且更加必要了。当今的世界固然已经是一个联结为一体的世界，其所以能成为一体，无疑是因为各国之间有了越来越多的多方面的联系。为什么会有这种联系加多并加深的现象出现呢？因为其间有了越来越多的共同利害关系，因为其间有时代上的趋同性；而要了解这种趋同性的发生，我们就不能不进行比较的研究。同时，当今已经有多方面一体化了的世界难道就没有了差别？东方与西方的差别，南方与北方的差别，依然明显地存在着。不了解这种差别，就不能了解这个世界是怎么样现实地构成的，同样也就无从了解这个世界上的各种利害关系的真实背景和本质。所以，为了认识这个已经一体化了的世界，除了其间的同以外，还不能不了解其间的异；而要了解其间的异，这就又不能不作比较的研究。不如此，就不能了解这个世界的发展动向。

以上说了比较研究对于古今世界历史研究的必要性，现在再从另一个层面或者更原则的层面来说一下这种必要性所以会发生的原因。不论古今，历史发展的纵向趋势，总是由各个时期的人类社会中的不同群体之间的横向关系的发展来推动、来制约的。要了解一个时期的不同群体之间的关系的发展，就必须了解其间的异同；而要分析这种异同，就不能没有比较的研究。所以说，比较研究的重要性就植根于历史发展的这种横向关系推动并制约纵向趋势的基础上。

第二个要谈的问题是,我们知道,大概还没有一部称为"世界历史"的书真正能够把地球上一切国家、民族的历史囊括无遗。要说明这种现象出现的原因,就不能不回答以下两个问题。

这里需要回答的第一个问题是,那种无所不包的"世界历史"在实际上是否可能?看来这个问题比较容易回答,答案就是"不可能"。这有两个原因:一方面,并非一切国家、民族都有自己的历史记录;对于没有历史记录的国家、民族,自然也就无从撰写它们的历史。这对于历史学家来说,可以说是客观方面的不可能。另一方面,如果要求把一切有可能撰写的国家、民族的历史写入世界历史之中,并且写清楚了,那么这部书的篇幅将是何等巨大,实在难以实现;假如每一个国家、民族只写一点,那样就会成为一堆杂拌,从而没有价值,同样难以实现。这对于历史学家来说,可以说是主观上的不可能。

这里需要回答的第二个问题是,那种无所不包的"世界历史"在科学上是否必要?看来对于这个问题的答案应该是"没有必要"。因为以前我们已经说过,"世界历史"是世界作为"一"的历史,不是各个地区、国家、民族的历史的算术上的总和。它之作为"世界历史",那只是从全世界发展的角度来观察历史的结果。如果作一个生动一点的比方,那么"世界历史"并非一只用工笔方式画出来的鸟,不求每一片羽毛都画出来;其实,就是在工笔画里,也不可能把一只鸟的每一片羽毛都画出来。"世界历史"只能是写意画,而且永远只能是写意画,当然其中还有大写意与小写意的区别。那么，什么是作为写意画的"世界历史"的特点呢？我想，那应该有这样一些基本的要求，即比例适当、重点突出、动态鲜明，这样就能达到总体上的神似。要写这样一部"世界历史"，所需的倒不是数量上的齐全，而毋宁是在结构上成为有机的整体。既然要把世界历史当作一个结构来考察，那就不能不在内容上有重有轻、篇幅上有详有略。必须承认，在不同的历史时期，世界的历史上有不同的中心；既然不同时期有不同的中心，那么也就承认了世界历史上的中心的转移。既然承认了世界历史上有中心和中心的转移，那么就不能不辨别中心与非中心的区别，不能不作出选择。而要作辨别与选择，就不能没有比较的研究。这也就是说，从"世界历史"的写作的角度看，比较的研究也是必不可少的。

　　文章写到这里，我想应该作一个简要的说明以作为结束。以上都说了历史的比较研究对于世界历史的重要性，以至说到前者是后者的必要条件，并在一定前提下（就世界范围作比较研究）是后者的充分条件。且不管我说的是否正确，那总容易给人一个印象，以为我是把比较研究看成能解决全部历史问题而无任何局限性的。其实不是这样。我是认为历史的比较研究也是有其局限性的。关于比较史学的局限性，前人已经从不同角度有所讨论；这里且不去论他们的是非，而只是以最扼要的方式表述一下个人的看法。我认为，历史的比较研究的局限性，就在于其自身离不开有意识的角度选择。因为，既有角度的选择，就必然有视域的规定性。而规定即否定，在选定视域以外的，自然就是被忽略了的。因此，如果我们不是清醒地认识这种局限性的存在，那么就必然会把自己一时比较研究所得视为绝对真理，从而陷于一种盲目自信的状态。世界历史可以选择的比较研究的角度是难以限定的。随着条件的变化和发展，人们会不断发现新的比较视角。所以，历史的比较研究不是可以一次完成的，世界历史也不是可以一次写定的。这也可以说是一种历史主义的态度吧。

论通史[①]

一、问题的提出

"通史"一词,大家都很熟悉。例如,在书店里常常看到以"中国通史""世界通史""欧洲通史"等为题的历史书籍,大家见了都觉得能知道它们的内容大概都说什么,而不会有疑问。又例如,在大学里,通常开有"中国通史""世界通史"等课程,大家一看也都很明白,知道那不是某朝某代或者某一时期的"断代史",也不是某一专门史。所以,看起来其中并没有什么问题。

可是,当我们把一些译名为"通史"的外文原书拿来一对照,就会发现事情有些蹊跷。例如,海思(Hayes)等人所编的 World History 就曾经被译称《世界通史》,其实只是《世界史》(后来的译本已经改作《世界史》)。鲁滨逊(Robinson)等人所编的 A General History of Europe 在过去曾被许多学校用作教材,通常被人们称为《欧洲通史》,其实也只是《欧洲(全)史》。斯塔夫里阿诺斯(Stavrianos)所编的 A Global History 现被译为《全球通史》,其实只是《全球史》。过去苏联科学院编的多卷本 ВСЕМИРНАЯ ИСТОРИЯ 被译称《世界通史》,其实也只是《全

[①] 刘家和:《论通史》,原载《史学史研究》,2002年第4期。

世界史》。如此之类的例子很多，原来中译本书名上的"通"字都是我们中国译者自己酌情加上去的。加了，肯定符合我们中国人的口味，便于我们了解它们不是断代史或专门史。但是，不加"通"字更符合原书特点。还有从另一个角度来看的例子，如白寿彝教授所主编的《中国通史纲要》，英文本就译为An Outline History of China，变成了"中国史纲"。当年此书英译本稿子出来时，曾经拿来让我看看对译文有没有什么献疑。我看了书名的这样翻译也觉得很自然，无可非议。可是，事实上是丢了一个"通"字。白先生很重视这个"通"字，可是我竟然没有能力让英译本把这个"通"字加上去。此事过去已20年，至今我还是不知道怎样加这个"通"字。为什么呢？因为，在西方甚至俄罗斯的历史书名里，一个国家的历史就直接以国家名冠于"史"字之前（当然也有因语法习惯而置国名于后者，不过意思一样），虽然那本历史书在时间上贯彻古今，仍然如此；其为断代史者，则往往于书名题下注明起讫年代，即何时至何时的某国历史。总之，非断代的某国历史，也只称为某国史，并无某国"通史"之说。英文书里既然无此习惯，我们的中文书译为英文当然就不好生造某一个英文的"通"字加上去了。这件事在我的头脑里形成了一个问题，为什么中西之间会有这样的区别呢？这一篇小文就来谈谈这个问题。

二、一些可能与"通史"有关的西方词语和中文里的"通史"之异同

首先让我们逐一地考察一下有关的西方词语。为方便计，以

英文为主，偶尔附以其他西文。

1.General history：这个词最容易在中文里译为"通史"。其实，general 来源于拉丁文的genus，原意是种、类（kind、class），凡同种、同类之集合即可以此词表达之，所以有"全体的""普通的""总的""一般的""概括的"等意思。在一般的英文书目里，凡是在 general 项下的都是一般性的、概括性的书籍，以别于专门性的、原典性的书籍等。历史书而冠以此词者，即指内容为一般性、综括性的，如前述的 A General History of Europe，就是所述非指欧洲某一国或政治、经济、外交某一方面而言的综合概括的欧洲历史；其他某一地区、某一群岛或某一族属之人的历史也有冠以此词者。此类书中的确也是包括了从古到今的内容，不过这一点不是这个词的重点意义所在。

2.Universal history，即俄文之ОБЩАЯ ИСТОРИЯ、德文之 allegemei ne Geschichte：这个词也是最容易译作"通史"的，不过它很少用在历史书名上，却常用于关于历史学的讨论中。例如，康德在《世界公民观点之下的普遍历史观念》的"命题九"里就说到了"普遍的世界历史"。① 何兆武教授在此词下作了这样一条译注："'普遍的世界历史'一词原文为 allegemei ne Weltgeschichte，相当于英文的 universal history，或法文的 histoire universelle，字面上通常可译作'通史'；但作者使用此词并不是指通常意义的通史或世界通史，而是企图把全人类的历史当作一个整体来进行哲学的考察，故此处作'普遍的世界历史'以与具

---

① 康德：《历史理性批判文集》，何兆武译，北京：商务印书馆，1991年版，第18页。

体的或特殊的历史相区别。"在这里,何兆武教授一方面说明这个词"字面上通常可译作'通史'",①另一方面,他又准确地把"普遍史"(或译"普世史")与我们常用的"通史"作了区分。我觉得他的这一番解说很好。因为,一方面,既然是"普遍的历史",那么就应该包括时间上的普遍性。例如,克罗齐就曾经说:"普遍史确乎想画出一幅人类所发生过的全部事情的图景,从它在地球上的起源直到此时此刻为止。事实上,它要从事物的起源或创世写起,直到世界末日为止,因为否则就不成其为真正的普遍了。"从这一段话看,他是把普世史当作包括一切时间在内的历史了。不过,他明确地认为,这样的普世史是不可能有的。而当他随后给普世史举例的时候,所举的就是波里比阿所著的《历史》(*The Histories*)、奥古斯丁所著的《神国》(*Civitas Dei*,或译《上帝之城》)和黑格尔的《历史哲学》。②在其中,波里比阿《历史》所述主要是第一、第二两次布匿战争间事,历时不过70余年,加上其绪论所涉也不过百余年,所以照中国传统看来,那只是断代史;但是此书涉及罗马所征服的地中海世界,所以仍然被视为普世史。奥古斯丁书实际是以基督教为主轴的世界史。黑格尔的《历史哲学》也是世界史,他本人在此书的开头一句话就是说自己

---

① 例如:在何兆武、张文杰译:《历史的观念》,北京,中国社会科学出版社,1986年版,第1页第6行提到"通史或世界史",第209页第3行提到"普遍历史",第4行又提到"通史"。这里的"通史"在 柯林武德 [R. G. Collingwood] 原本 *The Idea of History*, Oxford, 1956, p.1; p.264里,都和"世界史""普遍历史"同样是 universal history。
② B. Croce: *History*: *Its Theory and Practice*, trans. into English by D. Ainslie, Oxford, 1946, pp.56-57. 傅任敢译:《历史学的理论与实际》,北京,商务印书馆,1982年版,第39、40页。

的讲演题目是philosophische Weltgeshichte，即哲学的世界史。所以，严格地说，普世史的关键在普世或空间方面。何兆武教授的论述的确是很有启发性的。按universal 来源于拉丁文之universus（unus+versus），unus的意思是"一""同一"，versus（由verto变来）的意思是"转动"，一同转动的当然只能是一个整体，所以它的意思是"全体的""普遍的""共同的"等，因此这种史重在空间之同一，与我们说的"通史"之重在时间之连续，实有不同。

3.Global history：这个词的意思很明确，即全球史。按global 来自名词globe（意思为球），而这个英文词来自拉丁文里的 globus，意思就是球或球形物。这个词在这里只能指全球的历史，重在空间范畴里的同一性。如果说这也是"通"，那么这种"通"就是空间上的横通，也异于我们所说的"通史"之"通"。

4. Ecumenical history：英国哲学家兼历史学家柯林武德在其《历史的观念》一书里提到了"普世历史"（ecumenical history）即"世界历史"（world history）在古典时期并不存在，而是到了希腊化时期才出现。①这里的"普世历史"就是世界史。按柯林武德已经指出，这个词来自希腊文的ηοικουμενη（而此词又来自οικεω，意思就是"居住"），ηοικουμενη就是 the whole habitable globe，就是人之所能居住之地，就是"维民所止"（《诗·商颂》语）。这种世界史，也与我们所说的通史不同，至少不完全相同。

5.Total history：法国思想家福柯（Foucault）在其《知识考古学》中以"整体历史"（total history）与"综合历史"（general

---

① *The Idea of History,* Oxford, 1946, pp.31—33.何兆武、张文杰译《历史的观念》，第35—37页。

history）相对立，认为："整体历史的设计是，寻求重建一个文明的总体形态、一个社会的物质或精神的原则、一个时代的一切现象所共有的意义、它们凝聚的法则，即可以隐喻地称为一个时代'面貌'的东西。""一项整体的叙述，围绕着一个单一的中心——一个原则、一种意义、一个精神、一种世界观，一个笼罩一切的形式，来描画一切现象；恰好相反，综合历史则使一种分散的空间疏离开来。"①福柯所反对的"整体历史"实际上就是把一个时代的多整合为一的历史，并非我们所说的"通史"；而他所主张的"综合历史"也不是第一项里所说的general history，所以更与"通史"无缘。按 total history 一词中的 total 来自拉丁文的 totus，它的意思是"全部"或"整体"。所以，从字源来看，它也是各部分之合为整体，并无我们所说的"通"的意思。

以上对西方可能与"通史"有关的一些词作了一番讨论，现在再看一看中国人所说的"通史"中"通"字的含义为何。中国之有通史，自司马迁作《史记》始。其书始自黄帝，迄于汉武帝太初之年，概括当时所知各代之史。不过，司马迁不自以通史为其书名。唐代史家刘知幾在《史通·六家》中专列史记一家，以为梁武帝命群臣（吴均为主）撰《通史》，"大体其体皆如《史记》"，这就是说，以《史记》为通史家之开山。②刘知幾以后，唐代杜佑作《通典》，为典制体通史；宋代司马光

---

① *The Archaeology of Knowledge*, trans. into English by S Smith, New York, 1972, pp.9-10. 刘北成：《福柯思想肖像》，北京：北京师范大学出版社，1995年版，第166—167页。

② 浦起龙：《史通通释》，上海：世界书局，1935年版，第1卷，第9页。

作《资治通鉴》，为编年体通史，郑樵作《通志》，为纪传体通史；宋元之际马端临作《文献通考》，为文献专史体通史。总之，通史之所以为"通"，与其体裁之为纪传体、编年体或为何种专门史体毫无关系，关键全在时间上的朝代的打通。有了时间上的通，就叫作"通"史。

按"通"字，《说文解字》："达也。"①在经传中，通与达互训的例子很多，一般都是通（达）到的意思。"通"的反义词是"穷"，《易·系辞上》："往来不穷谓之通。"不穷，就是无穷无尽、无止无终，也就是通。"通"字本来是指空间意义上的由此及彼，而空间上的往来不穷又是在时间里进行的，因而也就变成了时间上的连续不断。"通"字用之于在时间中运行的历史，于是"通史"之"通"，主要即指时间上的连续而言。

这样我们就看到了中国与西方史学传统中的一个有趣的区别：同是通古今的史书，在中国就都称为通史，在西方则必须是带有普世性或区域群体性的才称作global history、general history、universal history，单一国家的历史虽通古今也不冠以一个表示"通"（中国人心目中的通）的字眼。可见中西之间有着重通史与重普世史的特点之不同。西方所重的是普世史的特色，而中国所重的是通史的特色。普世史固然必须以时间为经，但其重点却在共时性的普世的空间之纬；通史固然必须以空间为纬，但其重点却在历时性的时间之经。我想这也应该是中西历史学的传统上的一种不同吧。

---

① 段玉裁：《说文解字注》，上海：上海古籍出版社，1981年版，第71页。

三、"普世史"与"通史"两种史学传统试析

以上谈到西方的普世史传统与中国的通史传统,现在自然有必要说明这样两种不同传统在古代的产生,及其所以产生的原因。这里的说明将分三部分来进行:第一,略述西方的普世史传统的产生;第二,略述中国通史传统的产生;第三,试对两种传统作一些比较的分析。

第一,西方史学源于希腊。希腊古典时代史学开山大师希罗多德(Herodotus)所著《历史》和修昔底德(Thucydides)所著《伯罗奔尼撒战争史》对古代希腊、罗马的,甚至以后的西方史学都留下了深刻的影响,也可以说他们是开创西方史学传统的人。希罗多德的书所述内容是希腊—波斯战争的历史(其中有关于古代一些东方国家的历史传说,但并非基本内容),是与史家本人同时代的历史;修昔底德的书所述内容是伯罗奔尼撒战争的历史,也是与史家本人同时代的历史。他们所写的内容有些是从直接经历其事的人那里了解来的,有些甚至就是史家自己亲身的经历。黑格尔把这种历史称之为"原始的历史",说:"这样的原始历史家把他们熟知的各种行动、事情和情况,改变为一种观念的作品。所以这种历史的内容不能有十分广大的范围。……在他所描绘的一幕一幕的剧情中,他本人曾经亲自参加做一名演员,至少也是一个休戚相关的看客。他所绘画的只是短促的时期,人物和事变的个别的形态,单独的、无反省的各种特点。"① 这样

---

① G.. W. F. Hegel: *The Philosophy of History*, trans. into English by J. Sibree, New York, 1956, p.2. 王造时译:《历史哲学》,北京:生活·读书·新知三联书店,1956年版,第40页。

的"原始史"就是当代史,用我们的说法也可以称为当代的"断代史",总之,那不是通史。希腊古典时代是城邦时代,没有普世的观念,也没有普世史。正如上文已引柯林武德所说,从希腊化时代开始,包括罗马时代,随着城邦制的没落,普世史开始出现。在这一时期最具代表性的普世史当推波里比阿的《历史》和李维(Livy)的《罗马史(建城以来)》(*Ab Urbe Condita*)。

波里比阿的书,是断代性的罗马世界帝国形成史,当然是普世史,已如上述。而李维的书叙述自公元前8世纪罗马建城之年(B.C. 742)至公元初奥古斯都时代(A.D. 9),从编撰体例来说应当是编年体的通史(今本已多有残缺)。美国历史学家巴恩斯曾说:"李维是最伟大的古今一切故事叙说者之一,他的书是罗马国史巨著。它是关于罗马世界国家成长的一部宏富的散文史诗。"①这就是说,李维的《罗马史》虽时历古今,但其重点在罗马国史,而这个罗马国家又是一个世界帝国,所以,在西方史学传统里,它仍然被列为普世史。

黑格尔把这种普世史列为他所说的"反省的历史"的第一种。②他在分析普世史的特点时说:"在这里,最主要的一点,就是历史资料的整理。进行工作的人用了他自己的精神来从事这种整理工作;他这一种精神和材料内容的精神不同。"黑格尔还以李维为例,说他以自己的精神写往古历史,让古代的历史人物说起话来就像他那个时代的人一样。那么,怎么办呢?黑格

---

① H. E. Barnes: *A History of Historical Writing*, New York, 1963, p.37.
② 按黑格尔把历史分为:原始的历史、反省的历史和哲学的历史,而反省的历史又分为四类,即普世的历史、实验的历史、批评的历史和专门的历史。

尔又说:"一部历史如果要想涉历久长的时期,或者包罗整个的世界,那么,著史的人必须真正地放弃对于事实的个别描写,他必须用抽象的观念来缩短他的叙述;这不但要删除多数事变和行为,而且还要由'思想'来概括一切,以收言简意赅的效果。"①这就是说,李维的《罗马史》虽然时贯古今,其精神却都是李维时代的,也就是说无变化的。在黑格尔看来,普世史只能是抽象概括的,如果要写出发展,那只有他的哲学的历史才能完成任务。李维的书时贯古今而无古今之变,这样,与中国的强调"通古今之变"的通史就又显然有所不同了。从维柯(G. B. Vico, 1668—1744, 意大利哲学家)开始,历史发展的思想在西方史学中日益发展,黑格尔的《历史哲学》可以作为其中一部出色的代表作。不过,黑格尔的《历史哲学》在讲历史的发展时,坚持以世界史或普世史(即东方、希腊、罗马和日耳曼世界所谓四个帝国)为其框架,所以整个世界史成了有发展的通史,而构成其世界史的各个国家或地区却没有了自己的通史,例如,在他的《历史哲学》里,中国就只有头而无尾(中国有了一个开头以后就只能派一个原地踏步不动的角色),而日耳曼世界在本质上又只有尾而无头(在他那里日耳曼世界所注定要扮演的只是世界精神发展最高阶段的化身)。因此,黑格尔的"世界历史"虽然有其通的内容,本身仍然是一部普世史。可见普世史的传统在西方还是影响深远的。

第二,中国史学源于先秦时期,其最初的萌芽是《尚书》。《尚书》里的《周书》诸篇,皆当时政治文献,如果作为历史,那

---

① *Philosophy of History*, pp.4-5.《历史哲学》,第42、43页。

就应该属于"原始的历史"。例如周公在许多篇文告中所述,作为当时之人以当时之精神论当时之事,当然是黑格尔所说的"原始的历史"。不过,他有一个特点,就是在论当代事情的时候不断反省历史,总是爱把古今的事联系起来,考察它们之间的变中之常和常中之变。在他向殷遗民发表文告时,面对的问题是:殷商原来是"大邦""天邑",是诸侯的共主(天子),周原来是"小邦",从属于殷商,可是这时周却以武力取代了殷商的地位,怎样才能使殷遗民心服?针对这个问题,他解释说,殷商原来的确是受"天命"的"天邑",因为"自成汤至于帝乙,罔不明德恤祀",可是到了纣的时候,情况变了,纣严重失德。因此,周才代殷而受"天命"。而且,"惟尔知,惟殷先人有册有典,殷革夏命"。你们先人的史册上明明记载着,当夏代君主从有德变为无德的时候,你们的先祖成汤不是也曾革过夏的命吗?(《尚书·多士》,类似思想还见于《多方》等篇)周公的这些话并非只是说给殷遗民听的,在《无逸》篇中对成王、在《康诰》《酒诰》中对康叔也用同样的历史材料说明了同样的思想。所以,他所说的历史是大体属实的。而他所说的道理则是,夏商周三代的嬗迭是历史之变,而其间兴亡之理又是历史之常;其变是常中之变,其常是变中之常。从这样的角度来看,《尚书·周书》就既是原始的历史,又是反省的历史;而且在反省中不仅看到了常,同时还看到了变。我想,这就是中国史学里通史传统的源头。

到战国初、中期,随着历史的巨变,在《左传》《国语》里屡屡反映出历史之变,而且通过不同人的口说出这种变也属于常理。例如,《左传》(昭公三十二年)记史墨对赵简子论鲁国季氏出其君的事,不仅说明具体的事因,而且说:"社稷无常奉,君臣无常位,自古以然。故《诗》曰:'高岸为谷,深谷为陵,三后之姓,于今为庶。'王(据阮元校勘记,'王'字当为'主')所知也。"①

经过秦的统一到西汉帝国建立,先秦时期的历史局面已经根本改观。司马迁于汉兴70余年后撰写《史记》,就正式把"通古今之变"②作为自己的著作目标之一。《史记》写了君位由禅让而世袭之变、制度由封建而郡县之变、风俗由忠而敬而文之变等,同时也写了变中之不变,而此不变之常即在变化之中。拙作《论司马迁史学思想中的变与常》③对此有较详的说明,此处恕不备论。我们可以这样说,到了司马迁《史记》的出现,中国史学的通史传统,已经不仅在时历古今的体例层面而且在通古今之变的思想层面上基本确立了。

第三,现在再来对中西两种史学传统的产生的哲学思想背景作一些比较的分析。柯林武德在《历史的观念》中指出希腊罗马史学的两个特点是:人文主义(Humanism)和实质主义(Substantialism)。④史学要从神话中走出来,变成人的历史,人文主义自然是必不可少的。在古代希腊罗马,从"荷马史诗"到希罗多德的《历史》,情况如此;在古代中国,从甲骨卜辞到以

---

① 孔颖达:《春秋左传正义》,《十三经注疏》,北京:中华书局,1980年版,第2128、2130页。
②《报任少卿书》,载班固:《汉书·司马迁传》,北京,中华书局,1962年版,第9册,第2735页。
③《北京师范大学学报(人文社会科学版)》,2000年第2期。
④ *The Idea of History*, pp.40-45.《历史的观念》,第46—51页。

人心向背解释天命的《尚书·周书》同样也如此。这是古代中西史学传统相同之点。因为这一点是人所共知的，这里就不再作具体的论述。中西古代史学传统的不同，在我看来，是在柯林武德所说的第二个方面，即古代西方的重实质主义，与中国古代殊为径庭。

柯林武德说希腊罗马史学是实质主义的，这在其《历史的观念》第一编第三节"希腊思想的反历史倾向"里有相当详细的说明。①他说："历史学是关于人类活动的一门科学；历史学家摆在自己面前的是人类在过去所做过的事，而这些都属于一个变化着的世界——在这个世界之中事物不断地出现和消灭。这类事情，按照通行的希腊形而上学观点，应该是不可能的。""他们（指希腊人）完全肯定，能够成为真正的知识的对象的任何事物都必须是永恒的；因为它必须具有它自己某些确切的特征，因此它本身之内就不能包含有使它自己消灭的种子。如果它是可以认识的，它就必须是确定的；而如果它是确定的，它就必须如此之完全而截然地是它自己，以至于没有任何内部的变化或外部的势力能够使得它变成另外的某种东西。"他举出柏拉图对于"知识"（episteme）与"意见"（daxa）的区分作为自己的论据，所谓的"知识"就是对于不变的实质（实质不变）的真知实见，而"意见"则是对应于变动不居的现象的感性的认识而已。所以，实质主义就是反历史主义的。柯林武德还在《历史的观念》第一编第五节里指出了"希腊历史方法及其局限性"。②这就是，希腊人的历史

---

① *The Idea of History*, pp.21-22.《历史的观念》，第22—24页。

② *The Idea of History*, pp.25-28.《历史的观念》，第28—31页。

有待于历史事件目击者的作证,这种方法有助于第一手材料的运用和记载的真实,但是也使史家的眼光无法伸到更古的时代和更远的地方,结果只能写当代、当地的历史。这也就是黑格尔所说的原始的历史了。在柯林武德看来,古希腊人在史学方法上的局限性实与其实质主义思想有关;不过,到了希腊化时代和罗马时代,这种方法上的局限性因世界帝国的出现而有所突破,但是,其实质主义的思想传统则在希腊化和罗马时代的史学领域里继续流传下来。①

与西方古代史学思想传统形成对比的是,古代中国思想家认为,对于当前的历史事件,当然要有、最好要有事件目击者的作证,不过,对于事件本身的认识却不是只凭事件本身就能真正认识到位的。例如,周人伐纣而代殷为天子,这一事件是当时周人和殷人同时共知的,可以信而无疑。但是,怎样才能认识这件事情的本质呢?周公不是去追究某种永恒不变的实质来加以解释,相反,他是从成汤伐桀代夏的历史事件中获得周伐纣代殷的理由或根据的。他是从变化的现象里寻取其背后的本质的。这种本质是变中之常(也是常中有变),不同于希腊人的永恒不变的实质。正如柯林武德所指出的,希腊人看到了世界万事在变,于是就追求其背后的不变的实质,经过抽象而获得的这种实质本身就是抽象的"一",就是在其内部不能有对立方面的"一"。这种形而上学的"一",当然是反历史的。古代中国思想家并非不求

---

① 克罗齐也谈到了古希腊罗马人的"反历史的哲学",不过他是以他们的未能接触到精神概念的"自然主义"来作解释的。*History: Its Theory and Practice*, pp.191-192.《历史学的理论和实际》,第151页。

现象背后的本质（essence, that which makes a thing what it is.或者 das Wesen.），不过他们寻求到的不是抽象的、无差别的"一"或永恒不变的实质，而恰恰相反，是变中之常。中国古代思想家认为，真理不能在永恒不变中去寻求，而只能从变化不居中去把握。《易·系辞上》："一阴一阳之谓道，继之者善也，成之者性也。"对于这一段话，历来解释甚多，愚以为《周易折中》对"一阴一阳"句的案语甚好，案云："一阴一阳，兼对立与迭运二义。对立者，天地日月之类是也，即前章所谓刚柔也；迭运者，寒来暑往之类也，即前章所谓变化也。"[①]万物并无抽象不变的实质，也非抽象的无差别的"一"，而是"一阴一阳"组成的道或本质。这种道或本质包含着对立，所以与西方的实质相反。唯其"一阴一阳"，这样的道或本质就不能不变，也就是不能不迭运。不直接说"本质"而说"道"者，因为"道"兼体用。自其体而观之，道是对立的统一；自其用而观之，道又是迭运和不断的运动的途径。"继之者善"：迭运不穷自然为善；"成之者性"："道"（大一）运成物（小一或具体的一），即成为此物之性，个性犹有道之一体。因此，古代中国人所选择的是与希腊人相反的思想路径，即反实质主义或历史主义。

古代希腊罗马人的史学思想是人文主义加实质主义（反历史主义），而古代中国人的史学思想是人文主义加历史主义（反实质主义）。这一点也就是西方普世史传统与中国的通史传统的区别的渊源所在。

---

① 李光地等奉清圣祖（康熙）之命编撰：《周易折中》，见台北：《景印文渊阁四库全书》第38册，第381页。

四、通史体例与通史精神

我们讨论和研究通史，实际上是在两个既有联系又有区别的层面（通史体例和通史精神）上进行的。从体例层面上说，通史似乎是最容易理解的。一本历史书、一门历史课，只要是时贯古今的，那就是通史。可是，什么是"通"呢？前引《易·系辞》云："往来不穷谓之通。"真正的通，是往来不穷的，因此在时间上是无限的。那么，真有贯通一切时间的通史吗？克罗齐早已说明包罗一切时间的普世史（即我们所说的通史）是不可能存在的（克罗齐说已见前引）。人们根本无法写包括过去一切时间的历史，更不要说写未来的事了。因此，包括一切时间的"通"，在实际上是没有的。我们所看到的一切中外古今的通史，如果按"通"的严格意义来说，那就都成了断代史。例如以通史著称的《史记》，假如只从时间上来看，那也只是自黄帝至汉武帝这一段时间的断代史，它和《伯罗奔尼撒战争史》的区别那也就只在于断代的时间段的长短不同而已。所以，如果只是从撰写体例来看一本书是否通史，深究起来，那还是有难以说清的问题的。换一个角度来说，李维的《建城以来》（《罗马史》），如果只从时间的长度看，那也是足够称为通史的。可是人们都把它当作普世史。因此，一部史书所述时间长且经历不止一朝一代，严格地说，这只是作为通史的必要条件，还不具备作为通史的充分条件。怎样才能算是真正的通史呢？那就还要涉及问题的另一个层面，即必须具备通史精神。

那么，什么是通史精神呢？施丁教授曾说："不通古今之变,则不足以言通史。"①我觉得,他的话说得很好,"通古今之变"就是通史的精神。当然,通史精神必须寓于具有反省可能与必要的、覆盖较长时间的史书中,古典希腊史家所擅长撰写的以当时之人用当时之精神写当时之事件的"原始的历史"(如《伯罗奔尼撒战争史》)是无论如何不能成为通史的。这就是说,只有通史精神而无通史的题材,那也是写不出通史来的。不过,有了一项在时间上有足够长度的历史题材,也有了史家的反省(die Reflexion,或译作反思),那仍是以今人思想去反思古代历史,因此写出的还只能是黑格尔所说的"反省的历史",如李维的《罗马史》。"反省的历史"(包括黑格尔所说的四种)都是后人(今人)用自己的精神对于前人(古人)历史进行反思的结果,因此它失去了直接性而成为间接的,思维的概括性出现了(黑格尔本人也认为写过去长时期的反省的历史要用概括的方法,说已见前引),而历史的生动活泼的直接性消失了。为了形成通史,那还需要对反思再反思,用黑格尔的话说,那就是要有"后思"(das Nachdenken)。②经过"后思",黑格尔写出了他的《历史哲学》,一部通古今之变的、以他的"世界精神"为主体的普世史。司马迁不是经过对某种预设的精神的后思写一部"哲学的历史",而是经过对于古今历史的反复思索,写出了一部纪传体通史——《史记》。在《史记》里,三代时期和春秋战国时期的历史人物,没有由于经过作者的反思而变得抽象、干瘪,像汉代人一模一

---

① 《说通》,载《史学史研究》,1989年第2期,第10页。
② 黑格尔著、贺麟译:《小逻辑》,北京:商务印书馆,1995年版,这个词,汉文或译"后思"(第39页),或译"反复思索"(第42页),或者就译为"反思"(第74页)。

样,而是经过反复思索,写出三代时人不同于春秋战国时人,春秋战国时人不同于汉代的人,可是相互间又是可以沟通理解的。这就是古今有变而又相通,使得古代历史具备了直接性与间接性的统一。那么,《史记》就只有古今历时性纵向之通,而没有空间里的共时性的横向之通?从而完全没有任何的普世性?不是的。《史记》写先秦历史,讲天子与诸侯、诸侯与卿大夫、华夏与夷狄,写秦汉历史讲天子与诸侯、中央与地方、华夏与夷狄、中国与外国。古今纵向历时性之变,正是这些内外横向共时性之变的结果;而一切时代的横向的共时性的结构,又正是纵向的历时性发展的产物。纵向的历时性的发展与横向的共时性的变化是一而二、二而一的。通史作为传统,既是中国史学体例的一种表现,也是史学精神的一种展现;如果推展而言,这也是中国文明发展的连续性与统一性相互作用的一种在精神上的反映。

第三辑 关于历史研究的理论反思

关于历史发展的连续性与统一性问题①

——对黑格尔曲解中国历史特点的驳论

一、弁言

这篇文章本来是《中西古代历史、史学与理论的比较研究》课题的引论。因为它在一定程度上具有自己的独立性,所以发表于此,借以先向有关专家和有兴趣的读者请益。

"中西古代历史、史学与理论的比较研究",看起来似乎是一个内容过于庞大的问题,从而难于比较。不过,一切大问题都是可以分析为具体的小问题的;从一定的逻辑取向出发,具体研讨问题的某些方面,比较的研究就会成为既可能又有效的方法。本研究所取的具体方向则是,着重从中西历史发展的连续性与统一性的角度来对二者进行比较的探讨。也许有人认为,中国历史文化具有发展的连续性与统一性,这是中国与其他文明古国有别的重大特点,并且已经是几乎人所周知的历史事实,似乎不必再作深究。可是,事实绝非如此简单。例如,

---

① 刘家和:《关于历史发展的连续性与统一性问题——对黑格尔曲解中国历史特点的驳论》,原载《北京师范大学学报(社会科学版)》,2009年第1期。

G·W·F·黑格尔（1770—1831）也论述了中国历史的连续性与统一性，但是他的论述与其说是说明，毋宁说是曲解。对于这样的曲解，我们是有义务和责任予以辨析和驳难的。当然，要作这样的辨析与驳难，就需要对有关从历史事实到理论的一系列的具体问题作分层的系统论述。关于具体问题，我们将在以下有关具体篇章中加以分析、批判。在这篇文章里，我们将以马克思主义的唯物史观为指引，对黑格尔的一般论断的本身，以及若干根本性的概念与关系（如历史发展的连续与断裂的概念、统一与分裂的概念以及这两类概念之间的关系等）进行分析与批判，同时提出我们自己的见解。当然，我们在与黑格尔作辩论时，一方面对于他的辩证法的积极内容都会尽量加以批判地理解和吸收，另一方面对于其唯心主义的独断思想也会尽量予以驳难与否定。总之，我们对他的论述所取的是批判和扬弃的态度。至于为什么此项研究要从历史、史学和理论三个层面来进行，这也是有原因的。请看下文的说明。

黑格尔在其《历史哲学》中提出的问题是很值得我们加以分析与探讨的。在此书第一部"东方世界"的引言里，黑格尔概略地比较论述了中国、印度、波斯等古国的历史，他以印度（多样化）与中国相比，说中国是"永无变动的单一"(immovable unity, das bewegungslose Eine)，以波斯（复杂的统一）与中国比，说中国的统一是"抽象的"(abstract, abstrakte)，末段又说："假如我们从上述各国的命运来比较它们，那么，只有黄河、长江流域的那个中华帝国是世界上唯一持久的国家（the only durable kingdom in the world, das einzige Reich der Dauer in der Welt.)。"① 在"东方世界"的第一篇"中国"的开头,黑格尔又说:"历史必须从中华帝国说起,因为根据史书的记载,中国实在是最古老的国家……中国很早就已经进展到了它今日的情况;但是因为它客观的存在和主观运动之间仍然缺少一种对峙,所以无从发生任何变化,<u>一种终古如此的固定的东西代替了真正的历史的东西</u>(Every change is excluded, and the fixedness of a character which recurs perpetually, takes the place of what we should call the truly historical. so ist jede Veränderlichkeit ausgeschlossen, und das Statarische, das ewig wieder erscheint, ersetzt das, was wir das Geschichtliche nennen würden.)。"② 黑氏不仅对中国的历史进程提出了这样似是而非的论述,他对中国的历史著作或史学,也有其近乎荒谬的说法。他一方面说:"中国'历史作家'的层出不穷、继续不断,实在是任何民族所比不上的。"③ 可是,他另

---

① 黑格尔《历史哲学》,王造时译:生活·读书·新知三联书店,1956年版[以下简称中译本],第158、159、160页。*The Philosophy of History*, trans. into English by J.Sibree, Dover, N.Y. 1956,[以下简称英译本] pp. 113, 114, 115. *Philosophie der Geschichte,* G.W.F. Hegel Sämtliche Werke, Band IX, Felix Meiner, Leipzig, 1923,[以下简称原文全集本] s.272, 274. 王造时译本据英译本转译,但曾托人据德文本校,故并列英译本及原文本页数,以便读者复核。原文《历史哲学》还有一部分在黑氏全集第8册中,出版社无异,出版时间为1920年。以下引用这些书时,只记页数[原文全集本加册数]。附带说明,英译本在字句甚至段落上与原文全集本颇有异同[或有无]之处,盖因黑氏各次讲演记录不同与编者有所取舍之故。以下引中、英文译本而原文全集本所无者,即只注中、英文译本页数。
② 《历史哲学》中译本,第160—161页。英译本,第116页。原文全集本,第IX册,第275页。
③ 《历史哲学》中译本,第160—161页。英译本,第116页。原文全集本,第IX册,第275页。

一方面又说:"在中国人中间,历史仅仅包含纯粹确定的事实,并不对于事实表示任何意见或者见解(History among the Chinese comprehends the bare and definite facts, without any opinion or reasoning upon them. Imübrigen begreift die Geschichte der Chinesen nur die ganz bestimmten Fakta in sich ohne alles historsche Urteil und Räsonnement)。"①

从上述引文可以知道,黑氏承认中国历史的非他国可比的长久连续性,但是他又把这种连续的历史说成非历史的历史;他承认中国历史的统一性,但是他又把这种统一性说成抽象的统一性;他承认中国历史著作或史学源远流长,但是他又把中国的史书或史学说成只重事实而"毫不寓有历史的判断和理性"(ohne alles historsche Urteil und Räsonnement)。总之,在黑氏眼中,作为事实过程的中国历史不过是一大块内部没有矛盾、没有理性,从而结构单一、久经岁月而不变的顽石,而作为文字叙述的中国历史也不过是一大堆不含历史判断与理性的、冗长的事件的流水账而已。

由上文可见,黑氏在其《历史哲学》中对中国历史文化的根本性的误解或曲解具有两个特点:第一,他的全部论述与结论都是在历史的比较研究中进行的;第二,他的错误并非仅仅表现在个别的、零星的问题上,而是涵盖了历史的、史学的和理论的(历史哲学性的)三个层次,其本身就是一个三维结构的整体,因此,我们的回应,首先必须是以比较研究为基础的,同时应该且必须在这三个层次上来依次展开。这就是我们此项研究涵

---

① 《历史哲学》中译本第179页。英译本,第135页。原文全集本,第IX册,第315页。

盖着历史、史学和理论三个层面的比较的根本原因。

二、世界历史的架构与中西历史比较的对应分期问题

在上一节说明我们研究的缘起与取向（或学术路数）以后，现在有必要说明的问题是：我们的此项研究为什么在内容上只限于中国和西方，而在时间上只限于古代？为了回答这个问题，我们就不能不先简略地分析一下黑格尔在其《历史哲学》中为其所述的世界史或普世史（universal history）建立的总体架构。

《历史哲学》的历史内容包括东方世界、希腊世界、罗马世界和日耳曼世界四大部分。其绪论的"区分"章①说明这种四分历史的基本思路，以下就依次具体分部论述四大世界。他对四大世界是按照他所设想的时空次序排列的。"世界历史从'东方'到'西方'，因为欧洲绝对地是历史的终点，亚洲是起点。"②东方是日出的地方，文明产生也最早、最幼稚；西方是日落的地方，文明产生最晚，也最成熟。他还作了隐喻式的比较，称东方世界为"历史的少年时代"，希腊世界为"青年时代"，罗马世界为"壮年时代"，日耳曼世界为"老年时代"；并补充说，"精神"的老年时代与自然界不同，它不是衰弱，而是"完满的成熟和力量"③。

黑格尔此书中的这种历史四分法在他自己已非新说，在他第一次讲历史哲学（1822—1823冬季）的前一年出版的《法

---

① 中译本，第148—155页，英译本，第103—110页，原文全集本，第XIII册，第232—247页。
②《历史哲学》中译本，第148页，英译本，第103页，原文全集本，第VIII册，第232—233页。
③ 此四个年龄段的比喻见于英译本及中译本，在全集本中则不完整。

哲学原理》里就已经有了东方、希腊、罗马、日耳曼四帝国的分期法。如果按照柯林武德在《历史的观念》中的说法，那么他的这一分期法就更为陈旧，只不过是让·鲍丹（J. Bodin，1530—1596）所批评过的中世纪习用的四大帝国分期法的重复；而这种分期法又"并非基于对事实的准确解释，而是基于从《但以理书》中所假借来的一种武断的方案"①。

就历史事实而言，黑氏的东方、希腊、罗马、日耳曼四大世界的区分方法包含了以下的基本错误。第一，就地理方位而言，如果说由东方而希腊而罗马是由东而西，那么由罗马而日耳曼则违反了这一次序。第二，就时间先后而言，虽然东方、希腊、罗马、日耳曼文明兴起的大致次序无误，但是，他在东方世界的篇章里，首列中国，次列印度，再列波斯（在波斯部分中又先列古波斯人，再列亚述人、巴比伦人、米太人、叙利亚—巴勒斯坦人，最后是埃及人），于是文明兴起先后次序完全颠倒错乱。当然，其中有历史条件的局限，即黑氏未能见到埃及学、亚述学、印度河流域文明及爱琴文明发现的成果。这是我们不能苛求于前人的。第三，就时间、空间次序的关系而言，黑氏以为二者是一致的，即由东而西，前者逐一被后者所取代：希腊取代波斯（在黑氏看来的东方的最后代表），罗马取代希腊，日耳曼取代罗马。然而，东方事实上既未被希腊又并未被罗马所灭亡，尤其是中国在世界历史上长期占有重要地

---

① 《历史的观念》何兆武、张文杰译：中国社会科学出版社，1986年版，第65—66页。*The Idea of History*, R. G. Collingwood, Oxford University Press, 1956, pp.57-58. 家和按，《旧约·但以理书》第二章，31—45节。

位,这是黑氏所无法解释的。

于是黑氏不得不采用另外一种解释,即上文已经引述的说东方的历史是"非历史的历史"(尽管你东方虽未离开世界历史,但是你已经入了另册,不算数了),相对而言,西方的历史当然是历史的历史了。所以,黑氏的世界区分法实际只是两大世界区分法,即东西两大世界的区分:非历史的历史与历史的历史之分。在他看来,在东方诸国里,印度虽然存在,可是分裂了,波斯虽然统一过,可是又被灭亡了(古波斯帝国灭亡后,曾先后出现过安息帝国、萨珊波斯帝国,也都被他打入了另册,不再算数),唯独中国既未分裂又未灭亡,十分突出。他说:"中国是特别东方的(bilden das eigentlich orientalische Prinzip);印度可以和希腊相比,波斯可以和罗马相比。"①印度、波斯尚有与希腊、罗马可比相通之处,而中国则与西方截然不同。所以,一言以蔽之,中国就是东方固有原则的代表,可以与西方相对待。我们的研究专门从中西相比的角度来进行,正是针对黑氏这一见解的。

那么,为什么我们的研究又只以古代这一时段的中西作为比较研究的对象呢?须知黑格尔的世界历史不是各个国家自古及今历史的总体,而是一些国家或文明先后接力跑的历史,每个国家或文明跑完自己该跑的一段以后就是应该退场的。他欣赏历史这样的过渡:"埃及变成了波斯大帝国的一省,当波斯世界和希腊世界相接触的时候,历史的过渡就发生了。这里,我们第一次看到历史的过渡——就是一个帝国的覆亡。我们已经

---

① 《历史哲学》中译本,第158页;英译本,第113页,原文全集本,第IX册,第272页。

说过,中国和印度至今都还存在,波斯却不存在了。波斯转入希腊的过渡固然是内在的;但是这里也变成了外在的,就是主权的转移——这一种事实从这时起不断发生。希腊人把统治权和文化拱手让给罗马人,罗马人又为日耳曼人所征服。"[1]中国(还有印度)在跑完黑氏所规定的该跑的"少年"一段历史以后竟然没有退场,这在黑氏的世界历史框架里自然简直无法容身;他无法处理这种老而不死的文明,只好让它永远不长或永远长不大,成为一块顽石。

于是出现了一种奇怪的现象,在黑氏《历史哲学》的比较中,一个无历史阶段区分的中国竟然成为与整个西方——从希腊、罗马到日耳曼的对比项。所以,在黑氏的世界历史框架里,其"中国历史"已非真正的中国史,只不过是他用来衬托其欧洲中心论的一个手段而已。黑氏出现的问题自有其文化与时代背景的局限,此处不能细论[2]。

在黑氏讲演"历史哲学"的一个世纪以后,尤其两次世界大战以后,西方历史哲学家的看法不能不有所变化。例如,汤

---

[1]《历史哲学》中译本,第266页,英译本,第221页,全集本,第IX册,第512页,只说到希腊被罗马取代等等,未明提日耳曼。
[2] 黑格尔为什么这样看待中国历史呢?原因不外两点:尽管黑氏为了讲中国而作了很多准备(据说他第一次讲历史哲学的时候,绪论和中国就占了全部时间的1/3,以后才逐渐减少。见《历史哲学》中译本,绪论第52页),但是他毕竟未能读中国书,材料往往来自西方传教士的道听途说,从而时常把中国古今材料混为一谈。文化传统隔阂,知识不足,此其问题之一。在19世纪20年代黑氏讲历史哲学之际,正是欧洲资本主义兴旺发达的辉煌时期,所以他以为欧洲经过几个阶段正在到达历史的终点,而中国(东方)已在历史之外。黑氏说已过时,不过,其影响却在诸如中国历史停滞论、中国历史的超稳定系统论等说法中不时有所显示。

因比（A.Toynbee，1889—1975）在其《历史研究》（*A Study of History*，12卷本出版于1934—1961）中把世界历史分为若干（先定为20个，后又增加到22、23个）"文明"（他也称之为"社会"），其中西方文明之前有古希腊文明，远东文明（以中国为主体，包括朝鲜、日本）之前有古代中国文明；甚至批评了西方人的"东方不变论"①。这样就克服了黑氏对中国历史不作阶段区分的缺陷，但是汤因比所说的古代中国文明实际只上溯到春秋战国时代。这样，他也就不能真正地理解古代中国文明。直到他晚年出版的《历史研究》单卷插图本（出版于1972）还专门列出"希腊模式与中国模式"一章，认为"如把这两种模式相互联系起来加以观察，它们则更加光彩夺目。希腊模式广泛适用于各文明的早期阶段，中国模式则广泛适用于各文明的晚后阶段。"②他有意于用广义的希腊模式（即贯通古今的西方文明）与中国模式结合来说明他的文明发展理论框架，这实际也是一种中西的对比，不过他的方法很牵强，而且也未说明中国文明的连续性与西方文明曾经断裂的区别及其原因。

又如，雅斯贝斯（K. Jaspers，1883—1969）在其《历史的起源与目标》中也批评了黑格尔的偏见，说："这是个陈旧的论点，即与西方相比，中国和印度没有真正的历史（keine eigentliche Geschichte, no proper history）。因为历史意味着运动、本质变化

---

① 《历史研究》索麦维尔节写本，曹未风等中译本，上海：上海人民出版社，1997年版，上册，第42—43页，第45—48页，第308—309页。
② 《历史研究》单卷插图本，刘北成、郭小凌译，上海：上海人民出版社，2000年版，第39页。

和新的开端。"①他在此书第一篇第二章"世界历史纲要"②中把史前期以后的历史分为四个阶段，即古代文明期，包括两河流域、埃及、印度河流域、黄河流域的上古文明，时间为从文明产生到轴心期前；轴心期（die Achsenzeit, axial Period，或译"枢轴时期"，意指根本性的大转捩时期），包括西方（Orient-Okzident polarisierten Abendland, west-polarised in Orient and Occident）③、印度和中国三个轴心文明区，时间为公元前800—公元前200年（许多地方未曾经过轴心期）；以后即为后轴心时期（包括西方开始的科技时代），一直至今。第二个轴心期尚未到来。雅斯贝斯在此书第一篇第一章"轴心期"中首先着重强调的是"轴心时期"，而其特点是人类在精神觉醒上的"突破"。西方、印度与中国三个轴心文明区分别影响了其不同的周边地区，影响到了其后的世界历史格局。他认为，尽管西方近代所开创的科技时代也不能与轴心期相比美，而今后将出现的第二轴心期则应当是全球统一的人类历史时期。对于我们来说，虽然雅斯贝斯的哲学理论体系

---

① *Vom Ursprung und Ziel der Geschichte*, Piper, München, 初版于1949年，现参用1983年新版，s.78; *The Origin and Goal of History*, trans. into English by M. Bullock, Yale University Press, 1953, p.52; 魏楚雄、俞新天据英译本转译的中译本，华夏出版社，1989年版，第64页。此处中译文略有改动，凡改动处皆注出原文及英译文，下同。原文本，第96页，英译本，第69页，中译本，第82页。
② 原文本，第43—48页，英译本，第22—27页，中译本，第30—35页。
③ 这里的西方世界（Abendland/Westernworld），是包含了东方（Orient）与西方（Okzident）两极化了的。所谓Orient在此指地中海东部之亚非地区，Okzident则指欧洲。具体地说，即形成了西方文明基础的犹太与希腊。而犹太则上承了两河流域与埃及的古代文明（原文本，第44、48、77页，英译本，第23、27、52页）。他甚至说："西方世界不仅在自身与他者区别之间有着东方与西方的两极对立，而且在其自身之中也有这种两极对立。"（原文本，第83页，英译本，第57页）

（存在主义）是难以接受的，但是他的轴心期的突破说则对我们具有很大启发性。

雅斯贝斯说："我们可以把轴心期称作两个大帝国时代之间的一个间歇、一次自由的喘息之机（eine Pause für die Freiheit, a pause for liberty）、一次导致最清醒的觉醒意识的深呼吸。"[①] 按雅氏提出的轴心期介于两大帝国时期之间之说，在历史事实上显得牵强。在希腊城邦时期之后有罗马帝国，在印度列国时代之后有孔雀帝国，在中国春秋战国之后有秦汉帝国，诚然是事实。可是希腊城邦时期以前有何帝国？爱琴文明已经灭亡并被遗忘，何况此文明也并非帝国；看来他是在以希腊远绍上古近东帝国，此其间就并非直接继承之关系。印度列国时期以前也无帝国可言。只有中国春秋之前有商、周王朝，勉强算作帝国，也非严格意义上的帝国。但是，如果不细究雅氏的具体论断，那么他的说法对我们是很富启发作用的。第一，三个轴心期文明皆曾有"突破"，绝非只有西方才有突破性进展。第二，三个轴心期文明是各有自身特色的，不能以古代西方为标尺来衡量古代东方；于是，它们的特色如何，这个问题便有待进一步探讨。

我们的此项研究就是要从历史发展的连续性和统一性的角度来辨别中西文明的异同，因此，大体取公元前11世纪至公元5世纪（从中国殷周之际与希腊之荷马时代起，至中国之汉、晋与罗马之衰亡止）为研究时段，从而就两个轴心文明的分裂—统一与断裂—连续的前因后果作一番较为系统的考察。

---

① 原文本，第76页，英译本，第51页，中译本，第62页，译文略有改动。

三、历史的发展与文明的连续、断裂问题

现在，我们有必要来探讨文明的连续与断裂和历史发展的关系问题。

文明的连续与断裂，看起来是一个可以直观地加以解决的问题。譬如，对于中国文明的连续性，几乎不须经过论证，人们凭直观就是能够予以确认的。这是因为中国文明的连续性具有比较充分而明确的证据。不过，在另一种情况下，文明的连续性问题就比较难以说明。譬如，人们通常都认为，上古近东（美索不达米亚、埃及等）文明是已经断裂了的古文明。可是，过去西方的一些欧洲历史（A General History of Europe）教科书，就是从古代近东一直说到近代欧洲的；英国的《剑桥古代史》也是从近东讲到欧洲的。为什么？因为编者看到了古代希腊、罗马文明对于古代近东文明之间存在着继承性。这种继承性是否也算一种连续性呢？为了使问题本身更加清晰，这里有必要对"连续"的概念给以明确的分析和说明。

亚里士多德在论述运动时已经对连续性作出了非常周详而富有启发性的论述。他之所以把运动与连续性放在一起研究，那是因为"运动被认为是一种连续性的东西"。[1]历史的进程也是一种运动，因此他的论述对于我们认识文明发展的连续性问题是很有帮助的。

亚里士多德在《物理学》中说："'连续'是顺接的一种。当

---

[1]《物理学》200b，第3卷第1章。引文据张竹明译本，商务印书馆，1982年版，第68页；苗力田主编本《亚里士多德全集》第2册，北京：中国人民大学出版社，1991年版，徐开来译本，第57页。按张译本原作3章1节，今于章、节悉依苗编本改作卷、章。

事物赖以互相接触的外限变为同一个，或者说［正如这个词本身所表明的］互相包容在一起时，我就说这些事物是连续的；如果外限是两个，连续是不可能存在的。"①"顺接"的意思是什么？亚氏说这就是"事物顺联着，而又接触着别的事物"。"顺联"的意思是什么？亚氏说："顺联的事物必然联于某一另外的事物，并且本身是在后事物。"大体同样的内容又见于《形而上学》②。

亚氏在《物理学》第5卷第3章说明了"在一起""分离""接触""顺联""顺接"以及"连续"等概念，其目的就是要说明什么是"连续"，从而什么不是连续？我们可以试用下面的图解来给予比较直观的说明。

图1：A——B——C

图2：A——B、C——D

在图1中，BC既顺联于AB（即BC依次排在AB之后），又接触着AB，所以BC顺接于AB。而且B既是AB的终点，又是BC的起点，AB对BC的外限是B，BC对于AB的外限也是B。于是两个线段的外限同时为B，B自身当然是同一个，是可以互相包容的。在这种情况下，这两个线段是连续的。也就是说，直线ABC虽然中间有一个B作为一个分阶段的标志，但是它仍然是一条连续的直线。这是一种"抽刀断水水复流"的川流不息的景象。

在图2中，CD既顺联于AB（即CD依次排在AB之后），又接触

---

① 《物理学》227a10—14，引文据张竹明译本，第148页，并请留意上注。苗力田：《亚里士多德全集》第2册，北京：中国人民大学出版社，第141页。
② 苗编全集本，第7册，苗氏译本，苗力田：《亚里士多德全集》，北京：中国人民大学出版社，1993年版，第266—267页。吴寿彭译，商务印书馆，1996年版，第235—236页。

着AB，所以CD也顺接于AB。可是图2的顺接是另一种不同于图1的顺接，也就是说，AB对于CD的外限是B，而CD对于AB的外限却是C，二者的外限尽管既相联又相接，可是它们的外限不是同一个（一个是B，一个是C），自然也不能互相包容。在这种情况下，AB线段与CD线段就是不相连续的，或者说，它们是断裂的。

图1与图2所示在属（genus或译种）上同属于顺接，而种（species或又译属）差不同：前者是外限为同一个，而后者则是外限不是同一个（分别为二个）。从而，前者为连续，后者为断裂。连续与断裂区分的关键在此。

亚氏在一般地说明连续与断裂的本质区分以后，又进而讨论连续与"一个运动"的关系。亚氏在《物理学》（第5卷第4章）中说："既然任何运动都是连续的，那么无条件是一个的运动必然也是连续的（虽然任何运动都是可分的），并且，如果是连续的运动也必然是一个。因为，不是任何一个运动都能和一个另外的运动相连续的，正如决不可能在任何两个偶然事物有连续性，只有那些其外限是同一的事物之间才能有连续性一样。……因此，无条件的连续的并且是一个的运动必然在'种'（eidos, species）上是同一个，属于一个主体，在一个时间里——在时间方面没有中途的停顿，因为运动中断就必然是静止。"[①]

根据亚氏的上述论述，我们来看中国古代文明史，那么便可发现它既在"种"上是同一个，也在主体上是同一个，又在时间上是同一个。大家谁都不怀疑中国文明史的连续性，其逻辑根据

---

① 《物理学》228a20—228b5，见张译本，第152—153页。苗编全集本，第2册，徐译本，第145—146页。

即在于此。可是，当我们把视线转向西方的时候，便又可以发现在古代美索不达米亚、埃及文明与波斯帝国之间，在波斯帝国与希腊之间，希腊与罗马之间，在"种"上、主体上、时间上都不是同一个，彼此之间的外限都不是同一个。如果按亚里士多德的分类，它们之间一般说来是依时间先后顺联着的，最多也只是顺接（既顺联又接触）着，那么，它们之间当然只能是断裂的。所以，包括黑格尔在内也不否认它们之间是断裂的。

这样，我们就可以进一步来看连续性与历史发展的关系。

既然要谈历史的发展，就不能不首先谈"发展"一词的本义。按"发展"一词，在中国传统文献里少见，而"敷展""开展"之类的词与"发展"基本词义相通。中国古代文书通常写在纸卷（更早是在编好的竹简）上，平时不用，可以卷起，以便收藏，用时发卷展纸即可。总之，"发（开也）展"与"开展""敷展"讲的就是同一过程。"发展"在英文（来自法文）为development（de［意为"下脱""分解"］+velop［意为"包""裹"］），在德文为Entwicklung（ent［意为"免除""揭去"］+wickeln意为［"包裹""卷绕"］），在俄文为развитие（раз［意为"打开""分解"］+вить［意为"编织""卷绕"］），基本的意思都是把包裹或卷绕着的东西打开或展示出来。现在用"发展"对译西文以上各词，实在是很妥帖的。在法、英、德文里，这个词还可以用来表示摄影底片的冲洗或显影，也就是说，具有从潜在到实现的意思，中国的"发卷展纸"实际上也是具有从潜在到实现的涵义的。亚里士多德在《物理学》第3卷第1章中说："潜能的事物（作为潜能者）的实现即是运动。"（201a11）又说："运动是潜能事物的实现，只是当它不是作为其自身，而是作为一个能运动者活动着而且实现的时候。"（201a29）①看来，亚氏的这一说法颇有似于发展的概念。

以上是从词义的层面对于"发展"的解说。现在，再来看黑格尔对于"发展"的论述。他说："发展的原则包含一个更广阔的原则，就是有一个内在的决定（Bestimmung，似乎加一个"性"字为好）、一个在本身存在的、自己实现自己的假定（Voraussetzung，似乎以译作"预设"或"前提"为好）作为一切发展的基础。"②在这里，我们更清楚地看到了黑格尔的发展概念与亚里士多德的entelecheia（通常音译为"隐德来希"，依陈康意见当意译为"现实"）概念的近似；而en-tel-echeia原义是"达到了目的"③。

---

① 张译本，第69、70页。参见苗编全集本，第2册，徐译本，第58、59页。在《形而上学》第9卷中，还有对于潜能与现实的更多论证。

② 《历史哲学》，中译本，第95页。原文全集本，第VIII册，第131页。英译本，第54页。按此段原文是：Das Prinzip der Entwicklung enthült daß Weitere, daü eine innere Bestimmung, eine an sich vorhandene Voraussetzung zugrunde liege, die sich zur Existenz bringe. 英译文是：The principle of development involves also the existence of a latent germ of being—a capacity or potentiality striving to realize itself. 试以中译文与英译文相比，看来英译文简明易解，那就是说，发展的原则包含着一种存有（being）的潜在胚胎的存在，这种存有就是力图实现其自身的能力或潜力。所以，英译文简明地表达了原文的核心涵义，即发展即是存有从潜在到现实的转化；不过，这样的译法淡化了原文的多重涵义。而此处中译文更贴切于原文。按原文明确指出，发展所包含的更广的原则，一则是一种内在的决定性，是潜在自身经由一条必然的因果关系链向现实转化（而不仅是一般的"力图"向现实转化）；二则是潜在自身就具备现成的前提条件，即自身就具备了自身展开的原因；三则是既然有了内在的决定性（因果必然性）与前提条件（因）作为发展的基础，潜在自身必然要转化为现实。这些意思，在中译文里，尽管稍嫌累赘，都明确地展示出来了。

① 见汪子嵩等著《希腊哲学史》第3卷下册，北京：人民出版社，2003年版，第811页。

黑格尔对发展作了上述总的说明以后，就立即把作为发展的基础的内在决定性归结为"精神"（der Geist, Spirit）——以世界作为其舞台、财产和实现自身的场地的精神。黑氏也认为，"发展同时也是有机的自然事物的一种本性"。不过他认为，发展在自然界是和平而宁静地实现的。"然而关于精神方面，那就大不相同了。'精神'从它的使命到实现有意识和意志做媒介；这些意识和意志最初是埋没在它们直接的自然生活当中；它们首先的对象和目的便是它们自然的使命的实现——但是这样的使命既然受着'精神'的鼓励，所以也就拥有无限的吸引力、强大的力量和道德的丰富。所以精神是和它自己斗争着；它自己可以说便是它的最可怕的障碍，它不得不克服它自己。'精神'真正欲望的便是要达到它自己的概念①。但是它自己把那个概念遮蔽起来，而且傲然以与概念的隔绝为得意。精神的发展，并不像有机生活的发展那样，表示那种单纯的生长的无害无争的宁静，却是一种严重的非己所愿的、反对自己的过程。"②他又说："当'精神'脱却它的生存皮囊时，并不仅仅转入另一皮囊之中，也不从它的前身的灰烬里脱胎新生，它再度出生时是神采发扬、光华四射，形成一个更为精粹的精神。当然，它向它自己作战——毁灭自己的生存；<u>但是在这种毁灭当中，它便把以前的生存作成一种新的形式，而每一个相续的阶段轮流地变作一种材料，它加工在这种材料上面而使它自己提</u>

---

② 黑格尔的《逻辑学》《小逻辑》都可以说是这一句话的展开论述。
③《历史哲学》，中译本，第95—96页。原文全集本，第VIII册，第131—132页。英译本，第54—55页。

高到一个新的阶段上。"①

从上述引文中，我们可以看到黑格尔的发展观对于亚里士多德的从"潜能"（dynamis）②到"现实"（entelecheia）的运动观的出色的发展。尽管亚氏也在从"潜能"到"现实"的运动中看到了其中存在的矛盾（运动中的每一具体阶段对于其前驱已成现实，而对于其后继者则又为潜能，与上引黑氏文句中有下划线处意思相通），但是，像他这样鲜明而锐利地指出了事物内部存在的横向矛盾正是其纵向发展的根本原因，而且正是由于事物在矛盾中的自我否定导致出发展中的质变③，的确显现出了辩证法的精义，对于我们的历史研究给予了极有价值的启示。

令人遗憾的是，黑格尔把他的辩证法在严格的意义上只是运用在其所集中注意的精神领域。他把自然界的发展看成是缺乏内在矛盾和斗争、从而只有量的方面的平静的发展。这当然有其当时自然科学进展程度的局限（进化论尚未出现等），因此无足为怪。不过，当他说了"精神的发展，并不像有机生活的发展那样，表示那种单纯的生长的无害无争的宁静，却是一种严重的非己所愿的、反对自己的过程。"接着就说："它不但表示那自己发展的形式，而且还表示着要获得一个有确定内容的结果。这个目的，我们在一开始就决定了：便是'精神'，便是依照它的本质、

---

① 《历史哲学》，中译本，第114页。原文全集本，第Ⅷ册，第11—12页。英译本，第73页。按下划线为引者所加。
② 黑格尔自己也谈到了亚氏关于潜能与现实关系的见解，《历史哲学》，中译本，第97页。原文全集本，第Ⅷ册，第137—138页。英译本，第57页。
③ 关于这方面的分析更充分地见于其《精神现象学》《逻辑学》中。

依照'自由'的概念的精神。"①接着又说："世界历史表现原则发展的阶程（Stufengang, gradation），那个原则的内容就是'自由'的意识（Bewusstsein, consciousness，最好译为'觉醒'）。"②原来精神的本质与世界历史发展的原则就是自由，于是他的历史哲学就是按自由的发展来划分阶段的世界历史的架构。他在《历史哲学》"区分"章里说："东方从古到今知道只有'一个'是自由的；希腊和罗马世界知道'有些'是自由的；日耳曼世界知道'全体'是自由的。所以我们从历史上看到的第一种形式是专制政体，第二种是民主政体和贵族政体，第三种是君主政体。"③接着就在此篇中把世界历史分为古代东方（幼年时代）、希腊（青年时代）、罗马（壮年时代）和日耳曼（老年时代）。其实这只不过是把他所谓的"知道'有些'是自由的""希腊罗马世界"——即作为"精神"本质的自由的发展第二阶段——一分为二而已。

黑格尔把世界历史解释为精神的发展史，把它的原则内容解释为"自由"，这样看起来就在形式上解决了他的理论中的一个基本的困惑或难解的死结。

因为按照黑格尔对"发展"所作的理解，"发展"本身就不仅是一种连续性的展现过程，而且是一个具有内在必然性的连续过程。的确，连续性是发展的必要条件，没有连续性就没有发展

---

① 《历史哲学》，中译本，第96页。原文全集本，第VIII，第132页。英译本，第55页。
② 《历史哲学》，中译本，第97页。原文全集本，第VIII册，第135页。英译本，第56页。
③ 《历史哲学》，中译本，第149页。英译本，第104页。原文全集本，第VIII册，第232—233页的与英译本对应的一段中未见此两句文字。不过，在他说完世界历史发展原则的内容就是自由的觉醒以后，也是谈了自由进展的三个阶段（见原文全集本，第VIII，第136页），所以前后的见解是一致的。

可言。过程都中断了,还谈什么发展?亚里士多德论连续性时对此早有说明。可是,黑格尔对于世界历史的说法是:在东方世界的时期,世界历史还是非历史的历史,只有从作为东方世界的末端的波斯转入西方以后才开始成为真正的历史(eigentliche Geschichte, proper history)。这样就使人们产生一个印象,即真正的历史是在波斯被希腊(马其顿)征服、希腊被罗马征服、罗马被日耳曼征服等由征服造成的文明断裂的过程中实现的。这样,以连续性为必要条件的历史发展是否还存在呢?这是否违背了黑氏本人的发展观呢?

现在,以上所提的问题,对于黑格尔来说,已经被消解了。他可以完全不管世界历史上某些文明断裂或某些文明连续,把这些置于不屑一顾的位置①。因为他已经下了指令:历史的主体是"精神",不管具体文明是连续还是断裂,作为历史主体的精神始终是同一个;发展或运动的内容就是"自由",不管具体文明是连续还是断裂,作为发展或运动的内容的"自由"在"种"上始终是同一个;东方、希腊、罗马、日耳曼这些本来在历史上是断裂着的文明,一旦被解说为"精神"的幼年、青年、壮年、老年时代以后,不同年龄段之间的外限自然也就成为同一个(如幼年的终点同时也就是青年的起点等),于是在总的时间上也融为同一个。老黑格尔没有犯任何一点逻辑的错误!完完全全符合亚里士多德关于连续的定义,一切都"完满地"解决了。

当然,黑格尔在谈历史即精神发展时不计具体国家的文明之

---

① 《历史哲学》,中译本,第96—97页。原文全集本,第VIII,第132—133页。英译本,第56页。

断续，还可以有另外一种解释，即黑氏所说的发展本身就是断裂与连续的统一，或者说其中包含了发生质变的连续。可是，按照我们整理出来的亚里士多德的运动连续的公式：A—B—C，设令A为幼年阶段、B为青年阶段、C为老年阶段，那么三个阶段之间是存在质变的，不过由于B为同一，所以这种质变实际是兼连续与断裂而有之。中国古代文明史中也有A—B—C式的阶段质变，而这种发展可以说其本身就是兼有连续与断裂的辩证的发展；并非必定如同西方那种A—B、C—D的模式，只有从世界的范围来看才是兼断裂与连续的辩证的发展。当然，关于中国文明兼有断裂与连续的辩证发展的具体历程，那要留待以下有关篇章再作具体论述。

黑格尔的问题于是到了一个更为总体性的层面上。那就是，<u>他的历史哲学倒成了真正的非历史的</u>。正如黑氏自己所明晰地说明的那样，德文里的"历史"也是包含着已经发生的历史和书写出的历史两重含义的，而且德文Geschichte（历史）的字源本来就是geschehen（意思是"发生"或"出现"）①。黑格尔的历史哲学实际是他的《逻辑学》的翻版，它是抽象的精神在逻辑展开过程中的先后次序，或名之曰逻辑与历史的一致，但那不是现实世界里实际发生或出现过的真正的历史过程。何况黑格尔所说的以精神为主体的世界历史是既有起点（东方、中国等）又有终点（西方、日耳曼世界）的。且不说文明时代以前还有漫长的原始时代，我们当下所生活于其中的现实世界又

---

① 《历史哲学》，中译本，第101页。原文全集本，第VIII册，第144—145页。英译本，第61页。

何尝终结于黑氏所定的日耳曼世界？黑格尔的历史哲学里的历史并非已经发生和正在发生的历史，因此，可以说，<u>他的历史哲学倒成了真正的非历史的</u>。

四、历史进程中的横向矛盾与纵向发展的关系问题

既然黑格尔的"历史哲学"不能解决文明实际发展中的连续与断裂问题，那么我们就只能从现实世界里实际发生或出现过的真正的历史过程去探讨它。当然，黑格尔所提出的从事物横向矛盾中探索其纵向发展的辩证法，对于我们的历史研究仍然具有重要的启示作用，不过我们的立足点则确实需要从他的唯心主义转到唯物主义的方面来。

马克思、恩格斯在《德意志意识形态》（第1卷第1章，费尔巴哈）中说："一当人开始生产自己的生活资料的时候（……），人本身就开始把自己和动物区别开来。人们生产自己的生活资料，同时间接地生产着自己的物质生活本身。……而生产本身又是以个人之彼此间的交往［Verkehr］为前提的。这种交往的形式又是由生产决定的。"①

马克思和恩格斯的这一段话说明了这样一个事实：人类世界的历史只能从人类的生活开始，而人类的生活又只能依靠生产而继续；人类既然要生产，就不能不同时形成多重交往或关系，即人与自然的交往或关系（生产力）、人与人的交往或关系（生

---

① 《马克思恩格斯选集》第1卷，北京：人民出版社，1972年版，第24—25页。《马克思恩格斯文集》第1卷，北京：人民出版社，2009年版，第519、520页。引文据文集校对。

产关系）以及人与自然的关系对人与人的关系之间的交往或关系（生产力与生产关系之间的关系）。这样多重的交往或关系在多层次上表现为矛盾统一的结构。当然，这些交往或关系以及作为承载它们的结构，并非不着实际的抽象概念，而是实实在在地体现在不同时期、不同地域、不同规模与组织程度的社会群体（如氏族部落、民族［Volk, people］、村社、城市国家、地区王国、跨地区帝国等）之中。因此，在人类理想里的世界大同出现以前，就必然地还有另外一重交往或关系，即这些不同社会群体之间的矛盾统一的关系。这种关系自然也体现为一种结构，即不同群体之间矛盾统一的结构。我们所要探讨的文明发展中的统一性问题就是这一领域里的关键问题。

人们在横向的交往中形成社会，而历史就是人们社会生活的连续发展。所以马克思和恩格斯又说："历史不外是各个世代的依次交替。每一代都利用以前各代遗留下来的材料、资金和生产力；由于这个缘故，每一代一方面在完全改变了的环境下继续从事先辈的活动，另一方面又通过完全改变了的活动来变更旧的环境。然而，事情被思辨地扭曲成这样：好像后期历史是前期历史的目的，例如，好像美洲的发现的根本目的就是要促使法国大革命的爆发。……其实，前期历史的'使命''目的''萌芽''观念'等词所表示的东西，终究不过是从后期历史中得出的抽象，不过是从前期历史对后期历史发生的积极影响中得出的抽象。"① 马克思和恩格斯的这一段话，告诉了我们一个重要的道理：作为纵向发展

---

① 《马克思恩格斯选集》，第1卷，北京：人民出版社，1972年版，第51页。《马克思恩格斯文集》第1卷，北京：人民出版社，2009年版，第540页。引文据文集校对。

的历史中的每一个时代,其结构(包括"材料、资金和生产力"等)都是前代遗留下来的,这是纵向发展对于横向结构的作用;同时,每一个世代又是在改变了的条件下继续前代的事业,所以又不得不或多或少地改变原有的结构,并遗留给其下一代,这又是横向结构的变化对于纵向历史发展的作用。人类历史的客观进程,就是这样横向矛盾与纵向发展的不断相互推演的结果。马克思和恩格斯的辩证唯物主义的历史观,可以说是包括了对于亚里士多德的从潜能到现实的连续观和黑格尔的发展观的实实在在的批判:既批判了他们的目的论,又批判了他们的唯心论。

以上一段文字,只是着重对于马克思和恩格斯关于历史进程中的横向矛盾与纵向发展的关系的理论,说明了本文作者的理解。以下,我们还可以看到,马克思和恩格斯还是凭借这一理论分析论述了世界历史的形成过程。

正如马克思在《政治经济学批判》导言中所说:"世界史不是过去一直存在的;作为世界史的历史是结果。"[①]最初出现在历史上的不是什么看不见、摸不着的"精神",而是散落在地球表面的远古人类的群体——由氏族、部落而民族(Volk, people)、小邦等。世界历史的逐渐产生、发展与形成,都是各个群体在横向上的不断分合所产生的纵向结果。

又正如马克思和恩格斯所说:"各个相互影响的活动范围在这个发展进程中越是扩大,各民族的原始封闭状态由于日益完善的生产方式、交往以及因交往而自然形成的不同民族之间的分工消灭得越是彻底,历史也就越是成为世界历史(Weltgeschichte)。

[①]《马克思恩格斯选集》,第2卷,北京:人民出版社,1972年版,第112页。

例如，如果在英国发明了一种机器，它夺走了印度和中国的无数劳动者的饭碗，并引起这些国家的整个生存形式的改变，那么，这个发明便成为一个世界历史性的事实（weltgeschichtlichen Faktum）；……"①又说："它（指大工业——引者）首次开创了世界历史（Weltgeschichte），因为它使每个文明国家以及这些国家中的每一个人的需要的满足都依赖于整个世界，因为它消灭了各国以往自然形成的闭关自守的状态。"②迄今我们所生活于其中的世界仍然如同马克思和恩格斯所说的式样发展着。

马克思和恩格斯以大工业的出现为真正世界历史出现的开端，这无疑既是无可否认的历史事实，又是颠扑不破的道理。因为，只有大工业才开拓出了各国、各民族之间深层交往的基础。那么，在这以前难道就完全没有任何世界性的历史事实？并非如此。马克思说"作为世界史的历史是结果"，这就指明，在严格意义上的世界历史出现以前，还有一个漫长的世界历史的准备时期。为什么？因为，在"作为世界史的历史"出现以前，如果完全没有任何作为世界历史的潜在因素或者为世界历史所作的准备（如丝绸之路的开通、新航路的发现等），那么，世界历史如何能够作为"结果"而出现呢？难道无中真的可以生有？从抽象的、绝对的无中的确不能生有，可是只要我们回到人间世，一切的有

---

① 《马克思恩格斯选集》，第1卷，北京：人民出版社，1972年版，第51页。《马克思恩格斯文集》第1卷，北京：人民出版社，2009年版，第540—541页。引文（中文部分）据文集校对。
② 同①，第67页。《马克思恩格斯文集》第1卷，北京：人民出版社，2009年版，第566页。引文（中文）据文集校对。以上两段引文中的德文字，中译本原所未注；因为引者觉得在此引用很重要，而据原文全集本添加。

便都是具体的，都是从另外一种有经过质变转化而来的。因此，根据马克思所说的"作为世界史的历史是结果"，我们完全可以推导出在严格意义上的世界历史出现以前必须也必然有一个准备阶段的结论。如今若干中外历史学家都把1500年作为近代历史或真正世界史的开端，这是因为新航路的发现在为世界历史出现的准备中起了重大的作用。在此以前，所有局部地区之间的交往，又可以被认为是世界历史的形成的更早阶段的准备。准此原则继续上推，则各个民族或国家的统一又是作为真正世界历史的更早期、更基本的准备。作为世界历史的纵向发展，完全是建立在横向的交往或关系的不断扩大上的。

因此，世界历史，并非像黑格尔所设想的那样只是作为"精神"体现的"自由"原则由东而西的单线的推行与进展（尤其绝非如他所设想的到了日耳曼时代已经达到终点），而是东西方诸文明在长期的现实的交往中的发展结果。

其实问题也可换一个方式来说明，即全球性的世界原来就是由不同层次的小世界相互作用而成的。按"世界"一词，不见于先秦儒家经典，亦不见于先秦子书。看来汉语"世界"一词来源于佛教经典之翻译（梵文之Loka），其原意包括时空二者（世指时间，界指空间）；而且"世界"并无现在所说"全世界"之意。故佛经有小千世界、中千世界、大千世界之说。犹如现在俄文里的мир，就其狭义言之，意指农村公社或社会某一群体；就其广义言之，则意指人世或全世界。英文里的world，也是一个包含广义与狭义的不同内容的词汇。黑格尔所说的世界也有广义、狭义之分。他用Welt（即world）一词，既可指称全世界，又可指称

"东方世界""希腊世界""罗马世界""日耳曼世界"。如果一定要在中国古典中找出相当于"世界"的词，那么它似乎应该是"天下"。真正的天下，即普天之下，那当然是指全世界。可是夏、商、周三代王朝的君主皆称天子，其所统治的领域就叫作"天下"，而各诸侯所统治的领域则称邦国或方国。三代以下，秦、汉等王朝，其君主皆称天子，其直接统治与影响所及的领域皆称天下。所以，夏、商、周、秦、汉等的"天下"，大体相当于黑格尔所说的"东方世界""希腊世界""罗马世界""日耳曼世界"这一概念层次上的"世界"，其所指范围基本上就是包括了若干邦国并居于邦国概念上位的"文明"。汤因比所划分的"文明"（或"社会"）的个数，先后有所不同。按其1972年的晚年定论，文明被作了三阶分类：第一阶是分为充分发展了的文明与失落的文明，第二阶是充分发展了的文明又被分为独立的文明与卫星文明（如他把中国邻国朝、日、越等文明说为卫星文明，即曾经受到其他更早的文明的横向影响的文明），第三阶是独立的文明又被分为与其他文明没有亲属关系的文明（如中美洲文明、安第斯文明）、不从属于其他文明的文明（包括苏美尔—阿卡德文明、古埃及文明、爱琴文明、古印度河文明和古中国文明，实指原生古文明）和从属于其他文明的文明（如印度文明从属于印度河文明，叙利亚文明从属于苏美尔—阿卡德文明、爱琴文明等，希腊文明从属于爱琴文明，西方文明和伊斯兰文明又从属于叙利亚文明和希腊文明，实指次生古文明与再次生的近代文明等，即曾经受到其他更早的文明的纵向影响的文明）[①]。且不论汤因比的文明

[①]《历史研究》修订插图本，中译本，第52—53页。

划分标准与分类结论是否完全准确,但是有一点是非常值得我们注意的,即他看到了世界原来是由若干个"小千世界"契合成一个"中千世界",然后再由若干"中千世界"逐渐向一个"大千世界"契合中。当然,在三个阶次的横向契合与纵向发展中,有若干文明的失落;有若干文明的断裂与瓦解,在五个原生古文明中,只有中国文明未曾断裂、瓦解[1];又有若干文明在文明交往过程中作为次生者以至再次生者不断呈现。在汤因比以后,美国学者S·P·亨廷顿于其《文明的冲突与世界秩序的重建》一书中基本肯定了汤氏的设想,并在参考多家之说的基础上又有所发挥[2]。这一切,在具体历史事实层面上虽然问题与争论甚多,但是作为世界史形成过程的速写或素描,克服了黑格尔的"精神"由东而西的单向、单线发展的错误,应该说是基本如实的。

由此可见,从"小千世界"而"中千世界"到"大千世界"的过程,既有纵向的文明连续与断裂的方面,又有横向的融合与

---

[1] 在文明的区分与划段上,汤氏的修订插图本《历史研究》与以前的《历史研究》相比对于中国文明的说法有所变化:原先的《历史研究》把中国文明分为两个连续的阶段,即古代中国社会与以中国文明为主体的远东社会,而新的修订插图本《历史研究》则把从商代开始直至清王朝灭亡的全部历史统称为"中国文明"。这反映出汤氏对于中国文明的连续性有了新的进一步的理解。二者对比,参见曹未风等译《历史研究》节本上册,第27—28页,以及中译《历史研究》修订插图本,第50—51页。
[2] S·P·亨廷顿于其《文明的冲突与世界秩序的重建》(S·P·Huntington, *The Clash of civilizations and the Remaking of World Order*, New York, Simon & Schuster, 1996, 周琪等中译本,北京:新华出版社,1998年版)综合、分析了约20家关于文明论述之后,曾经把当今世界分为:中华(Sinic)文明、日本文明(不过认为日本文明是中国文明的后代)、印度文明、伊斯兰文明、西方文明、拉丁美洲文明、非洲文明(有争议);并且引用了C·奎格利所作的"东半球的文明"的形成的关系与系统的示意表。见中译本,第28—33页,表见第34页。

分解的方面；历史的发展本身就包含着纵横两个方向的发展，而且纵横两个方面的发展是相辅相成的。按照马克思和恩格斯的说法，那就是人类社会里横向之间的交往［Verkehr］决定了纵向的历史发展，而纵向历史发展又成为横向的每一个社会的前提。人类社会的横向交往与纵向交往，正是历史发展交响曲的两个交互作用的主题。

在当今世界存在着的无争议的主要文明包括中华文明、西方文明、伊斯兰文明、印度文明等。就以本项比较研究所设定中华文明与西方文明来说，二者之间有同有异。其所同在于：二者都是人类社会的横向交往与纵向交往交互作用的结果。其所异在于：一方面，当代西方文明在世界历史上已经属于第三阶（或期）的文明，按照汤因比所说，西方文明从属于叙利亚文明和希腊文明。而叙利亚文明又从属于美索不达米亚文明与埃及文明，希腊文明则从属于爱琴文明；所以其文明主体已经至少变异两次，也就是说其间一再断裂。至于中华文明，它在历史上实际也是有质变与阶段之分的，汤因比早期把中国文明分为两期而后来又不分期，雷海宗先生赞同汤氏的两期说，并且在抗战时期就热情地期待着中国文明第三期的到来①；这就是说，中国文明有历史阶段之变（不同阶段之间的外限是同一的），而文明主体并无根本之变，也就是文明未曾断裂。这是中西文明发展中的区别之一。另一方面，当代西方文明，就其所承受的文化遗产或渊源而言，的确是多元的；且就其主要渊源而言，希腊文明有基本统一

---

① 见氏著《此次抗战在历史上的地位》，载《伯伦史学集》，北京：中华书局，2002年版，第197—202页。

之文化而无统一之国家,罗马承希腊之后虽曾一度蔚为大国(跨欧亚非之帝国)而终归于分裂,日耳曼人从未统一而结果形成近代欧洲诸国,就其民族与语言而言,虽有亲缘关系而终非一体。如今分布在不同国家中讲英、法、德、西、葡等主要西方语言的人口,在数量上大体与以讲汉语为主的中国人口相当[①]。西方文明未能始终连续,显然与其未能形成统一的文明主体(或载体)有直接之关系。至于中华文明,它的渊源本来也是多元的,早在先秦时期不仅有夷夏之分,而诸夏之渊源也非一;可是到了秦汉统一时期,先秦时期的夷夏基本融为一体即汉人,区分则表现于胡、汉之间;经过魏晋南北朝分裂时期的汉人胡化与胡人汉化的漫长过程,隋唐统一时期的中原汉人实际已经是先前胡汉民族的共同后裔;以后虽有元、清两代少数民族君主统一中国,其结果不仅是中国之幅员大为扩展,而且是中国之人口也在民族融合中急剧增加。尤其值得注意的是清代雍正帝的以下一大段话:"且自古中国一统之世,幅员不能广远,其中有不向化者,则斥之为夷狄。如三代以上之有苗、荆楚、猃狁,即今湖南、湖北、山西之地也。在今日而目为夷狄可乎?至于汉、唐、宋全盛之时,北狄、西戎世为边患,从未能臣服而有其地,是以有此疆彼界之分。自我朝入主中土,君临天下,并蒙古极边诸部落俱归版图,是中国之疆土开拓广远,乃中国臣民之大幸,何得尚有华夷中外之分论哉!"[②]雍正的这一段话,虽然处处都在为清廷的统治作辩

[①]《文明的冲突与世界秩序的重建》,中译本,第50页。
[②]《大义觉迷录》,见《清史资料》第4辑,中国社科院历史研究所清史研究室编,北京:中华书局,1983年版,第5页。

护，但确实无异于在鸦片战争百余年前（1729）就宣告了多元一体并以统一国家为基本载体的中华民族的存在，且其所论之根据基本皆沿袭传统的中华经典。原来如今拥有十三亿人口之中华民族是这样长期联合与融合中逐渐形成的，而中华文明也是在同一过程中不断连续的。这就是中西文明发展中的区别之二。当然，这里已经论述到了历史的晚近时期，不过，晚近时期的情况为何会如此呢？其渊源仍然在于本研究所关注的古代，其具体内容则将于以下有关篇章具体论述。

我们从事中西文明的比较研究，其目的并非要一般性地评论其间的高下优劣。因为，中国文明和西方文明也像其他文明一样，都在不同方面、不同程度上作出了自己对人类文明史的贡献。都对人类文明史作出了自己的贡献，是其所同；各自在不同方面、不同程度上作出了贡献，则是其所异。中国文明以其连续性与统一性的相济为自己的特点，而这一特点对于未来的多元一体的世界文明的形成看来是会有其借鉴的作用的。

作为《中西古代历史、史学与理论的比较研究》研究项目的引论，以上文字作了比较广泛的一般论述。不过，中西文明特点的具体形成过程与内容，则规模十分浩瀚，非本研究群体力之所能及。所以，本项目仍以中西古代历史、史学与理论的比较为限，力图在上述三个层面上析论中西文明在其源头上的事实原委以及其所以然。限于各种主客观缘由，我们所做的工作只能是初步的；其间难以避免许多缺陷与失误，尚请方家及诸位读者有以教之。

关于"以史为鉴"的对话[①]

日前,友人某君来访,就"以史为鉴"问题与我作了讨论。兹记宾主对话如下。

宾问(以下简作"宾"):听说近年您和一些学界朋友曾经就"以史为鉴"问题作过一些讨论,还专门开过研讨会,所以今天想和您谈谈这个问题。

主答(以下简作"主"):欢迎惠临赐教。

宾:"以史为鉴",这在中国史学传统中是一个不成其为问题的问题,而且也为历代统治者所肯定与重视。例如,司马光所撰《资治通鉴》,原拟名为《通志》,宋神宗觉得它对统治很有参考价值,所以才赐以今名。可是,好像您对"以史为鉴"似乎总有一些"放心不下"的意思。

主:您的眼光真敏锐,我是有点"杞人忧天"的意思。不过,敢请教您是从哪里看出来的呢?

宾:我是从您过去的文章里开始逐渐看出的。首先,您在《史学理论》(1987年2期)中发表的《对于中国古典史学形成过程的思考》里就谈到了"以史为鉴"观念在殷周之际的出现,并

[①] 刘家和:《关于"以史为鉴"的对话》,原载《北京师范大学学报(社会科学版)》,2010年第1期。

且引用《尚书》《诗经》的许多篇章说明了周初"以史为鉴"观念出现的三个条件：即在求借鉴价值之善时以历史知识之真为条件，在看殷周关系时从二者之异中认识同、从特殊中认识一般，并且在谈所谓"天命"时不忘其背后之人心。特别使我注意的，是其中的第二条，即周初以周公为代表的思想家们已经能够从殷周历史之"异"中看出了"同"，从二者历史之"特殊"中看到了"一般"。好像您正是以此作为"以史为鉴"在认识上成为可能的重要条件的，是吗？

主：您说的很对。您想，如果殷与周只是各为特殊、只是有异而无同，那么，周怎么可能从与自己毫无一般性、共同性的殷朝的历史来取得借鉴呢？因为二者之间根本就没有任何关系嘛。当然，如果殷与周只是有一般性、共同性，那么，它们二者就完全雷同，从自己就看到自己，这样就还有什么必要来以对方为鉴呢？

宾：的确如此，所以当时就有朋友说您对这个问题的理解有了一个新的深度。不过，看来您对这个问题好像还是长期放心不下。

主：是的。上述文章发表不久之后，我就感到自己的思考仍然没有到位。于是继续不断地进行学习和探讨。发表在1996年卷《中国历史学年鉴》（又载《北京师范大学学报》同年第5期）的《历史的比较研究与世界历史》继续讨论了"同""异"与"一""多"对于比较研究的意义。此文发表后不久，我又觉得仍然没有到位。2004年夏在上海召开的一次史学理论研讨会上，我就库恩（T. Kuhn）所说的"范式"（paradigm）转换中的"不可公度性"（incommensurability）问题作了简短的发言，随后在此基础上和陈新君合作写了《历史比较初论——比较研究的一般逻辑》一文，发表于《北京师范大学学报》2005年第5期上。此文要点说明，比较是建立在"可公度"与"不可公度"的对立统一之上的，而"可公度"与"不可公度"又是建立在逻辑的科（genus）属（species，对此二词有不同译法，姑从一说）关系构架及其运动之上的。这篇文章没有直接谈到"以史为鉴"的问题，不过根据这篇文章的论证可以推知，一个认识主体是可以用他的同科而异属的对象为借鉴的；或者说，"以史为鉴"必须在逻辑的科属结构里才有可能实现。前后经过了18年，才稍稍取得了一些进展，真惭愧。

宾：我看这一进展不能算小了。可是，好像您仍然自觉不能满意。您为什么对"以史为鉴"总有"放心不下"的情结呢？能告诉我吗？

主：好，那就让我向您报告，我自己何以对"以史为鉴"总有"放心不下"的情结。可以如实地对您说，如果我只是读中国史学、经学著作，那么是不会有这个问题的。而西方历史文化却不断使我的思考面临一种挑战。我很难忘黑格尔所说的一段对"以史为鉴"最具有直接挑战意义的话。不知您是否有兴趣过目？

宾：当然。

主：那么请看黑格尔的《历史哲学》，其中一段说："人们惯以历史经验的教训，特别介绍给各君主、各政治家、各民族国家。但是经验和历史所昭示我们的，却是各民族和各政府没有从历史方面学到什么，也没有依据历史上演绎出来的法则（引者按"法则"据英文之principles，而德文原文为die Lehre）行事。"[①] 不

[①] 黑格尔：《历史哲学》，王造时译，北京：生活·读书·新知三联书店，1956年版，第44页。

知您看了有何想法？这是不是对于"以史为鉴"说的直接挑战？

宾：当然是。

主：如果是挑战，那么是否可以把它视为不值一驳，从而不予理睬了事？

宾：看来并非不值一驳，不理不行。问题在于如何回应。

主：如果真想回应，那么我看上述一段引文中的第二句话的译文还有一点问题，说清楚了才便于推敲。

宾：愿闻其详。

主：按王氏译文系据英译本转译，英译本作：Rulers, Statesmen, Nations, are wont to be emphatically commended to the teaching which experience offers in history. But what experience and history teach is this that peoples and governments never have learned anything from history, or acted on principles deduced from it.① 如以英译为据，则王氏中译文完全无误。不过如果依据德文原文，上引有下划线一句似宜译作："但是经验和历史给了我们的教训却是，各民族和各政府从来就没有从历史学到任何东西，而且也没有依照那就算是（原文用虚拟式过去完成时，英译、王氏中译皆无显示）从其（指历史）中抽绎出来的教训行事。"按此句德文原文为：Was die Erfahrungaber und die Geschichte lehren, ist dieses, daß Völer und Regierungen niemals etwas aus der Geschichte gelernt und nach Lehren, die aus derselben zu ziehen gewesen wären, gehandelt

---

① G. W. F. Hegel. *The Philosophy of History*, translated by J. Sibree, New York, 1956, p.6. 以下简作"英译本"。

haben.①

宾：我还不太清楚，您为什么要这样仔细核定译文呢？其间到底还有哪些差异？

主：实际上其中还是有看起来细微而实际上很重要的区别的。因为这个句子包含有主句和副句。就其主句而言，英译（从而王译）与原文并无区别，它的意思是：经验和历史给予我们的教训是。是什么？这就要求它所带有的表语副句来回答。这个副句有一对主语（即各民族和各政府），还有两个并列谓语：第一个谓语是：从来就没有从历史学到任何东西，在此英译（从而王译）与原文仍然并无区别；可是，到第二个谓语分歧就出现了。如果依照英译（从而王译），那么它的意思是：确有"依据历史演绎出来的法则"（严格地说，这里的"法则"一词也未译准，王氏是据英文之principles译的，而德文原文为die Lehre，意思是教训，而法则、法律、规律在德文里都作Gesetz），只不过人们没有按它行事；可是依据原文，"从历史中抽绎出来的教训"的本身在黑氏看来就不存在或至少非常可疑（因为抽绎的原文用的是虚拟式过去完成时），所以就算是有，人们也不会按其行事。

宾：英译者的德文水平应该是很高的，怎么会有这样的疏失呢？

主：我也觉得英译者的德文水平是很高的。他常常在我们看黑氏原文感到枯涩、曲折、累赘而头痛的地方用很简明流畅的英

---

① G. W. F. Hegel. Sämtliche Werke, herausgegeben von Georg Lasson, Leipzig,1920, Band 8, Die Vernunft in der Geschichte, Einleitung in die Philosophie der Weltgeschicte, s.174. 以下简作"原文本"。

文把问题说的明明白白。可是太追求可读性有时也会出现问题。不过，我觉得英译者在这里的千虑一失，还有一些别的原因，就是他既忽略了这两个谓语之间的关系，又忽略黑氏这一句话的上下文或语境，而且也忽略了黑氏思想里的一个深层背景。看来他的疏失主要不是出在语言文字的水平方面，而是出在对原文的理解与思考的层面上。

宾：您这话的意思是说，黑氏的本意是说，即使有从历史中抽绎出来的教训（在他看来其实是没有），人们也不会按照它来行事；而英译者忽略了黑氏所用的虚拟语气，把从历史中抽绎出的教训坐实了，所以译文不准了。对吗？

主：是的。

宾：您分析英译者疏失的原因在于三个忽略，能否依次具体地谈谈这些忽略呢？

主：好，先谈英译者的第一个忽略。您想，副句主语与第一个谓语结合时的意思是，人们从来就没有从历史里学到什么教训。那么，到底是要说明历史教训虽有、只是人们没有学到呢？还是要说明历史教训本来就没有、从而人们也就无从学到任何东西呢？

宾：黑氏心里想的到底是什么意思，这让我们怎么猜测呢？

主：我们可以反问：如果历史教训真有，那么为什么人们从来就没有学到它呢？而且，如果从来就没有人学到过它，那么又怎样能用实际经验证明它真有呢？

宾：这个反问有意思。看来黑氏的这个副句的第一部分的用意是，要以没有人学到过历史教训的经验事实来反证历史教训的不存在。

主：对了，问题的要害正在于此。这个副句的第一个部分既然如此，那么在这个副句的主语与第二个谓语结合时，它的意思自然就只能是，对从历史中抽绎出来的教训必须以极其怀疑的语气说出了：就算历史教训是有，人们也没有按照它来行事。黑氏实际是说，人们常说的历史教训其实是所谓的，而非真实（严格地说即由逻辑推导出来的真实）的存在。唯其如此，所以也没有人真按所谓的教训行事。您看，这样的理解是否有些道理？

宾：有道理。不过，这才说明英译者的第一个忽略（即对于两个谓语之间关系的忽略），那么，英译者的第二个忽略（即对黑氏此语的上下文关系的忽略）又是怎么一回事呢？

主：以上所引黑氏那一段话，出现于他所说的"实验的历史"一节中，而"实验的历史"则是他所说的"反省的历史"中的四个类型之一（第二类）；至于"反省的历史"，则又是他所说的考察历史的三种方法（即"原始的历史""反省的历史"和"哲学的历史"）中的一种。这样，要弄清上述引文的语境，就不能不把它放在这样的三层结构里来考察。

宾：可以简要地介绍一下这个三层结构吗？

主：可以，只是简要的介绍难以精准，不过，为了避免漫衍，这里也只好简略地说一些大概了。当然，如果您真有兴趣，那可以细读原书。

宾：愿闻其略。

主：黑氏所谓的原始的历史，就是当时之人记录当时所见所闻或所亲历其中之事。在这样的历史书里，作者的精神和所述对象的时代精神或历史事实之精神是一致的。因此,其优点是,生动活现,使读者能够因之而如身历其境;其缺点是,其所述之时空范围必定有限,而且作者本身不需也不具反省的精神。

黑氏所谓的反省的历史,就是指史家所述的历史时空范围已经超越当代与本地区,从而史家的精神已经不同于所述历史时代之精神,因此史家必须经过反省才能了解、把握所述的对象或前人之史。他把所谓的反省的历史分为四类:第一,是根据前人记录而编写的漫长时间和广袤空间的"普遍史"(现在常译作"普世史"),其优点是所述范围从而展现的视野远远超出原始的历史的范围,其缺点是史家的精神不同于所述历史的精神,从而以其自己的精神强加于所述的历史,使历史叙述失去了直接性。第二,是"实验的历史",即从今人的愿望出发,企图从在精神上本来是异己的历史里学到道德方面的教训和解决面临问题时所需的智能方面的教训。黑氏认为,历史上的道德教训也许对孩子们成长有益,不过,因为古今时代精神不同,所以很难从中抽出共同的教训,即使抽出来那也必定是非常之抽象的,从而在面临往往非常复杂的现实问题时也往往是无用的。说到这里,也就可以看出黑氏在上述引文里之所以采用虚拟式过去完成时的原因了。第三,是"批评的历史",即历史考证;黑氏认为,适当的考证是必要的,而过度驰骋想象的考证适足歪曲历史。第四,是艺术史、法律史等专门史,黑氏认为,这些历史虽然更专门了,但是艺术、法律等内容也更接近于"精神",因此它们也就更接近于哲学的历史了。

黑氏所谓的哲学的历史,就是指精神或理性所主导的历史。

在他看来，精神由于充满着内在矛盾而在不断否定自身中发展，历史不外就是这种理性发展的过程。在这里，我们不可能就黑氏这一理论作系统的讨论，只想强调说明一点，即在黑氏看来，理性本身绝对不是从历史的经验中抽绎出来的，而是相反，历史不过是精神或理性展现自身的过程或轨迹罢了。说明这一点，也是为了说明，黑氏既然不是从经验演绎出理性，那么也无从由此而得到经常有用的教训来。

以上简介就是黑氏质疑从历史经验里能吸取出教训的说法的语境情况。啰唆了，也未必真得要领，谨供参考吧。

宾：那么，英译者的第三个忽略，即对于黑氏思想里的一个深层背景的忽略具体情况如何？

主：这个问题已经涉及西方哲学史了，看来只能作最简要的说明。早在古代希腊，柏拉图就提出人类认识中知识与意见的区分。他认为，人们对于是/存在的对象能够有知识，对于不是/非存在的对象就只能无知；如果认识对象是时而是/存在、时而不是/非存在的、即变动不居的，那么人们对它就既非有知、又非无知，而是只能有"意见"①。照此说来，只有从逻辑推导而来的永恒结论才能是知识，而从变动不居的历史归结出来的就只能是意见了。历史经验所提供的只能是意见，它能作为"教训"的资格就不能是有把握的了。这就是黑氏在上述引文里（对从历史经验里引出教训）采用虚拟式过去完成时语气的深层的思想史上的背景。

---

① 刘家和：《史学、经学与思想》，北京：北京师范大学出版社，2005年版，第83—86页。

遵命说了许多,不知是否说清楚了。

宾:应该说,基本说清楚了。我看,您的主旨其实并非在于解决那一句话所用的语气问题,而实际是要"假道"于对英译文的细微疏失的分析,从而来说明黑氏为什么会从根本上怀疑历史经验是能给人作教训的。

主:您的眼光的确锐利。不过,我倒不是故意借英译的细微疏失大作文章,相反,我倒觉得,英译的这一疏失给了我更多的思考余地,所以在间接的意义上对我也是有益的,书总是以细读为好。以上所引黑氏的那一段话固然给了我很深的刺激,使我难忘,不过,使我不能不深思的是他的那一套思想体系与深远的哲学史的背景。

宾:您为什么这样说呢?难道黑氏的这一段话本身的尖锐挑战可以轻轻避过吗?

主:我不敢逃避黑氏的挑战,而是觉得黑氏那一段话里既有合理之处,也有其自身的问题。

宾:那么那段话的问题在哪里?

主:那一段话虽然说得机警锋利,但是其本身就是有缺陷的。您想,黑氏说,历史的经验给予人们的教训就是(主句),从来没有人从中得到过任何教训(表语副句主语与第一个谓语结合)。这句话看起来很机警锋利,实际上其本身却是一个悖论。如果肯定主句,那就是说历史经验就是给了我们教训的,而且黑氏也承认学到了,那么,断言从来就没有人从中学到任何教训的表语副句就不能成立。反过来说,如果副句的判断成立,那么主句就又不能成立了。黑氏这样伟大的思想家,竟然也难免有为了说话风趣而不慎使自己陷于自我矛盾的境地的时候。另外，黑氏在表语副句主语与第二个谓语结合时的意思是说，即使历史经验真的给人们留下了教训，那么，也是没有人会接受这种教训的。为什么呢？黑氏在上述那段引文之后接着解释说："每个时代都有它特殊的环境，都具有一种个别的情况，使它的举动行事，不得不全由自己来考虑、自己来解决。当重大事件纷陈交迫的时候，一般笼统的法则（按此处法则之英文为principle，德文为Grundsatz，故应译为原则或信条），毫无裨益。回忆过去的同样情形，也是徒劳无功的。一个灰色的回忆不能抗衡'现在'的生动和自由"。①

宾：请允许我插一句话。在历史上不接受历史经验教训的人有的是，难道黑氏这样具体的分析也不正确吗？

主：我没有说他这样说不正确，而是想进一步说明问题。

宾：说明什么？

主：我想就黑氏这一段话的内容分别作两个方面的说明。第一，历史经验教训与人们的自由选择的关系问题；第二，在古今变易中究竟有无相同或相通的经验教训的问题。

首先谈第一个问题。我觉得，只要黑氏在依据经验说话，他的话大体都不会离谱太远。他说，对于历史教训人们有自己的选择自由，的确不错；有人面对历史教训采取不接受态度，这样的事例在历史上的确太多了。所以，他的话里确实有正确的地方。譬如，中国人从很早就，而且一直也坚信：以民为本从而得民心者得天下，残民以逞从而失民心者失天下，这就是一条重要历史

---

① 《历史哲学》，中译本第44页，英译本第6页，原文本第174页。

教训。可是殷商末世、秦之末世、隋之末世皆拒不接受此教训；所以，人们对于历史教训的确是有接受与否的选择自由的，这都可以证明黑氏所说是有根据的。不过，黑氏只说到不肯接受历史经验教训的人，那么，还有没有肯接受历史经验教训的人呢？既然黑氏承认，人们对于历史经验教训是有接受与否的自由的，那么人们选取接受历史经验教训的自由在逻辑上就是不能被排除的。因为，如果没有两种以上的选择出路，那么就谈不上有选择的自由。逻辑上既然不能排除，那么在历史事实上是否曾经存在呢？黑氏的答案是否定的，至少也是十分存疑的。这样的结论就不符合历史事实了。大家知道，在殷、秦、隋等王朝因拒不接受历史教训而灭亡的同时还有周、汉、唐等王朝因乐于接受历史教训而兴起。怎么能说没有人接受了历史的经验教训呢？所以，在这里，黑氏犯了以偏概全的错误。因为讨论还在经验的层面，黑氏所犯的是经验分析论证中的片面性。

不仅如此，以上所举殷、秦、隋之亡与周、汉、唐之兴的事例，恰好证明：人们对于历史经验教训的取舍是有选择的自由的，可是，人们对这一自由选择的结果，就不再有选择的自由，就不能从心所欲了。所以，殷商王朝、秦王朝、隋王朝先后都因拒不接受历史教训而"无可奈何花落去"；而周、汉、唐等王朝，却因虚心接受了这一重大历史教训而勃然兴起，在中国历史长河中熠熠生辉。因此，我们承认黑氏所说，人们对历史经验教训有取舍选择之自由，但是，不能因此而看轻历史教训的存在与意义。相反，这样的事例恰好告诉我们：殷商、秦、隋等王朝的末世拒之而亡亦即周、汉、唐等王朝受之而兴的历史经验教训，在选择自由的背后却有着结果的必然性；而这种结果的必然性正一再证明，上述历史经验的教训的本身是有其颠扑不破的性质的。

宾：不论您怎么说结果的必然性，人们在历史面前的选择意向的自由总是无法否认的。

主：的确如此。不过，您既然说到这里，那么我倒觉得还有一点值得提出向您请教，您看，对于同一个历史经验教训，殷商、秦、隋与周、汉、唐为何会采取截然对立的选择呢？他们的自由选择是完全任性的？还是有其根据或理由的？

宾：对于这样的国家大计，一个统治者恐怕不会完全掉以轻心，看来总是会有所思考的。

主：您说得对。在考虑是否接受历史经验教训的时候，人们总会给自己的决策找出其自身的根据。有些什么要考虑的根据呢？如果具体地说，那么也许可以从各个具体方面的条件来分析；可是，如果作总体的考虑，那么他们的根本依据看来只能是自身集团或阶级的最大利益所在。在同一个历史时代并且面对同一个历史经验教训，殷、秦、隋等王朝采取拒不接受历史教训的态度而周、汉、唐等王朝却采取了乐于接受历史教训的态度。他们分别地作出了自己的自由选择，而选择本身的性质是对立的。为什么会有这样对立的选择呢？因为他们的现实利益是对立的。他们的现实利益为什么是对立的？这就不是他们自己能够自由选择的了，那是他们各自不同的历史前提条件所造成的，而历史前提条件对于他们来说就不是可以自由选择的，相反，对于他们却是既定的。因此，他们各自的自由选择中实际存在着历史前提的不自由，所以，他们各自的选择自由只不过是不自由中的自由而已。看来我们从事史学理论研究，最好还是对历史上的自由选择多作实际的分析，而不重泛论自由本身。

宾：您这样说是否要批评黑氏泛论历史上的自由？

主：绝无此意，也不可能有此意。因为我们在这一点上正是深深受到了黑氏的重要启发的。黑氏在《历史哲学》的绪论中，一方面强调，人的欲望与激情的自由选择及其作用是现实的；另一方面又指出，由于相互对立、竞争的交错作用，最后实现的却是世界理性的目的，人们（即使是历史上的伟大人物）最终只能成为理性实现其自身的工具。这就是他所谓的"理性的狡计"（die List der Vernunft, the cunning of reason）①。所以，黑氏是很好地说明了自由与必然之间的辩证关系的。我们不同于他的地方是，我们难以接受他预设的第一性的世界理性而已。您看，现在我们是否可以来谈第二个问题，即在古今变易中究竟有无相同或相通的经验教训的问题了？

宾：好，那就请您谈一谈，究竟有没有亘古不变的历史经验教训呢？

主：您的问题真是单刀直入。我的答案也必须十分明确，即没有。为什么？因为历史的经验教训既然是在历史中产生的，那么它就必然离不开它所由以产生的历史条件，也就必然具有历史性。它依据具体的历史条件而产生，也随历史条件的变化而变化。例如，在三代时期，王朝必须分封（不论是名义上的或事实上的）诸侯，才能维持统治，所以诸侯之国往往长期存在；而汉初分封的功臣侯者到武帝时就没有什么了。汉朝为什么不接受三

---

① 《历史哲学》中译本，第72页，原文本，第83页，英译本，第33页。

代的历史经验教训呢？司马迁在《史记·高祖功臣侯者年表序》中说："居今之世，志古之道，所以自镜也，未必尽同。帝王者各殊礼而异务，要以成功为统纪，岂可绲乎？"他已经清楚地知道，有些历史经验教训会随着历史条件的变化而变化，但是，他在《秦始皇本纪》篇末大篇引用贾谊《过秦论》的论述，其中引出贾谊对秦亡的关键性解释是："仁义不施，而攻守之势异也。"这就又一次强调了那条残民以逞、从而失民心者失天下的历史经验教训。所以关于封建与否和关于民心得失的历史经验教训的有效性是在时段上有很大差别的。前者只适用于三代时期，而后者则在凡国家政权存在的历史时期皆可适用。等到国家政权也在历史上消失的时候，看来它作为经验教训的作用也将成为历史的往事的。

宾：看来历史经验教训的意义并不具有普遍的必然性。

主：的确如此，不过人类既然生存于历史长河中，看来就只能满足于具有历史性的历史经验教训了。

宾：这样，您就基本上回应了黑氏的上述那一段话了。

主：我对黑氏上述引文所能作的回应就是这些，是否有当？尚希指教。不过，我也知道，问题并未到此为止。

宾：看来您对"以史为鉴"长期怀有的放心不下的情结，还在继续发酵。

主：您说的是。

宾：那么您是怎样想的呢？

主：我想，历史的经验教训的有无及其是否有用，这固然是"以史为鉴"的题中应有之义，但是，它只是"以史为鉴"内容的一部分，看来并非其全体。因此，要弄清"以史为鉴"，还得首先从确切把握它的真实含义着手。尊意如何？

宾：也是一法，不妨一试。

主：鉴，就是镜子，"以史为鉴"就是用历史来作镜子反照自己。对吗？

宾：这样说自然是对的。不过听说，您对这一点也有所怀疑了。2007年夏，您到西安陕西师范大学参加了一个用"以史为鉴"为主题的学术研讨会，在会上，您只作了短短几分钟的发言，而且只是提了两个问题。有此事吗？您提的问题是什么？

主：确有其事。当时我提了这样两个几乎带有稚气（以下将会说明问题的稚气的）的问题：第一，"以史为鉴"的意思，就是把历史当作镜子来照见自己。不过当我们拿镜子来照自己的时候，那么在镜子里出现的是自己；而我们以史为鉴的时候，那么从作为镜子的史书里看到的却没有自己（连自己的名字都没有，即使有，那也是同名异人），而所见都是他者（前人及前人的事）。这使人怀疑"以史为鉴"这个比喻性的说法的确切性与可能性。第二，"以史为鉴"的"鉴"字原来写作"监"字。据《十三经注疏》本，《诗经》里说周人以殷为鉴的时候一般都作"鉴"，而在《尚书》里则一般都作"监"。孔子说："周监于二代，郁郁乎文哉。"（《论语·八佾》）这里的"监"还是作"鉴"用的。"监"的繁体字"監"，其左上角的"臣"本是眼睛的象形，右上角是"人"，下面是"皿"字上面加"一"（一表示皿中的水），整个字形就表示人用眼睛看器皿中的水，也就是对照盆里的水照见自己。在一时找不到镜子的时候，我们也会在洗脸后从脸盆的水里照照自己，看看自己的脸是否完全洗干净了。器皿中的水的确是可以为鉴（镜）的，不过这种水必须是静止的水。清人许宗彦有《鉴止水斋集》。其取义也是止水可以为鉴。因为止水的表面极其光滑平静，可以代替镜子。至于流水，它就没有止水的上述特点，所以也从来没有人站在江河边上临水照自己的。而历史恰恰是一条后浪推前浪的不断奔腾前进的长江大河，这样看来，历史又如何可以为鉴呢？

宾：看来，您这又是在对自己进行挑战了。

主：其实，这是为了更为彻底地回应有关"以史为鉴"的诸方面的问题。

宾：那您怎么彻底地回应有关"以史为鉴"的诸方面的问题呢？是否可以先从您自己所提的第一个问题开始？

主：我想应该如此吧。不过，这一回让我先向您请教，好吗？

宾：这样也有趣，可以试一试。

主：您确信在照镜子的时候，您在镜子里所见到的确实是您自己吗？

宾：当然是我自己啦。难道我照镜子所见到的倒是您不成？

主：当初我也是这样想的。不然，我怎么会提那样的问题呢？可是当继续想下去的时候，问题就又发生了。

宾：您的问题真是多。您既然提了上次提的问题相信照镜子时所见的是自己，那么为何今天又忽然怀疑起镜子里照出来的又不是自己了呢？如果您这样随便地自己都不相信自己，自己否定自己，那么又让我说什么才能让您相信呢？

主：我们不怕自我否定，否定前见往往是后见得以深入的条件。我还是真心想再向您请教问题，而不是故意和您开玩笑。您说镜子里的影子就是您，那么，我能和镜子里的您对话、握手吗？

宾：这不是抬杠吗？人怎么能和镜子里的影子对话、握手呢？

主：好，我明白了，镜子里的您，原来只是您的影子，而不是您本人。是吧？

宾：这还用问？您怎么和我玩起"白马非马"的游戏来了？

主：由此可见，您在照镜子时所见的只是您的影子，而非您本人；换句话说，您的影子并不等同于您自身，而是由您而衍生的一种形象，或者说，是从您"异化"出来的一种现象或它者。尽管这个现象或它者不是您，但是它反映了您在某一方面的真实。

宾：啊？这倒让我有点被您的诡辩弄糊涂了。

主：我决不会对您玩诡辩，而是在认真谈问题。您一时没有想清楚，没有关系。我们可以再举一些例子，供您消化、思考。好吗？

宾：那试试看。

主：我曾经照过胸部透视的大照片，拿出来一看，那只是一架胸部枯骨和一些阴影，它怎么能是我这个活人呢？可是大夫一口咬定说，它就是我，而且是我胸部健康状况的本质反映。啊，它不是我（它是照片、我的照片），却又是我的某一部分的本质反映。我还做过头部的核磁共振扫描，出来的照片又是一片骷髅的排列，当然，这一次我不能再怀疑了；它们的确不是我，而只是我的照片，但是又确实是我的脑部健康情况的本质反映。听了这两个真实的故事以后，您还觉得我在和您玩诡辩吗？

宾：看来您的思考还是很严肃的，不过，这样的思考方式是否已经越出了您所从事的历史学专业了？这对于史学研究还有多大意义呢？

主：还真有几位老友因此为我担心。而我呢，却另有想法。我于史学理论虽然只是一名业余爱好者，可是现在却承担着一个重大研究课题，所以想逃也逃不了，不如真努力钻进去也许还能冲出来。我们的社会要与时俱进，我们的史学就不能不与时俱进；我们的史学要与时俱进，史学理论就不能不与时俱进。我们原以为不成问题的问题，如今已经面临外面的挑战，我们装作鸵鸟行吗？所以，我个人认为，我们的史学要真能有所突破，元史学还是不能忽视的。唐代文学家司空图的《廿四诗品·雄浑》中说："超以象外，得其环中。"（按其思想本诸《庄子》）看来对于我们也是有所启发的。区区微忱，不知是否能蒙俯察？

宾：这样，我就益发理解您的执着了。书归正传，您说的故事的意思是：这个"我"还不是很容易认识的。

主：说来像是笑话，我还不知道自己是谁。我就是刘家和呗。那刘家和又是什么？原来那也只是我的一个符号。这个符号本身是没有任何具体内容的。要想真认识我，那就要从各种各样的"镜子"里来观察我自己。譬如，我在老师的面前是学生，在学生的面前又是老师；在父母的面前是儿子，在儿子的面前又是父亲等。不如此，我的关于自我的意识是无法逐渐建立起来的。

宾：您不是刚刚还在批评黑格尔吗？怎么从您现在的话里却闻到了黑氏《精神现象学》里的味道？

主：您的哲学嗅觉的确太敏锐了。我不敢掠人之美，的确是从黑氏此书关于"意识""自我意识"等部分（严格地说还有《小逻辑》中的"本质论"部分）里得到了深刻的启发的。我如果真想认识"自我"，那就必须有不断的"反思"。

宾：那么，您是准备走"反身而诚"的路子？

主：不是，那是孟子的路子。他以为"万物皆备于我矣，反身而诚"（《孟子·尽心上》）。孟子的"反身"不假外物，而直认本心。这里所说的"反思"，采用的还是黑氏所用的 Reflexion 的概念。

宾：黑氏"反思"概念的具体情况如何？

主：黑氏在解释"本质"的观点时有一段比较生动的说明。引述如下："反映或反思（Reflexion）这个词本来是用来讲光的，当光直线式地射出，碰在一个镜子上时，又从这镜面上反射回来，便叫作反映。在这个现象里有两方面，第一方面是一个直接的存在，第二方面同一存在是作为一间接性的或设定起来的东西。当我们反映（像大家通常说的）反思一个对象时，情况亦复如此。因此这里我们所要认识的对象，不是它的直接性，而是它的间接地反映过来的现象。我们常认为哲学的任务或目的在于认识事物的本质，这意思只是说，不应当让事物停在它的直接性里，而须指出它是以别的事物为中介或根据的。"[①]这就是说，镜子是它者、对象或中介，我可以使自己投影到镜子里（照镜子），镜子里出现的影象已经不是我的直接性，而是我在镜子里设定起来的间接性的东西；我从这个间接性的东西的回头反射中，或者

---

① 黑格尔:《小逻辑》，贺麟译，北京：商务印书馆，1995年版，第242页。

说，从这个中介里，看到了我自己的本质。这样，以上曾经举例的X线透视照片、核磁共振照片里呈现出来的异象之作为我的身体某一部分的本质反映，作为问题就在理论上涣然冰释了。同样，在我们以史为鉴的时候，从史书里看到的不是自己的问题是否也就可以解决了？

宾：看来还有问题。您的胸部透视照片虽然异化得连自己都认不出来，但是它毕竟是您自己投影的结果。您能说史书里的事情、人物也是您投影的结果吗？

主：当然不能这样说。不过，可以说明的是，主体的投影经过不同中介反映出不同的结果，而这些结果对于主体来说实际上都是异物，只不过是与主体相关的异物而已。正如黑氏所说："通常意识总是把相异的事物认作是彼此不相干。……与此相反，哲学的目的就再扫除这种各不相涉的〔外在性〕，并进而认识事物的必然性，所以他物就被看成是与自己对立的自己的他物。"a所以，透视片上的影像、心电图上的曲线、各种体液化验表上的各种数字，对于主体都是异物，但又是自己的异物。人们在史书里是能看到自己的异物的。

宾：现在要追问的是，您是如何向历史作自己的投影的？

主：您的追问之紧、驳难之深，的确使我不能不作不断深入的思考。在这里，为了讨论您所提的问题，我想谈一下构成反映的主观与客观方面的条件。主观方面的条件就是自我主体的意向性。一定的意向性决定着中介的如何选定；譬如，如想知道自己的面部清洁与否，就会选择镜子作为反映的中介（手

---

① 《小逻辑》，第257页。

段），如想知道心肺的情况，就会选择胸部透视作为中介，如想知道自己的心率的情况，就会选择心电图作为中介等。不同的中介可以从不同方面、以不同形式反映出我的身体不同部分的不同情况。客观方面的条件则是中介的实际存在，它是我们投影的对象，而不是我们投影的结果。没有必要的工具或手段，虽有主观意向，也无法使反映得到实现，例如，没有镜子甚至没有水，人们就无法照自己的面部，没有相关的科学技术，就不可能有透视、心电图等。

宾：您为什么和我说这些呢？我问的是，您到底是怎么向史书投射自己的？

主：人们生活于历史长河之中，看来不能不知道自己在此长河中所处的位置何在。因此，人们总有测知自己历史处境的意向。有了这个意向，就要寻求投射目标。这样就找到了史书。这里必须分析清楚，史书以及其中的人物、事迹都不是我们意向投射的结果，而只是我们投射的对象。一旦我们对史书及其所载的历史投射意向，后者作为中介就会对我们的投影作出反映。

宾：且听如何反映。

主：还是举例来说比较容易弄清楚。譬如，当周武王准备伐纣的时候，他一定会力求弄清自己所处的地位。如何来测知呢？他就要把自己的意向投向历史。"惟殷先人有册有典，殷革夏命。"(《尚书·多士》)他把意向投向殷人的典册，结果看出了自己的影子，就是对夏桀发动革命的商汤，还看出了纣的影子，就是夏桀。这时商汤就是周武王自己的异物，桀就是纣自己的异物。商汤为什么能够成为周武王自己的异物呢？因为他们互为具有同一性的异物。这样，异中之同就成为互为反映的必要条件。

根据以上论证可知，以史为鉴与以镜为鉴之间存在着类的不同。人在以镜为鉴时的意向性是照自己的面部，所选的中介从而是镜子；人在以史为鉴时的意向性是了解自己的历史处境，所选的中介从而也就是史书及其所载的历史。二者都有投射与反映的共同性，所以可以互为隐喻之词。（附带说明，由此也可以看出，隐喻总是有其使用与理解的限度的）我从前因为从史书里照不出自己而怀疑以史为鉴的可能性，实际是没有辨明二者在类上之异同，所以问题是带有稚气的。这个带有稚气的问题，现在可以说是解决了吧？

宾：应该是这样的。那么，还有流水不可为鉴的问题呢？

主：其实道理和第一个问题是同样的。如果您的意向是照自己的脸，那就只能选择光滑宁静平面的镜子作中介，反映出来的就是您的面部静态的情况。如果您的意向是要知道自己的历史处境，那么自然不能选取本质是静态的镜子作为中介，而只能选取本质是动态的历史来作中介了。为了说明这一点，还是让我们举一个历史上的例子。当周公协助武王伐纣时，他们从历史（作为中介）中所得的反映是革夏命时的商汤，到了推翻殷商并取而代之的时候，情况发生了翻天覆地的变化，原来的"小邦周"变成了"赫赫宗周"，原来的"天邑商""大邦殷"变成了"殷小腆"。这一种历史的变位，使周登上了殷商当初的天子处境。于是，周公从自己的新处境出发，把意向投向历史，由此他得出了两类反映。一类反映是尚未被推翻前的纣，此人处于"天子"之位而残民以逞，其结果就是灭亡的下场；另一类反映是所谓的殷哲王，此类人因勤政爱民而享国长久（《尚书·无逸》）。周公看到，当时的已经成为天子的周王从殷人典册里看到了正负两类影像，即哲王或暴君，而且两类相对立的影像又有着两类相对立的结果。周公面临着作为镜子的史书中提供的两种可能选择，终于选定殷哲王作为典范，因此他在多篇《尚书》里，反复申述必须以民为本、"保民而王"的教训。从这件事就可以看出，主体总在变化之中，其意向性也就在变化之中；变化了的意向投向历史的时候，其反映自然也就变化了。止水或镜子在此时已经不能充作中介，只有流动着的历史才能起到反映动态的作用。所以，临流水不能照面部，而情同流水的历史却能作为历史人物的中介，并从中反映出动态的历史趋向。这样，我先前所提的第二个带有稚气的问题，至此也可算有一个交代了。

宾：既然您觉得这两个问题带有稚气，那么您怎么敢在西安的会上一本正经地提出来呢？看来您在当时已经胸有成竹，提出来是想活跃一下会场，对吗？

主：这倒不是如此。严格地说，我在当时正处于孔子所说的悱愤状态。我觉得，"以史为鉴"作为一种隐喻，其中是潜在着问题的；当时并未意识到自己所提的问题带有稚气，稚气是在分析的结果里发现的。您说我当时既然已经胸有成竹，那也不是；不过，既然有了问题，自然也是有了一些初步的、朦胧的正面想法的。所以提出来并非为了凑热闹，而是想借此就正有道。后来无人回应。我知道自己还没有把问题提透，而且，我提这两个问题本来还有一种（甚至多种）背后的问题，所以也就不再往下谈了。可是心里从来没有放下它。

宾：您的问题背后还有问题，问题真多，几乎没完没了。

主：看来今天谈的已经不少了，我也怕您累了。您说还谈吗？

宾：听了您的问题步步深入，现在心里有点发痒，您提一个头以便下次接着谈，好吗？

主：好。遵命只就一个问题提一个头。那就是，"以史为鉴"本来是一个"隐喻"（Metaphor），而且是一个很好、很适用、很得学界（包括史学界）青睐的隐喻，但是它在使用中仍然是有其显然的局限性的。我当初提这样的问题时，也隐约地意识到这一点。今天，在您不断追问之下，我的回答，也初步地、非系统地说明了对隐喻有逻辑分析的必要。不知这个头提的是否有当？

宾：有意思，看来您的问题还多，下一次可以由此开始。今天谈的时间已经不短了，是否暂时告一段略。谢谢！

主：以后有机会再就此问题向您请教。多谢来访。再见！

宾：再见！

附录：《关于"以史为鉴"的对话》的补充说明

在《关于"以史为鉴"的对话》中，我曾讨论了黑格尔为什么否定了"以史为鉴"的可能性的问题。我曾指出，问题的关键在于黑格尔所坚持的是西方的逻辑理性的传统。正是因为这一传统与中国人的历史理性的传统的差异，双方对于"以史为鉴"有了截然不同的判断。

在《对话》中，对于黑格尔的是否存在同一的、永恒的历史经验与教训的质疑（他实际是否定了这一存在），我以批判（或扬弃aufheben）的方式作了回答。这就是，从逻辑的观点看，我同意或承认了黑格尔的见解，可是同时又从历史的观点看，否定了黑格尔的见解。因为历史既然包含了变与常的统一，其经验与教训就必然有其历史性的存在的理由与价值。而且，人类既然是历史性的存在，其自身也只能满足于历史性的经验与教训。也就是说，从历史的观点看，我们只能也必须承认在一定历史条件下的普遍的必然性。当然，这在理性主义者看来根本上就不能叫作普遍的必然性。

现在要进一步思考的是，我们是否有可能寻找到这两种理性（逻辑的和历史的）之间的内在关联呢？我们知道，历史的经验和教训当然是从历史经验中归纳出来的，其途径是归纳推理（inductive inference），逻辑的法则是从自明的真理或公理（axiom）演绎出来的，其途径是演绎推理（deductive inference）。亚里士多德的著作中多处谈到这两种推理的区分，甚至试图沟通二者。在《后分析篇》（posterior analytics，81B1—9）中说："证明从普遍出发，归纳从特殊开始，除非通过归纳，否则要认识普遍是不可能的。"可是，亚里士多德本人的逻辑不允许归纳所得的经验成为演绎的前提，于是他又不得不诉诸"努斯"（nous，中译又作"理会"）这种直观的理智。（《后分析篇》，100B8—13）因而他未能打开二者直接沟通的道路。

到了近代，经过培根（F. Bacon, 1561—1621）、洛克（J. Locke—1632—1704）、莱布尼茨（Leibniz, 1646—1716）、休谟（D. Hume, 1711—1776）、康德（I. Kant, 1724—1804）、克罗齐（B. Croce, 1886—1952）等人，他们分别地对于先验的（A prioi）、分析的（analytic）判断与经验的（empirical）、综合的（synthetical）判断，演绎与归纳的推理，理性的真理（verites de raison）与事实的真理（verites de fait）均有所阐发，其中还有人（如康德、克罗齐等）试图把二者结合起来。不过问题迄未能够解决。

可是，只要这个问题不能解决，由经验归纳而来的历史教训（作为一种事实真理）便无法与由逻辑或理性演绎而来的理性的真理相互沟通。从而中国的"以史为鉴"史学理论也难以与西方史学理论在基础层次上相互沟通。

蒯因（W. V. Quie, 1908—2000）的《经验论的两个教条》（two dogmas of empiricism）一文论证它们都是没有根据的。我觉得，他对于其中第一个教条的批驳，在解决中西史学理论沟通问题上可能具有启发的作用。

他所说的两个教条中的第一个,即"相信在分析的或以意义为根据的而不依赖于事实的真理与综合的或以事实为根据的真理之间有根本的区别。"①他所指斥的另一个教条与我们当下讨论的问题无直接关系,在此从略。

蒯因举了一对广为人知的例子:

(1)没有一个未婚男子是已婚的。

No unmarried man is married.

(2)没有一个单身汉是已婚的。

No bachelor is married.

人们通常把这两种陈述都看作分析陈述。可是实际上,只有陈述(1)是严格的逻辑上的分析论述。可是这一陈述不过是同义语的反复,因而是无意义的。至于陈述(2),那是把"单身汉"定义为"未婚男子",于是前者就成了后者的同义词。蒯因指出,这样一来问题就出现了。追问这样的定义是谁定的?又根据什么定的?回答是词典定的,而"词典编纂人经验科学家,他的任务是把以前的事实记录下来……"②这样,这个分析判断的根据竟然来自经验的综合③。再则,"未婚男子"与"单身汉"(bachelor)并不能在一切场合"保全真值地互相替换"(interchangeable salva veritate),因为英文里的bachelor of arts(文学士)、bachelor's

---

① 蒯因:《从逻辑的观点看》,陈启伟译,北京:中国人民大学出版社,2007年版,第18页。
② 《从逻辑的观点看》,第22页。
③ 蒯因对此还作了逻辑的论证,《从逻辑的观点看》第21页。因为涉及逻辑方面的专门知识,此处不赘。

buttons（小果味饼干）等短语里的bachelor就不能与单身汉成为同义词。如果在汉语里，"单身汉"与"光棍"同样是不能在任何场合下都可以"保全真值地互相替换"的。

我想，这样也许可以找到中西史学理论沟通的交汇点。希望诸位批评指教。

在挑战与回应中前进[1]

——刘家和先生谈学术工作的基础

2014年12月11日、17日、21日，时任《北京师范大学学报（社会科学版）》主编的蒋重跃带着访谈任务三次拜望刘家和先生，就学术工作基础的问题向先生请教，每次访谈都超过三个小时。现将访谈内容的第一部分整理如下。提问者以"重跃"表示，回答者以"先生"表示。

重跃：先生，您好！您在二十几年前曾发表过一篇谈学术工作基础的文章，影响很大，让我们深受教益。近些年来，您多次说过，关于学术工作的基础，您又有一些新的进展。

先生：你好！多谢你来和我交谈学术问题，我十分高兴。我的确一直在关心这个问题，而且也的确在这个问题上又有所进步。

重跃：学术研究要有创新，这是学术界的共识。可是怎样才能创新呢？我想，您对学术研究方法的思考对我们会有大的

---

[1] 刘家和、蒋重跃：《在挑战与回应中前进——刘家和先生谈学术工作的基础》，原载《北京师范大学学报（社会科学版）》，2015年第2期。

帮助，所以特别想请您谈谈这些年您在这方面的新的思考。

先生：还是让我们一起来讨论吧。

重跃：那么，请您先说。

先生：你刚才提出的学术创新问题，实在太重要了。这实际是学术能否真正传承和发展光大的关键所在，而能否真正发现并回应挑战，也可以说是学术能否创新的关键所在。人类历史是在不断回应各种各样的挑战中逐渐有所创新而发展起来的，学术研究是人类生活中的一个重要部分，自然需要积极发现并回应挑战，在克服困难中不断前进。

重跃：为什么要把回应挑战当作能否创新的关键呢？这样说是不是太被动了？难道我们的学术工作就是为了回应别人对我们提出的挑战吗？我们就不能向人家发起挑战吗？

先生：你的话非常富有挑战性，因此也非常值得思考，难道我们在学术上应该消极被动吗？当然不该如此。不过我说的不是这个意思。那么，这就是你误解我了？其实，这也不能怪你。因为我从前还没有能够把问题说透了，怎能要求你完全理解呢？多谢你的挑战，今天应该是说透这个问题的时候了。

重跃：您说我的话非常具有挑战性，因此值得思考，这对我也有启发。您的意思大概是，没有挑战性的话，听听也就罢了，无须特殊回应。我一"挑战"，您就想把问题说透，今天就请您说透了吧。如果一次时间不够用，再谈一次也好。

先生：现在就让我来尝试把问题说清楚。我所说的挑战，就其深层意义而言，不仅仅是指人家向我们发起的，而且更为重要或更深层次的，是我们必须能够自己向自己提出挑战。

重跃：为什么？

先生：当他人提出挑战的时候，我们自己是对象，而当需要我们回应的时候，我们自己却转变为主体。作为主体，自己是否有能力发现或意识到这种挑战？发现或意识到了，自己又是否有能力面对并回应这种挑战？如果一时没有能力，那么是采取回避的态度还是采取积极准备以求今后能以回应的态度？这些就都需要自己对于自己的挑战了。概括地说，这包括对自我能力极限的挑战和自我选择的挑战。我所说的挑战中应该包括自我挑战大体就是这个意思。

重跃：您所说的对自我能力极限的挑战，容易理解；而所谓自我选择的挑战，那又应该如何理解？

先生：其实，每一位学者都有其能力极限，专业的选择往往规定了我们能力极限的范围。不过，这又不是绝对的。譬如，我们所选择的学科是史学，史学的研究领域包括人类生活的历程及其所能给予我们的经验教训。这看来是明确的。不过，人类生活涉及方方面面，这里面的问题就复杂了。于是，由此而产生了二级学科、三级学科。一个史学的大屋顶下就有着复杂的结构，何况还有若干与史学相关联的其他邻里学科。选择的挑战是明显存在的。在具体进行选择的时候，又不可避免地有着两种相互区分而又联系着的问题：学术使命的理想目的与学者个人的功利目的。在这样的选择张力下，就有着相当实在的自我挑战问题。

重跃：现在您把问题展开了，也把它复杂化了。不过，对于我来说，这个问题却颇为现实而鲜明。我做学报编辑工作若干年，经常阅读各种来稿，其中就可见到作者们的不同选择，看到他们应对自我挑战的不同态度与风格。因此，我会想到古人对此已有许多论述。您说是吧？

先生：你的话对极了。孔子说："古之学者为己，今之学者为人。"（《论语·宪问》）这句话在今天很容易被误解为：古人学习是为了自己，而今人学习的目的却是为了他人。其实，历代注释的理解都是：古代学者是为了自己求得真知，以便实行；后世学者是为了对他人显示自己，以求获利。孔子说："不患人之不己知，患其不能也。"（《论语·宪问》）又说："君子求诸己。"（《论语·卫灵公》）这些都可以作为前代注释的根据。在孔子所说的"为人"与"为己"两种可能的面前，怎么办？这就是自我选择的挑战。深一步说，事情也真吊诡，古之学者为己求真知，其结果最终可以有益于他人；后之学者为了炫耀个人，未得真知或苟且其说，其结果最终可以无益或贻误于他人。当然，这样也就会贻误了自己，走到了事物的反面。如果不能认真挑战自己、严格要求自己，从而学风不振甚至不正，怎么还能严肃面对并切实回应他人的挑战呢？严格地说，能够切实挑战自己，这正是回应外来挑战的必要条件。

重跃：能否谈一点具体挑战自己的方法？

先生：如果以最简单的办法说，那就是要不断地、严格地质疑且追问自己。说到这里，我想插一句闲话，你的英文很好，一定知道"挑战"在英文里怎么说。

重跃：Challenge. 啊，原来这个英文字里就包含着质疑追问的义项呀。所以从"挑战"到"质疑追问"并非转了话题，而是同一问题的具体化。

先生：书归正传，举例来说，每引一条材料，就要考问自己，材料的出处是否可靠？材料的内容是否可信？自己真弄懂它的意义了吗？每提出一个见解，就要质问自己，思维的逻辑是什么？自己真清楚了吗？一步一个脚印地对自己追问下去，在不断的自我否定、自我超越中前进。其实，这样的严肃挑战自己的历程，往往是与回应外来挑战的历程相一致的。这样才有可能一步一步切实回应他人的挑战。即使一次回应失败，那也便于查出自己是在哪一步上把棋走错了，以便以后自觉提高能力；如果错得糊里糊涂，那就难免糊涂下去，很难走出这种积习了。

重跃：我想起来了，您在写《关于"以史为鉴"的对话》这篇文章时曾借"客"之口说过您要"对自己进行挑战"的话①，可见这个思想那时就已经很明确了。您把内在的自我挑战与对外的回应挑战这样紧密地结合起来谈，应该说是一种很独到的见解了。

先生："独到"，实在不敢当。我是从前贤那里学来的。首先，说对话的形式。中国的《论语》《孟子》的呈现方式都是对话。希腊柏拉图的对话，大多是自己写的，都是在自己挑战自己。所以从形式上我就是学来的。再则，说自我挑战的理性自觉。我知道，你非常熟悉《老子》，时常能大段地背出来。"知人者智，自知者明；胜人者有力，自胜者强。"（《老子》三十三章）

---

① 刘家和:《关于"以史为鉴"的对话》,《北京师范大学学报（社会科学版）》,2010年第1期。

这几句话文辞浅近,不难读懂。好像是在给"智""明""有力"和"强"下定义似的。其实,《老子》告诉我们的是:知人的智和胜人的力,对于每一个人来说都是有限度的,因为到底是否能知、能胜,那要因对象的条件而变;而自知的明和自胜的强,对于每一个人来说却是无限度的,只要我有自知、自胜的志愿和理想,那就是谁也阻挡不住你的。所以,人必先自知,然后才可能知人;必先自胜,然后才可能胜人。自知与自胜实际是人的一种高度自觉而且高度专注的精神状态。所以我对于自我挑战的理性自觉也是从前贤学来的。

重跃:对不起,我想插提一个问题,可以吗?

先生:当然,请提。

重跃:据我所知,您读《老子》至今大概已有七十年,刚才您对三十三章那段话的理解是从十几岁时就有的吗?

先生:那怎么可能!最初只觉得这几句话很简明,但也很有蕴含,经得起回味,像含橄榄似的。记不起具体时间了,总是在中年以后才逐渐悟出上述的道理来。

重跃:原来您是经过长期的自我挑战以后,才逐步突破自己的能力极限,解决了如何解释这些话的难题,从而回应了挑战的。从这一点来说,您对自我挑战的自觉性并非简单地学来的,而是经过长期不断超越自我的努力得来的。

先生:很高兴,不是因为你在过誉我,而是看到了你已经自如地把握对话中的挑战与回应的技艺了。你方才的插问原来是要把我一步步地引入你所要得到的答案上来。

现在重归正传。当一个人面对挑战的时候,他所需要的是什么精神状态呢？

重跃：不会是无动于衷吧。

先生：挑战一般用来指较为严肃的问题，有时指生死攸关的问题。Challenge，不是还有要求决斗的意思吗？当然，研究学术不会与人决斗。不过，既有挑战，那就不能不具有清醒积极的回应意识与意志。人一旦意识到它是一个挑战，而且要想回应，就不应该昏昏欲睡，就应该全神贯注，全力以赴，给予回应。这是一种清醒的状态，有了这种状态，就会想方设法回应挑战。学术研究当然也需要有这样的清醒状态。我们的问题，要在挑战和应战中发现；我们的方法，要在挑战和应战中锻炼；我们的学术工作的基础，也要在挑战和应战中不断调整。对于学术研究来说，首先是要发现问题，然后是找到解决问题的办法，要做到这两点，都离不开知识结构的调整，离不开学术工作基础的改善。

重跃：怎样在挑战和回应中发现问题呢？

先生：就像刚才说的，挑战不仅仅是外部什么人向我们提出的，还有我们向自己提出的。这就是说，我们不但要发现客观的问题，更要发现自己主观的问题。而且回应自己发起的挑战，或回答自己提出的问题，往往比回应人家的挑战、回答人家提出的问题更关键，更具有先在性。自己没有问题，要想发现人家的问题，是很难的。

重跃：我觉得您的文章都是在回应这样两种挑战啊。

先生：我的确想向这个方向努力，至于成败得失，那就很难说了。

重跃：现在看来，您在回应外部挑战中获得成功，也是因为您首先回应了自己内部的挑战了？

先生：回应外部挑战成功，这就更不敢说，但一直在回应自己的内在挑战倒是真的。

重跃：那么，当年您写《论人类精神的觉醒》，又是回应什么样的挑战呢？

先生：关于这个问题，其中情况比较复杂，难以用三言两语表达出来。

重跃：那就请您把写这篇文章的考虑说明一下，也可能对我们有些启发。

先生：事情是这样的。1986年我在美国访学，读到雅斯贝斯《历史的起源与目标》(*Vom Ursprung und Ziel der Geschichte*)的英译本 The Origin and Goal of History。他的"轴心期"学说对我的精神震动很大。

重跃：为什么？

先生：你知道，我从十五六岁起就开始阅读先秦诸子，而且一直很有兴趣；十八九岁以后又开始学习西方哲学，同样一直很有兴趣。在当时还处于朦胧状态中的我，已经强烈地意识到其中有非常重大的问题值得思考。1952年分配工作以后，我的业务领域是世界古代中世纪史。我很想作思想史的研究，不过，由于想到，如果没有整个古代史的基础，没有对于古代社会经济史的底蕴，那么思想史很可能会做空了。所以，我曾在希腊和印度古代的社会经济史上先后下了一番功夫，在咱们学报发表过相关的研究成果①。而中国史则是我从来不敢也没有忘怀的研究领域，自学从未间断。也可以说我在1955年就选定了以希腊、印度与中国作为自己的古史比较研究的三个支点。白寿彝先生对我的情况有所了解，所以在1979年底把我调到史学所，让我从事中国通史和中外古史比较的研究工作。这样我就又有了若干年比较系统地研究中国典籍并与外国古史作比较的机会。在此期间，我对于黑格尔在其《历史哲学》中对于中国（以及整个东方）历史文化的误解、曲解甚至歧视，越来越感到应该也必须予以回应，可是我却一时无力实现，内心深自纠结，不断努力寻求突破。在这样的情况下，我看到雅斯贝斯的"轴心期"学说，见到他把中国、印度与希腊并提，认为"世界上所有三个地区的人类全都开始意识到整体的存在、自身和自身的限度"，"意识再次意识到自身，思想成为它自己的对象""无论在何种意义上，人类都已迈出了走向普遍性的步伐"②。他的这些意思都是对于黑格尔的观点的驳

---

① 1955年10月，刘先生考入东北师范大学由苏联专家主讲的世界古代史教师进修班，1957年7月，毕业论文《论黑劳士制度》通过答辩，这篇文章直到20世纪80年代初才得以发表（刘家和：《论黑劳士制度》，《世界古代史论丛》，第1辑，北京：生活·读书·新知三联书店，1982年版）。从20世纪50年代后期到20世纪60年代初，刘先生在古代印度史领域辛勤耕耘，取得重要创获，研究成果大多在《北京师范大学学报（社会科学）》上发表，最有代表性的有《印度早期佛教的种姓制度观》，《北京师范大学学报（社会科学）》，1962年第3期；《古代印度的土地关系》，《北京师范大学学报（社会科学）》，1963年第4期。后收入刘家和：《古代中国与世界——一个古史研究者的思考》，武汉：武汉出版社，1995年版。直到今天，这些文章仍然频繁出现在古代希腊史和古代印度史研究者的参考文献中。

② 见卡尔·雅斯贝斯：《历史的起源与目标》，魏楚雄、俞新天译，北京：华夏出版社，1989年版，第8、9页。先生附带说明：当时我读的是英译本，知道了他的这些意思。这里引用中译文，只是为了便于读者朋友参考。

难与否定,使我颇有"先得我心""相见恨晚"之感。不过,我也觉得,雅斯贝斯所着眼处主要在于哲学领域,从而对于公元前800—公元前200年(轴心期)间历史诸方面发展与演变的深层结构,看来并未能充分展开。我作为中国学者,当然有义务给予自己的回应。所以严格说来,是黑格尔的挑战在先,使我不能不对自己的能力进行不断的挑战,是雅斯贝斯的书启发了我,这样我才作出了初步的自己的回应。其实,对于雅斯贝斯的哲学思想(存在主义),我有难以完全认同的感觉,但是在写那一篇文章时又无力予以分析与回应。所以,对于雅斯贝斯的挑战,迄今已经二十余年,我还欠着债未能还清。只要我们能够保持一定程度的清醒与自觉,那么,挑战就会是层出不穷的。个人终究是有限的,回应一切挑战几乎是不可能的,不过这种压力感,能使我们时时自知不足,不至陷于昏昏墨墨的自满状态,所以也是有意义的。

重跃:听了您的这一段话,我好像喝了一杯薄荷凉茶,您的清醒意识也让我有清醒之感。不过,雅斯贝斯所说的"整体意识"或"普遍性"以及它的内部结构究竟是怎样的,似乎未能给予系统的说明。您的文章还是给出了自己的分析与论证的。

先生:针对这个问题,我写出了《论古代的人类精神觉醒》[①]一文,试图用"人类精神觉醒"(这个提法也是借用雅斯贝斯的),即"人类经过对自身存在的反省而达到的一种精神上的自觉"来概括三地思想家的共同问题,并把它具体化为人类"关

[①] 刘家和:《论古代的人类精神觉醒》《北京师范大学学报(社会科学版)》,1989年第5期,后收入刘家和:《古代中国与世界——一个古史研究者的思考》,第571—599页。

于自身对外界限的自觉""关于自身内部结构的自觉"以及"自身精神的自觉"三个维度或层次,我把这种觉醒解释为"人类经过三个方面的反省所达到的三个层次的自觉"[①]。我认为这三个维度或层次是古代轴心期文明的共同主题,思想家们在回应各自面临的现实挑战中,最大限度地挖掘了各自的潜力,焕发出各自的创造精神,在这三个主题上取得了各具特色的辉煌成就,为后来世界文明的发展开创了新的局面。总之,我是在雅斯贝斯的启发和触动下,在我的知识背景上,尽我所能,回应了我自己的一个内在挑战,如此而已。

重跃:这篇文章我读过不知多少遍,但都没有像今天这样听到您讲解后理解得透彻,实在是太好了!说来惭愧,您的文章我都认真地读了,当时感觉是看懂了,可是并未上升到这样的高度来认识。现在想来,的确应该重新思考啊!

先生:希望你多谈谈你读后的看法。

重跃:我觉得先生的《关于历史发展的连续性与统一性问题——对黑格尔曲解中国历史特点的驳论》一文就是回应黑格尔的挑战的代表作之一。您在文中指出,对于中国历史,黑格尔认为:"中国很早就已经进展到了它今日的情况;但是因为它客观的存在和主观运动之间仍然缺少一种对峙,所以无从发生任何变化,一种终古如此的固定的东西代替了一种真正的历史的东西";他把中国等东方国家的历史称为"非历史的历史";对于中国的

[①] 刘家和:《论古代的人类精神觉醒》《北京师范大学学报(社会科学版)》,1989年第5期,后收入刘家和:《古代中国与世界——一个古史研究者的思考》,第572—573页。

史学，黑格尔认为："在中国人中间，历史仅仅包含纯粹确定的事实，并不对于事实表示任何意见或者理解"。①对于黑格尔的观点，您是这样说的："黑氏在其《历史哲学》中对中国历史文化的根本性的误解或曲解具有两个特点：第一，他的全部论述与结论都是在历史的比较研究中进行的；第二，他的错误并非仅仅表现在个别的、零星的问题上，而是涵盖了历史的、史学的和理论的（历史哲学性的）三个层次，其本身就是一个三维结构的整体，因此，我们的回应，首先必须是以比较研究为基础的，同时应该且必须在这三个层次上来依次展开。这就是我们的此项研究涵盖着历史、史学和理论三个层面的比较的根本原因。"②可见，您的研究是为了回应黑格尔的挑战。而且，您的回应有着很深的理论思考，就是您对挑战者的观点及其内部结构作了深入的研究，对自己的研究也有着深入的反省，所以才能有针对性地提出同样有结构的回应。您主持的重大课题"中西古代历史、史学与理论的比较研究"就是以此为基础展开的③。

先生：的确如你所说，我那篇文章是为了回应黑格尔关于中国历史乃至历史发展问题提出的挑战的。当然也在一定程度上回应了自己的挑战，为什么这样说呢？因为，写了《论古代 人类精神觉醒》那篇文章以后，又觉得那只是在雅斯贝斯的基础上作

---

① 黑格尔：《历史哲学》，王造时译，北京：生活·读书·新知三联书店，1956年版，第123、141页。
② 刘家和：《关于历史发展的连续性与统一性问题——对黑格尔曲解中国历史特点的驳论》，《北京师范大学学报（社会科学版）》，2009年第1期。
③ 刘家和：《中西古代历史、史学与理论比较研究》（国家哲学社会科学成果文库），北京：北京师范大学出版社，2013年版。

了一定程度的发挥，对于黑格尔的挑战仍然远远回应不足。这又是自己能力的限度在挑战自己，我必须回应这个自我挑战。

重跃：可是，有人以为黑格尔距离我们太过遥远了，将近有两个世纪了，在这将近两个世纪时间里，出现了许多哲学家、史学家、汉学家，像刚才说的雅斯贝斯，还有汤因比、理雅各、高本汉、葛瑞汉、费正清，直到前些时候刚刚去世的倪德卫教授等，他们对于中国历史表现出相当浓厚的兴趣和相当程度的尊重，他们对中国历史发展的阶段性和完整性给予了充分的肯定和再现，事实上已经克服了黑格尔的偏见，在这种情况下，还能说黑格尔的见解是一种挑战吗？

先生：不错，黑格尔之后，在西方的确出现了许多认真研究中国历史和文化的学者，对于中国历史的发展也给予了相当程度的承认。但是，在理论上问题提得最深刻也最尖锐的，仍然要数黑格尔。这些问题本身一直没有从理论上给予认真的回应，也就是说这些问题一直存在着，怎么不是挑战呢？其实，是不是挑战不能只看时间的远近，更关键的，要看这些问题是不是给予了实质性的回答，是不是从根本上给予了解决。如果不是，时间再久远，仍然还是挑战。

重跃：先生说得实在是太好了，让我有顿开茅塞之感！其实，给我印象同样深刻的还有您的另一篇文章，就是《关于"以史为鉴"的对话》一文。我觉得，在这篇文章里，您彻底回应了黑格尔提出的更为严峻的挑战。

先生：说我对黑格尔历史不能为鉴说回应已经彻底，看来难免过誉。不过我却真是经过了不少于十年的寻思的。然而，它是否真的便于大家理解，我仍然没有自信。你对那篇文章印象如何？

重跃：印象较深，而且我最近又读了几遍，这次的体会比以前更深入了一步。您在文章中主要谈了两个问题，一个是黑格尔关于人们能否从历史中得到教训的问题；另一个是对于以史为鉴的本质的分析。关于第一个问题，我印象最深的就是您指出黑格尔在《历史哲学》中有一段对以史为鉴最具有直接挑战意义的话，并且对这段话作了深入的分析。您首先对英译和德文原文做了详细的核对，指出英译本在语言翻译上未能把黑格尔对于历史教训的否定态度明确而充分地呈现出来；然后又从历史观念和哲学背景上对黑格尔何以如此而英译者未能把握的深层原因揭示出来。在此基础上，您把这段话做了准确的汉译："但是经验和历史给了我们的教训却是，各民族和各政府从来就没有从历史学到任何东西，而且也没有依照那就算是（原文用虚拟式过去完成时，英译、王造时中译皆无显示）从其（指历史）中抽绎出来的教训行事。"[1]接着，您又对这段话做了语法分析，指出这是由一个主句和并列的两个副句组成的复合句，主句"经验和历史给了我们的教训是"，明白地告诉人们历史给了人们某种教训；可是两个作表语的副句却是"各民族和各政府从来就没有从历史学到任何东西"；"而且也没有依照那就算是从其中抽绎出来的教训行事"。两句表达的是同一个意思，也是明明白白，历史从根本上说并没有给人任何教训。到了这里，您就直接点破了黑格尔在

---

[1] 刘家和：《关于"以史为鉴"的对话》，《北京师范大学学报（社会科学版）》，2010年第1期。

这个问题上出现了悖论（paradox）。您的分析非常清晰，非常雄辩，非常深刻，发现这个悖论，更是一个了不起的贡献！

先生：发现这个悖论并非易事，其实是经过很长时间思考的。

重跃：您为什么非要指出黑格尔的这个悖论不可呢？

先生：我之所以下力气分析这个问题，就是为了揭发黑格尔的轻佻！人们对黑格尔一直存在着某种迷信，为了破除这个迷信，就需要祛魅（Disenchantment）。只有一个东西可以祛魅，那就是先把最有魅力的地方揭穿，然后再层层剥皮。指出黑格尔的这个悖论，然后就要分析这个悖论何以出现。

重跃：是啊，我曾不止一次读到、听到有人引用黑格尔的这段话，以不屑或调侃的口吻对以史为鉴表示了不以为然。这样看来，指出这个悖论的确具有重要的意义啊。

先生：当然，祛魅并不是目的，真正的目的是要说明黑格尔对历史经验教训的真实态度。从他的话里面，可以发现三个问题，即：第一，历史经验给了我们的教训是，从来没有人从中得到任何教训；第二，即使有历史经验教训，人们也有拒绝的自由；第三，在古今变易中究竟有无相同或相通的经验教训。关于第一个问题：黑格尔所说的话是一个悖论（paradox），这一点我们在前面已经说过了。关于第二个问题：黑格尔认为，对于历史教训之取舍，人们有自己的选择自由。可是在我看来，对这一自由选择的结果，就不再有选择的自由了。而且，选择的历史前提条件也是不可以自由选择的。从拒绝接受历史教训而失败的例证，人们可以证明历史教训是存在而且起作用的。选择自由只不过是不自由中的自由而已。关于第三个问题：黑格尔认为在古今变异中没有相同或相通的经验教训。在他看来，因为历史的经验教训既然是在历史中产生的，那么它就必然离不开它所由以产生的历史条件，也就必然具有历史性。既然有历史性，就不具有永恒性或逻辑的无条件的必然性。当然，黑格尔也认为人类历史本身是有理性或必然性的，可是那只是世界精神自身展开的必然性，活生生的人在这种客观理性的绝对支配下，只不过是中了所谓"理性的狡计"（List der Vernunft, Cunning of Reason）的不自觉的演员而已。当然，我也承认，人类历史经验中的理性是有其历史性的，不过，人类既然生存于历史长河中，那就只能满足于具有历史性的历史经验教训。更何况历史的"变"之中也是有其"常"的，虽然历史流程中的相对稳定性或"常"在不同层次上并不相同，但是，只要在某个层次上有关的历史条件仍然存在，相应的经验教训就应该是有效的。从这个意义上说，历史仍然可以给人以有益的教训。

重跃：这就又回到以史为鉴的有效性问题了。

先生：是的。我的那篇文章接下来就对以史为鉴本身的有效性问题展开了讨论，你还有印象吗？

重跃：有的，这是我印象最深刻的部分。

先生：那谈谈你的看法好吗？

重跃：好的，不过我的叙述可能有些啰唆。我觉得您在这部分里对以史为鉴的本质的讨论对我有很大启发，也是您对史学理论作出重要贡献的地方。给我印象最深的首先是您提出的问题。您的问题是：怎样理解以史为鉴的真实含义？以史为鉴又如何成为可能？我知道这个问题您很早就关注了。我的印象中最鲜明的是，2007年暑期在陕西师范大学召开的史学理论研讨会上，您再一次郑重地提出这样的问题。您还具体地提出两个问题：其一是，古人以铜镜为鉴，因为从中可以看到自己，可是，如果以史书为鉴，那却无论如何也看不到自己，即使有同名同姓的人，那也不是自己，所以史书何以可能为鉴？二则，古人还以止水（完全平静的水）为鉴，因为止水平静如铜镜，而历史本身却像是一条长江大河，奔腾不息，哪里还有一点作为镜子的可能呢？您把问题提出来，会场上却毫无回应，您也就不说了。当时我也不明白为什么您要提出这个问题。在我看来，用历史上的经验教训来作借鉴，指导我们今天的社会实践，这是天经地义的呀，还有什么疑问吗？可是这几年来反复阅读您的文章，听您谈话，才渐渐地加深了对这个问题的理解。原来，怎样理解以史为鉴的真实含义对于我来说的确是一个问题，而且是一个非常严峻的大问题！带着这个问题又反复阅读您的文章，我才注意到：原来您在文章中指出以史为鉴是一种隐喻，并非平实的科学叙述。既然是隐喻，那么隐喻之词与被隐喻之物，就只能是相关的二者，而非绝对的同一；既然是相关的二者，其间就只能有着某种意义上同一的关系。我们从水或铜镜中并未直接地看到自己，我们看到的是自己投在水或镜面然后又反射回来的一种影像，这个影像只是自己真实形象的一种反映，也就是反映了自己相貌的他者。具体地说，我们本来无法直接看到自己的形象，而只能通过他物（例如止水或铜镜）反射回来的影像才能间接地看到。按照黑格尔的说法，一个映现在他物中的存在叫作"本质"（essence），人要认识此物的本质，就必须到他物中去寻找此物在其中的映现。这个供我们认识此物映现的他物，黑格尔叫作"中介"。人要认识此物的本质，就要寻找到此物映现在其中的中介。您在文章中指出，人们对自己的本质也需要从多方面来认识，或者说人本来是具有多重本质的，为了认识不同的本质，就需要选用不同的材质为中介。您举的例子非常能说明问题，您说，要想知道自己的形象，可选用镜子；要想知道肺部健康情况，就要选用X射线照相；要想知道自己的历史处境与前程，就必须选用历史书。这是您对自己在西安提出的第一个问题的回答。由此您又进一步推演，人的生存状态不是静止不动的，而是有发展变化的；对于流变中的事物来说，最好以流变中的历史长河为鉴。因为要想从当下来思考未来自己的处境和发展，那就要寻找到某种中介，从中可以看到前车之鉴。寻求前车之鉴，这就是以史为鉴！以史为鉴就是用史书作为中介以了解自己历史命运这个本质属性的一种方法。

先生：你说得好。看来你是真的读进去了。

重跃：您的论证实在是给以史为鉴这个千年命题作了充分的理论说明。您在这篇文章里的论证让我由衷地感到自豪：中国人完全可以站在理论思维的高度上与西方学术大师进行对话，这种对话是平等的，理论性的，富有启发意义和建设意义。我觉得，您的这篇文章真正在理论上回应了黑格尔对于以史为鉴的挑战。当然，您在文章末尾对于以史为鉴在实践中的限度表示要进一步研究下去。

先生：不过我绝对不敢以为自己已经很好地完成了这一回应。我相信自己的论证还会有不足之处，希望自己在将来也更属望于来者进一步克服我的缺陷，从而对于以史为鉴作出出色的论证来。

重跃：我觉得您的文章确实做到了"更为彻底地回应有关以史为鉴的诸方面的问题"。那么我现在的问题是，回应黑格尔的这个挑战意义究竟有多大呢？

先生：你知道，如果不回应，以史为鉴就彻底被颠覆了，我们的四千年文明史就这样被颠覆了。回应这个挑战是我们中国史学工作者应该负起的神圣使命！说到这里，我想起谈话开始不久时，你曾问："为什么要把回应挑战当作能否创新的关键呢？这样说是不是太被动了？难道我们的学术工作就是为了回应别人对我们提出的挑战吗？我们就不能向人家发起挑战吗？"现在我试图也向黑格尔提出一项挑战。当然，黑格尔早已去世，不可能自己回应，那么现在可以提出来让大家评评理。如果我问错了，你也可以代表黑格尔反驳我呀。我的问题是：即使是充分表现了鲜明的逻辑理性特征的黑格尔的哲学，难道不是以康德的哲学为鉴才产生的？难道康德的哲学不是以莱布尼兹和休谟的哲学为鉴才产生的？再往上推，难道亚里士多德的哲学不是以柏拉图和希腊哲学史为鉴才产生的？黑格尔的哲学也是产生于历史中的，它的价值也在历史中，没有终结，哪有终结呢？他本人的哲学不多不少恰恰也就是历史的。如果不是以史为鉴，他的哲学怎能达到那样的高度呢？没有以史为鉴，人是不能反省的，只能站在原点上。黑格尔哲学本身即是以史为鉴的结果，他不以柏拉图、亚里士多德、康德为鉴，即不能成为黑格尔！他的哲学本身即说明了这一点，看起来高耸入云的东西原来也在历史中。我们只有反思黑格尔才能有所进步啊。

重跃：是啊！黑格尔在《逻辑学》存在论正文开始之前，对从古希腊到康德的西方哲学史作了简明扼要的梳理和分析，然后才为自己的逻辑学确定了起点①。原来您作了这么深入的思考！

先生：我思考这个问题，也是为了在黑格尔面前讨一个公道，给以史为鉴一个生存的权利，给史学一个存在的理由！当然，我们也不能不公正地肯定黑格尔在人类文化史上的崇高地位。他的《精神现象学》《逻辑学》《小逻辑》都是充满了发展的历史意识的，他努力把人类意识的发生发展、逻辑的发生发展解说为历史的，提出逻辑与历史统一的观念，真了不起。可是，他把现实的历史又套上了他所设定的世界精神的牢笼，因此把问题弄颠倒了。我们挑战他、批评他，也是以他为鉴啊。看来迎接挑战永无止境，我毕竟已经是"80后"，人一老，锐气就差了。我还要向中青年学者朋友学习。

重跃：先生太谦虚了！

先生：我要郑重地说，这不是谦虚，而是我还没有糊涂到不想真正认识自己的程度。今天我们谈了很久"挑战"与"回应"（早年常译为"应战"）的问题，其实把这一对概念最广泛地运用于解释人类文明历史的是英国著名史家汤因比（1889—1975）。在他所著的《历史研究》一书中，他把人类历史分为若干（具体数目先后之说不一）文明，以文明为单位，而每一个文明都有起源、生长、衰落、解体的过程。他认为，在文明

---

① 黑格尔："思想对客观性的第一态度：形而上学"，"思想对客观性的第二态度：经验主义、批判哲学"，"思想对客观性的第三态度：直接知识或直观知识"，《小逻辑》，贺麟译，北京：商务印书馆，1980年版，第94—186页。

的全部进程中，回应挑战的成败也就是一个文明成败兴衰的关键所在。他的"历史形态"学说，具有鲜明的意识形态色彩，对历史结构的解说也有牵强附会之处，这里姑且不（也无暇）作评说。不过，他的挑战与应战的见解对于世人却颇有启发作用。他曾说过："历史证明对于一次挑战胜利地进行了应战的集团很难在第二次挑战中再取得胜利。""凡是在第一次取得胜利的人们很容易在第二次时'坐下来休息'。"[①]他在书中引用了大量古今历史实例为证，这里无法备引，所以节用其提要之文。我们中华文明曾经在古代历史上成功地回应了挑战，从而取得过辉煌成就，可是后来逐渐困倦了，到了近代也曾面临着无力回应西方挑战的悲惨局面。现在中华文明要复兴，我们实在不能再"坐下来休息"了。对于学者个人来说，也是如此啊。任何一点成绩都有可能立即转化为一种安慰剂，使人昏昏欲睡；只有不断真切地自我反思，从而不断地自我超越，才能保持自己的精神处于清醒状态。尤其人到中年以后，因为或多或少已经做过一些事情，有了不同程度的成绩，就很容易吃老本，在不断简单复制自己的过程中衰老下去。对于这种没有前途的"前途"，我的内心深处充满了惶恐，生怕逐渐昏昏欲睡。怎么办？坚持每天温故而研新，这样就能不断发现自己的不足与无知，就像天天都用凉水洗脸，从而保持一定的清醒状态。不过，人毕竟变老了，精力已经有所不济。不想倚老卖老，那就只有多和中青年学者朋友交往，从他们身上汲取朝气了。

[①] 汤因比：《历史研究》，索麦维尔节编本，中册，曹未风等译，上海：上海人民出版社，1986年版，第404页。

重跃：您的话说明了您还很清醒，也有利于我们清醒。

先生：关于这个问题是否先说到这里？多谢你的访问和"挑战"。再见。

重跃：多谢您的畅谈，再见。